金融の世界史

バブルと戦争と株式市場

板谷敏彦

新潮選書

まえがき

「金融」というだけで何か難しいものだと感じる人も多いのではないでしょうか。「金融」という言葉は英語の finance に対してあてがわれた明治時代の造語だといわれています。福沢諭吉の『西洋事情』の中に「金貨の融通を盛んにし世の便益となり」とありますから、この「金貨の融通」が短く省略されたのでしょう。

また「融通」とは幕末頃にはお金のやり取りの意味になっていましたが、元々は仏教用語で「滞りなく通じること」とありますから、「金融」とは単なるお金の貸し借りだけではなく、お金の貸し借りがスムーズにかつ盛んに行われている社会システムを表現しているのだと思います。

一方で、英語で「金融」を意味するファイナンス（finance）は、一七世紀頃から見られますが、接頭語の fin はフランス映画のエンドロールの fin = The End と同じで、もともとは借金を終わらせて完済することを意味していました。返す気がないものは強奪であって finance とは呼べない。当時は王侯による借金の踏み倒しが日常だった時代から、国債発行への進化が見られた時代です。そうした背景から区別する言葉が使われたのかもしれません。この解釈はあくまで仮説ですが。

一対一のお金の貸し借りの場合、借りた人は利子と元本返済の期限を借用証書に書いて、お金を貸してくれた人に渡します。これが金融の基本形であって、後述しますがメソポタミア文明の時代に既にみられます。当時の粘土でできた借用証書も残っています。しかしこれでは知り合いや仲間内の間でしか取引が成立しませんから大きな金額には対応できません。もっとたくさんの金額を借りたい人がいるような場合には、より広い範囲で多くの人からお金を借りる必要がでてきます。そこで専門の仲介業者が登場してきます。仲介業者は借用証書に対してお金を貸してくれる人を仲間内以外のコミュニティーから探してきます。借金を返済しないような人ばかり紹介していては仲介業者も相手にされませんから慎重に借り手を選びます。こうして仲介業者は紹介料として手数料を得ます。このように借り手の発行した借用証書に対して貸し手が直接お金を融資するのが直接金融です。借用証書は債券と呼ばれ、仲介業は証券業務です。ここでは仲介業者は自分の資金を使っていません。仲介業者としては、いつも自分で貸し手を探し回っていては効率が悪いでしょうから（コストがかかる）、そのうちに業者たちが集まって市場が形成されていくようになったのです。

一方でお金を借りるたびに貸し手を探していては手間がかかるし、資金が必要な時にタイミングが合わないことも多いでしょう。そこで金持ちで信用のある人が、とりあえず貸したいという人のお金を全部借りて（預かって）、その資金をプールして皆に借用証書を発行します。この借用証書が預金通帳です。そうしてもう一方で借りたい人がいれば、そのプールしたお金の中から随時貸し出していきます。これはもともとの貸し手と借り手の間に直接的な借用証書のやり取りがないので間接金融であり、貸し出しは融資（ローン）と呼ばれる銀行業務なのです。さらに銀行は預金者が一度に返済（引き出し）を迫らないだろうと予想して、預かったお金よりも多めに貸し出しをするテクニック（信用創造）を次第に身につけていきます。しかし銀行にはよほどの信用がないとたくさんの人がお金を預けたり（貸したり）はしないでしょう。歴史的に銀行の建物が立派なのはこのためです。

　では株式とは一体何なのでしょうか。金融とはお金の貸し借りだけではありません。債券には基本的にいついつまでにお金を返せと返済期限があるけれども、株式にはそれがないのが特徴です。でも実は返済期限が無くなったのは結構最近の話であって、昔は株式も貿易商人の一航海を単位としたり、一年単位で出資金を返したりしてリセットしていたのです。株式はお金を貸すことの延長だけれども、元本返済や利子を約束する必要が無い。その代わり借りた者が事業で儲けたら分け前（配当）を支払うという約束でした。お金を貸すよりも、返してもらえないリスクは高いが、それなりに高いリターン（収益）が期待できた。そうでなければ誰もお金を貸したりはしないでしょう。それが一七世紀初頭のオランダ東インド会社あたりから事業のスパンが長くなって、つまり何年かかけてアジアに貿易拠点を設けようとしているのに、一年目で清算しても儲かるわけがないので、返済期間（決算期間）を長くしたのが始まりです。

さて、出資者たち（株主）が資金を出して会社を創ります。しかし中には私は大儲けなどいらないからきちんと利息を支払って、元本を期限までに返して欲しいという出資者（債券保有者）も出てきます。あるいは信用を重んじ、人から借りた（預かった）資金で運用する銀行などは、大儲けよりも確実な収益が欲しいので株式よりも融資や債券を好むでしょう。

そこで会社としては株式とは別に債券（借用証書）を発行してお金を借ります。お金を借りて儲かるのは株主です。なぜなら自分の出資金以上の資金を事業に投下できるからです。そして大儲けしても債権者の要求は利子だけです。しかしこれはいつもうまくいくとは限りません。事業が失敗した時には債権者は経営者と株主に対して貸した金を返せと迫るでしょう。実は一九世紀以前の株主は基本的に無限責任だったのです。つまり債権者から請求があれば出資金以上に（株が無価値になった上に）、債権者に返済しなければなりませんでした。ですから昔は株主になるには、いざという時に出資金以上にお金を支払えるだけの充分な資産があるかという関門があったのです。しかしこれでは株主になれる人は一部の大金持ちに限定されてしまいますし、実際にこうした会社はあまり設立されなかったのです。

もともと一七世紀初頭の世界で、金融の最先端にあったオランダ東インド会社だけは株主有限責任制だったのですが、徐々にこれが広まり、一九世紀のアメリカで制度として株主の有限責任制が確立されました。このおかげで取引所では相手の素性を気にせずに売り買いの注文だけを見て、株式の売買ができるようになったのです。これがなければ現在のような資本主義経済の発展はなかったでしょう。もちろん、これに伴い債権者は会社にお金を貸すことに対して、以前より慎重になったことは間違いありません。責任の限定された株主に対して余分な配当を支払っていないか、資本金を崩して配当にまわしていないか決算書を厳しくチェックするようになりました。

どうでしょうか。金融の仕組みの説明をしているうちにすっかり歴史の話になってしまいました。それに多分、世界史で習ったはずのオランダ東インド会社の存在が、読者が理解していたよりもずっと重要なものだったのではないでしょうか。

金融の中心地、言い換えると金融市場の中心はイタリアからブリュージュ、アントウェルペン（アントワープ）、アムステルダム、ロンドン、ニューヨークと変遷してきましたが、それぞれに移転の明確な理由があります。何故ヨーロッパの金融家たちは移動したのか。ロンドンの金融街であるロンバード・ストリートはミラノがあるイタリアのロンバルディア地方出身の人が多かったからつけられた名前です。これまで習った世界史も視点を変えて金融の側面から眺めることによって、違った歴史観が浮かび上がってくるのです。できるならば、この本では「お酒の歴史」や「食べ物の歴史」などと同じように「金融の歴史」を楽しんでもらえればと思います。

私は長いあいだ内外の機関投資家を対象とするビジネスをしてきましたが、前作『日露戦争、資金調達の戦い』を出版して以来、個人投資家の方々と対話する機会が増えました。そうした中で分かり易い通史的な金融史が読みたいとの要望が多かったことがこの本を書く直接のきっかけとなりました。目的は単純です。現在の経済や市況の説明を理解しやすいように歴史の知識をつけてもらうこと。そのために、イデオロギーを伴う史観や、あるいは「金儲けの歴史」だとか、「繰り返すおろかなバブル」だとか、日本が崩壊したり、あるいは大繁盛したりするような特別なテーマにバイアスがかかることを意識的に避けています。

その代わりに、これまで殆ど顧みられなかった先の戦争中の株価がどうだったのか、戦後のインフレに国民はどう対応したのか、あるいは長期のドル円の推移などをシンプルに記述することに努めました。

そうはいっても金融史とはお金に形を変えた人間の欲望の歴史でもあります。五年ほど前にもリーマン・ショックがありました。人類はその欲望のために、昔から同じ間違いを何度も繰り返しています。しかしながら一方で、金融技術は長い年月をかけて少しずつ改良されてきたことも確かなのです。金融は戦争の軍資金集めに利用されてきた一方で、国債を発明し、会社を誕生させ、才能ある望む者に資金を提供する役目を果たしてきました。鉄道の敷設を助け、飛行機を開発し、新薬の発見を促し、インターネットによる情報網が世界を覆う手助けをしてきたのです。これを機会に「金融」のことをもう少しだけ知っていただければと思います。

この本はフジサンケイ・グループの「ビジネスアイ」に二〇一二年七月から一三年二月にかけて七一話にわたって連載された「投資家のための金融史」に「週刊エコノミスト」への寄稿記事を加え、新潮選書用に大幅に加筆修正したものです。

金融の世界史——バブルと戦争と株式市場・目次

第四章　中世の宗教と金融

第五章　大航海時代

図版製作　アトリエ・プラン

金融の世界史——バブルと戦争と株式市場

第一章　金利も銀行もお金より先にあった

一話　メソポタミアのタブレット

お酒を大きく二つに分けると、ウィスキーやブランデー、焼酎などの蒸留酒と、ワインやビール、日本酒などの醸造酒に分かれます。歴史の古い順に並べると蒸留装置を必要としない醸造酒が最初にきます。ワインもビールもそれぞれ相当に古いのですが、最初に人類が手にしたお酒は約一万四〇〇〇年前の蜂蜜を原料にしたミード酒だろうと考えられています。ミード酒は我々にはあまりなじみがありませんが、北欧では今でもよく飲まれているお酒です。蜂蜜を水で薄め適度な温度があれば簡単に発酵するので人類としては一番発見しやすいお酒だったのでしょう。

ワインはイラン西部のザグロス山脈で七四〇〇年前のつぼの破片から残滓《ざんし》が発見されています。その後メソポタミア地方やエジプトに広がり、紀元前四〇〇〇年頃には自給用だけではなく既に交易に使われていたこともわかっています。

一方でビールの発祥は紀元前三〇〇〇年頃のメソポタミアが定説です。チグリス・ユーフラテス川流域では紀元前六〇〇〇年には原料となる大麦、小麦の灌漑《かんがい》農業が行われていることから、その頃にはビールが醸造されていたとも推測されるのですが、こちらには確証がありません。

　私たちが学校で世界最古の法律として習ったメソポタミアのハムラビ法典（紀元前一七五〇年頃）のことは「目には目を」でご存知だと思いますが、愛飲家の間ではこの法典にビールにまつわる規則があったことで有名です。メソポタミアの街には女主人が経営する酒場があり、酒代は当時の貨幣代わりである銀ではなくて穀物で受け取れと書かれていました。また売る酒の量をごまかしてはいけないとか、神殿（役所）につかえる尼僧（女性公務員）はアルバイトで酒場を経営してはいけないとも書いてありました。これなどはいかにも現代にでもありそうな話ではありませんか。またツケでビールを売ったときの支払い方法についても返済は穀物に限るなどと細かく規定されています。メソポタミアでは収穫された麦の何と四〇％はビールになったと言われていますから、彼らは大酒飲みだったに違いありません。物資が交換されて、酒場でビールのツケ売りがあるならば、穀物や銀の貸し借りもあったでしょう。だとすれば、そこには金融取引の萌《ほう》芽《が》が見られるかもしれません。

　世界最古のハムラビ法典も、今ではさらに古いシュメールの法典（紀元前二一〇〇年頃）にその原型があったことが確認されています。メソポタミア文明はエジプト、インダス、黄河など他の世界四大文明に比べて、常に物事の始まりとして引き合いに出されることが多い。それはメソポタミア文明において世界で初めて文字が発明され、さらにその特有の楔形の文字が刻まれた粘土板《タブレット》が現代にまで鮮やかに、かつ大量に残されているからです。普通のタブレットは単に粘土を乾燥させただけの物ですが、重要書類は保存できるように陶器のように焼いてありました。古くから文字による記録がある以上、メソポタミアで何かが起こると、どのようなジャンルでも世界初の記録になるのです。

法律、辞書、物語、参考書、問題集。学問では数学、測量学、天文学、医学。ビジネスでは簿記、投資契約、不動産取引契約、金銭消費貸借契約、船舶リース取引、担保や金利の設定、その他にも酒や料理のレシピなど数え上げればきりがありません。メソポタミアで発見され現存するタブレットは既に五〇万枚以上におよび、さらに新たな発見が続いています。そしてその記述内容は日記や政治のことなどよりも、麦や不動産の売買や在庫の記録など経済活動にかかわる記述が全体の約八〇%を占めているのです。人間が記録の必要性に直面し、文字を発明することになった最初の動機は在庫の管理であり、取引や会計などの経済活動にありました。

二話　ハムラビ法典の上限金利規制

メソポタミア文明初期の頃に繁栄したシュメール人は、紀元前三五〇〇年頃から人類最初の文字である楔形文字を使い始めました。彼らは先ずチグリス・ユーフラテス川沿いで灌漑農耕を始め村落を成しました。やがて収穫が増えて自分たちが食べる以上の余裕が生まれ、農民の他に食料生産に直接従事しない神官や戦士、職人、商人などを養えるようになっていきます。またそうした人間が集まると都市が形成され、やがて都市単位の統治が始まり都市国家となっていきます。

泥団子のトークン（下）とエンベロープ（上）

そこでは穀物などを一旦集積・貯蔵してさらに再分配しなければなりません。分配を取り仕切るリーダーとして統治者が登場して、役所としての神殿が造られました。神殿は神事や政治を行うだけではなく、収穫された穀物やその他の物産などが寄付や税として集められた倉庫でもあったのです。

こうした収穫物の再分配の仕組みこそが、徴税制度の始まりであり、政治の始まりでもあったのですが、集積され貯蔵された物資の管理のためにはどうしても記録をしておく必要が生じました。誰がいくら麦を納めて、今現在倉庫にいくら残っているのかは統治者にとって重要な情報です。

硬い棒で石の壁に物の数だけ線を削れば数の記録はできます。われわれも小中学校の学級委員の選挙では黒板に「正」の字を書いて選挙の結果を集計したりしました。しかしシュメール人の必要とする情報量はそれよりも多くて複雑でした。そこで一定量の麦に対して一つの泥団子のトークンを作ります。泥でできた「おはじき」のようなものだと考えればよいでしょう。トークンを棚から棚へ動かせば入庫出庫の管理ができるし、棚のトークンの数を数えれば在庫計算が簡単にできます。さらにトークンが一定量集まると、それを泥でできた丸いエンベロープ（封筒）に入れて大きな数を数えやすく工夫しました。
　しかし貯蔵品の種類が次第に増えていったことは容易に想像がつきます。穀物は小麦だけではありません。金属、木材、繊維、工芸品など品目を分別し入庫の日時や所有者などを記録しなくてはなりません。特にレンガでできた家に取り付ける木製のドアはものすごく貴重でした。最初は封筒に印をつけていましたが、やがて印が楔形文字になり、封筒の表面から、トークンを省略した単なるタブレット（粘土板）の表面に刻んで記録するようになりました。これはまるで紙のようでもありますが、画面こそ動かないものの、現代のタブレットＰＣにもよく似ているのは面白いことです。

現代のタブレットＰＣにも似たシュメールの「粘土板」

　こうしてさまざまな記録がタブレットという粘土の媒体に残されるようになり、やがて年に一度の収穫期には倉庫の棚卸しをして年次の決算報告書までも後世に残すことになったのです。
　タブレットの利用はこうした在庫管理だけにはとどまりません。すでに紀元前二八〇〇年には不動産取引がタブレットに記録されていますし、ハムラビ法典の第七条ではタブレットの契約書なしで所有権を移転させると、受け取った側は盗人になると書いてあります。そしてこうした商業取引があるということは、物々交換だけではなく貨幣に近いものがあったはずで、メソポタミアでは穀物と並び銀が重量に応じて価値の決まる秤量《しょうりょう》貨幣として使用されていました。

ハムラビ法典には貸借の利子率を定めた規則があります。ちなみに貨幣はまだ発明されていませんから単位は重量です。

「①もし商人が穀物を貸借契約に供したときには穀物一クールにつき六〇クーの利息を徴収する。②もし銀を貸借契約に供したときには、銀一シケルにつき六分の一シケルと六シェの利息を徴収する」

①穀物の貸借の場合は一クール＝一八〇クーなので、三三・三％の金利です。②銀の場合には一シケル＝一八〇シェなので六分の一シケルにあたる三〇シェ＋六シェ＝三六シェで二〇％の金利になります。

さらにこの条文に続いて、

「もし商人が違反して穀物一クールに対し六〇クーの利息あるいは銀一シケルに対して六分の一シケルと六シェの利息を超過して徴収したときには、商人は与えたものを失うだろう」

金利の上限規制です。こうした法律の存在からは、メソポタミアにも高利貸が存在して社会問題になっていたのではないかと想像させます。

三話　紀元前のマーチャント・バンク

メソポタミアのシッパールで発見された紀元前一八二三年の金銭貸借契約（借用書）のタブレットにはこう書かれていました。

「イリ＝カダリの子であるブズルムはシャマシュ神から三八と一六分の一シケルを受領した。彼はシャマシュ神が定めた率で利子を支払うだろう。収穫の時、彼は銀とその利子とを返済するだろう」

ここでの貸出金利は銀ベースで神殿の定めた金利とありますから二〇％だったのでしょう。期間については「収穫の時」とあります。麦の収穫は年一回だったので貸借契約の期間が一年以内であり、借り入れの目的が麦の耕作だということがわかります。

麦を借りれば三三・三％の金利で、銀を借りれば二〇％と金利が異なる理由として、麦の場合には不作時の貸し倒れリスクがあったとの指摘も多いのですが、それは借りた銀で麦を買って耕作した場合でも同じことです。これはたぶん、種まきの時に希少であった麦が収穫時には巷にあふれ、対銀価格が下落していたからでしょう。毎年収穫期には麦の価格が下がったのではないでしょうか。また返済できない場合には債務者は奴隷となる決まりだったのですが、その際の奴隷の期間には最長でも三年と限度が定められていました。

さらにこうした貸借契約は公証人に届けた上で譲渡が可能だったとありますから、特殊な例とはいえ既に利付きの証券が出回っていたことにもなります。四〇〇〇年も前に早くも紙の契約書ならぬ粘土板を取引していたのです。

邦訳こそされていませんが、ソロモン・ブラザーズの債券トレーダーであるシドニー・ホーマー[1]が書いた、金融史の分野ではもはや古典とも呼べる名著『A History of Interest Rates（金利の歴史）』で、穀物や家畜の賃貸しの場合の金利水準としていくつかの興味深い比較対照を例示しています。

一九六〇年ごろのインドでは穀物種子の貸付の場合の利子は二倍返し、つまり一〇〇%の金利が標準でした。因みにこの当時のインドの通貨ルピー・ベースでの金利は二四〜三六%でした。また二〇世紀初頭のインドシナでは五〇%。フィリピンでは、米のライス・ローンが一〇〇%だったし、豚を一頭借りれば二頭にして返す必要がありました。米と小麦では単位あたりの収穫量が異なりますが、こうした比較からはメソポタミアの金利水準は相対的に穏やかなものだったと想像されます。豊かだったのだろうと思います。

わが国では出挙《すいこ》という春の稲粟の貸し出し契約があり、秋には元利とも返済するシステムでした。官によるものを公出挙《くすいこ》と呼びその利率は五〇%です。

一方で貴族、社寺による営利目的の私出挙では利率は一〇〇%でフィリピンのライス・ローンと同じです。また鎌倉・室町幕府では利息はどんなに累積しても元本を超えないことが決められていました。このあたりの利息の上限の感覚は現代日本人の私たちとも一致します。確かに利息だけで元本の何倍というのはあまり気持ちの良いものではありません。ただし、自分が貯金や投資した時には要求しますけれども。

メソポタミア文明も紀元前六二五年の新バビロニア時代に入ると、現代の総合商社に似た銀行のような業態が登場しました。一九、二〇世紀前半の大英帝国の繁栄を支えた金融業者であるマーチャント・バンクの起源ともいわれ、後年のロスチャイルドとも比較されることになったエジビ家（The Egibi and Sons）や、ユダヤ系のムラッシュ家（Le Murashu）などの大地主です。発見されたのがちょうど一九世紀末だったので、当時全盛だったロスチャイルドが比較に出されたのでは、と思います。「ニューヨーク・タイムズ」で大きな記事になっています。

彼らは王に対する資金の貸付や小切手、為替手形、さらには不動産ローンの買い取り、現代でいうベンチャー投資なども広く行なっていたようです。彼らの残した記録からは、賃借契約に第三者の保証があったことや、元利金の支払先は契約当事者ではなく遠隔地の他の者だったりしたことから、当時は既にかなり高度な金融取引があったことがうかがえるのです。しかしながら、古い時代の話を何でもかんでも現代に当てはめて考えることはできません。一方で国外との交易は王の権威の範囲内で行われ、商人の自由度は低いことと、市場に関する記録が全くないことから、都市の中に現代のように活発に物資を取引するような市場はまだ登場していなかったと考えられています。[2]

四話　牛や穀物で利子を考える

「見えざる手」で有名な一八世紀末のアダム・スミスは「社会の粗野な諸時代には牛が商業の共通の媒介者であった」と述べています。彼の時代にはメソポタミア文明はすっかり砂の中に埋もれてしまい、皮肉なことに「古過ぎて」まだ誰もその存在を知りませんでした。旧約聖書には関連した記述がありましたが、シュメール人も、文字がそこで生まれたことも、法と契約書があり高度な商業取引が行われていたことも誰も何も知りませんでした。スミスのいう社会の粗野な諸時代とはギリシャ文明の頃を指します。

ブラッド・ピット主演のハリウッド映画『トロイ』は有名な「トロイの木馬」にまつわる逸話を扱った作品でしたが、これは紀元前八世紀末のギリシャの吟遊詩人、ホメロスの語った『イーリアス』や『オデュッセイア』を元にしたストーリーでした。ホメロスはその中で牛を物の価値の基準として使用しています。

「各種の手仕事に堪能な女奴隷は牛四頭と評価した」

「大きなペルシャ製の三脚の瓶は牛一二頭分の価値である」

牛は持ち運びが出来ないし、個体差が大きすぎて貨幣の代わりにはなりません。しかし財産を表現するにはわかりやすい。牛を番《つがい》で飼育をしていると子を産み頭数が増えていきます。ここで資産評価の基準とされる牛は、あたかも利子収入を産む現代の金融資産のようでもあるのです。「利子」のことをシュメール人は「mas」、エジプトでは「ms」と呼んでいましたが、これらはどちらも動詞の「msj」＝「産む」から派生し「利子」と「子牛」のどちらの意味でも使用していたそうです。漢字の「利息」の語源も中国の『史記』にある「息は利の如し」に由来し、息子は利益につながるという意味から来ています。

一方でカール・マルクスは『資本論』第五章において、こちらは否定的な意味で「利息が貨幣から生じ、より多くの貨幣となった。それ以来その名はトコス（ギリシャ語で利息、子孫）と呼ばれ、もっとも自然とは異なるものだ」と指摘しています。

額に汗して働いて稼いだお金と、人が何もしないでお金がお金を生む利子収入で稼いだお金の対比は、昔も今もよく引き合いに出されます。

後者には労働することの尊さも、汗も、筋肉疲労もありません。しかし、もし資産の価値が置いていても何も生まないゴールドではなく牛で例えられるならば、それは自然に増えていくものなのです。借りた牛が子を産めば、生まれた子牛をつけて返さなければなりません。

また小麦を借りれば、収穫期には借りた分に利息をつけて返さなければなりません。灌漑農耕によって現代と比較しても非常に肥沃《ひよく》であったといわれるメソポタミアでは一粒の麦が二〇倍から数十倍にもなったといいます（現代ヨーロッパでは一五倍程度でしかない）。メソポタミアの肥沃さがわかるとともに、借りた麦には利息をつけて返すのが当然だとも思わせられるではありませんか。貸した側の立場に立てば機会損失は大きいのです。

旧約聖書『出エジプト記』では、モーゼを待ちきれないユダヤの民がゴールドで子牛の像を作りこれをあがめ、宴をはりました。それを知ったモーゼは偶像崇拝を嫌いその行為を厳しくとがめます。現代では「金の子牛」は単に偶像崇拝の意味ではなく「物質崇拝」や「拝金主義」のメタファーとしての意味を持っています。働いて、生き物として増える家畜である「牛」ではなく、ゴールドを材料とした、崇めるだけの「金の子牛」は何も生み出しません。

最近においても不労所得である利子や配当収入など金融収益にまつわる倫理観がたびたび問題になりました。もしも利子の起源が牛など家畜の繁殖や穀物の収穫だと考えるならば、利子所得も所有者の当然の権利ではないでしょうか。さらに子牛が子牛を産み、またその牛が子牛を産むようにどんどん枝分かれするさまからは、利息の計算方法は単利ではなく複利であるべきこともわかりやすいのではないでしょうか。

第二章　貨幣の幻想

五話　ディオニュシオスの借金返済

貨幣が発明される前でも、銀や家畜や穀物などそのものに一定の価値基準がありさえすれば貸し借りに「利子」はつきものでした。メソポタミアにはコインなどの貨幣がなく、穀物などの他に、銀が重量に応じて価値のある秤量《しょうりょう》貨幣として、物資の交換や罰金の支払いなどにもあてられて貨幣の役割をはたしていました。

貨幣としてのコインの始まりは紀元前七世紀のギリシャ時代、小アジア西部のリディアだとするのが西洋では定説です。[3] ここではエレクトロンという金と銀の自然の合金が使われて、エレクトロンのスタテル貨と呼ばれていました。一定の質量に切り分けた素材の粒を動物や人物の顔などが刻まれた台座に据え裏側からハンマーで思い切り叩き、模様を刻んでコインとしたのです。こうすればコインに動物や人物の顔が刻印されます。

この後コインの素材は金と銀などの贅沢な合金ではなく、金と銀や銅など、それぞれの素材を中心とする合金に変わっていきますが、台座の素材をハンマーでたたき打刻するという製造方法は基本的に今日まで変わりません。

この方法の利点は最初に金や銀の粒を同じ質量に切り分けておきさえすれば（これは簡単ではありませんが）完成したコインはすべて均一の質量の金や銀にすることができる点にあります。金属の塊であるインゴットと同じで、基本的に金や銀の質量が貨幣の基本的な価値となっていました。

しかし、もしこうしたコインが素材と同じ価値しかないのであれば、手間暇をかけてコインを製造するインセンティブが誰にもありません。コイン製造者はたいがい支配者で法制を整え通貨発行権を独占しますが、これはコインへの権威付けによる収入が目的でした。素材と完成品としてのコインの価値の差額が支配者の取り分である通貨発行益（シニョリッジ）と呼ばれます。紙幣で考えればわかりやすいでしょう。お金をつくれば支配者は儲かる。そして程度さえわきまえていれば通貨の製作は支配者にとっては一番容易な収入源でした。

いかめしい支配者の人物像は権威の象徴であって素材の品質保証でもありました。兵士や公務員の給与はコインで支払われるようになり、税はコインで受け取ると決められたのです。そして偽造は断固として取り締まりました。コインのギリシャ語の「ノミスマ」は法律を意味する「ノモス」と同じ語源です。支配者が権威を維持している間、銀貨は銀地金以上の価値を保ち、利用者にとっては金属の塊のように受け取るための品質検査も質量の計測も必要なく、とても便利なものでした。しかし時には軽率な考えから、あるいはわかっていながら、程度をわきまえないシニョリッジを行使することもあったのです。

紀元前四世紀の初め、シチリア島にあったギリシャ植民市シラクサの僭王《せんおう》、ディオニュシオス一世は市民から多額の借金をしてしまい、強く返済を迫られましたが、返済のめどはまったくたちませんでした。そこで王は、ドラクマ銀貨を拠出せねば死刑にすると脅し、シラクサ中のコインをすべて造幣所に集めて、一ドラクマ銀貨の上に、二ドラクマと刻印を打ちなおしたのです。世の中のお金は倍になりました。王は市民には拠出した金額とまったく同じ金額を返しましたが、市民の受け取ったコインの枚数は減り、銀の質量は半分になりました。ディオニュシオスは手元に残ったお金から実質価値が半分になった借金を市民に返済してすべてが丸く収まったのでした。

これはインフレーションを利用した借金の返済方法と同じです。ディオニュシオスはそれを一瞬で行なっただけです。あまり気づかれることは無いのですが、国家の破綻《はたん》の場合も含めて、昔から現代に至るまで歴史的に一般的な方法として国の借金返済に使われ続けています。

もっともこれは、金と銀という素材に価値があるからできた、借金返済法でした。では、素材に価値がなければ貨幣としては使えないのでしょうか。私たちは紙に印刷しただけの紙幣も使うし、ネット決済などでは紙ですらなく、手にとって質量すら確認できない微量の電子信号を、いうなれば単なる情報を貨幣として信じて使っています。

六話　紙幣は中国の発明

中国では紀元前一三世紀頃から、子安貝を「贈り物として使う宝物」だとする文書が残っています。[4] しかし子安貝はそれ以前より、殷王朝からインド、アフリカにかけて最も原始的な貨幣として使われてきました。柳田国男は著書『海上の道』において沖縄で豊富に採れる子安貝を求めて中国の南海地方の人たちが日本列島に稲を持ち込んだのではないかと考えたほどです。またモルディブ産の子安貝はインド洋周辺のみならず遠くアフリカ内陸部でも古くから、そして意外にも最近まで貨幣として使われていました。

中国でのコインはリディアのスタテル貨より少し前のことで、紀元前八世紀には青銅製の物がつくられていました。こちらはハンマーで打つ打刻ではなく、粘土でできた型に溶解した青銅を流し込む鋳物でした。従ってコインを鋳造する中国の場合には「コイン鋳造所」との表記は正しいのですが、コインを打刻する西洋では「鋳造所」ではなく「製造所」とするのが正確なのかもしれません。

中国で最初に作られた貨幣はコイン形ではなく、農具の「鋤《すき》形」や「刀形」で、金属性コインの前に使用されていた子安貝の形をしたものもありました。型に流しこむので好きな形にできたのです。

粘土の型は手製なので流し込まれてできたコインは同じようでも、それぞれ微妙に質量が変わってしまいます。別の見方をするならば、これはリディアのスタテル貨のようにそもそも金や銀などの素材そのものの価値を示す貨幣ではなかったということを意味しています。リディアのコインは溶かしてインゴットに鋳なおしても素材の価値がありましたが、中国のコインは青銅製であって、溶かすとその価値はたいしたことはありませんでした。時の支配者が強い力でコインの価値を権威付けし、領民の間にコインの価値に対しての共通の認識（共同幻想）を持たせなければばならなかったのです。

この西洋、東洋の初期コインの製造法である打刻か鋳物かの違いは、素材の問題もありますが、言い換えると支配者が広い地域に対して強大な権力を持つか、あるいは地域に分散された不安定な小さな権力であったかの違いを反映しているように思えます。権威付けの力の差が貨幣に対する考え方の大きな違いとなって現れているのではないでしょうか。


ずいぶん後の話になりますが、一三世紀にフビライ・ハーンを訪ねて元に向かったマルコ・ポーロは雲南地方で子安貝が依然として貨幣として使われているのを見て驚きましたが、首都である大都（現北京）では桑の樹皮でできた紙幣が流通しているのを見て、さらに衝撃を受けました。マルコ・ポーロの少し後に中国を訪れたイスラム世界の旅行家、イブン・バットゥータは「ディナール金貨やディルハム銀貨を市場に持っていっても、紙幣と交換しなければ誰も受け取ってはくれない」と驚いています。金貨や銀貨よりも紙幣に価値があるとは地中海方面から訪ねてきた人たちには理解ができなかったのです。中国のこの画期的な発明である紙幣は、紙切れにもかかわらず何でも買うことができ、誰も受け取りを拒否しませんでした。

中国では元の前の宋代に「自由市場」を開放したことによって商業が活発になり、送金、信用、為替手形の発達を促しました。これらの証書が貨幣の代わりとして流通したことが紙幣を普及させることになりました。日本では平清盛による宋銭の輸入が日本の金融史上のトピックとなっていますが、これは中国でそれまで厳しく制限されていたコインの輸出が、紙幣の普及により解禁されたことと連結しています。

紙幣が流通するほどの高度な信用構造を維持していた中国も、次第に不換紙幣で官人の給与を支払ったりするようになると、政権の権威凋落《ちょうらく》とともに紙幣の権威も凋落し、銀が代わりに使われるようになっていきます。清朝末期には当時太平洋エリアで広く流通していたメキシコ銀貨が価値の基準として流通するようになりました。

世界的な大旅行家だったイブン・バットゥータが中国に持ち込んだディナール金貨は、ローマ人がギリシャのドラクマ銀貨をまねて紀元前二六九年に打刻したデナリウス銀貨の末裔《まつえい》です。当時は広くイスラム世界で使われ、現在でもいくつかの国で通貨の単位としてその名が残されています。

七話　日本の貨幣の話

「ヒトヨヒトヨニヒトミゴロ」は二の平方根です。「一一九二（イイクニ）つくろう」は鎌倉幕府成立でした。これらはどちらも受験暗記用の語呂合わせです。自然科学の平方根は変わりようもありませんが、鎌倉幕府の成立は今では源頼朝が征夷大将軍に任命された一一九二年ではなく、彼が守護・地頭任命権を得た一一八五年だと学校では教えているそうです。

同様に私などは日本最古のコインは七〇八年の「和同開珎《わどうかいちん》」だと教わりましたが、一九九八年にさらに古い「富本銭《ふほんせん》」が七世紀後半の地層から発見されてコインの歴史を塗り替えています。こうしたことに限らず歴史の世界は予想以上に日々新しくなっています。昔のことが新しくなっているというのはどこか変ですけれど。

富本銭の造られたころの日本は、貨幣が自然に普及するほど商品経済が発達していませんでした。富本銭は藤原京造営の役務に対する支払い手段として、また和同開珎は、平城京造営の支払い手段として政府が発行したものと考えられており、社会の貨幣に対するニーズに応えて登場したわけではなかったようです。模倣しようとした中国のようにはいかなかったのです。

そのために政府はコインの貯蓄をした者に対して褒美として位を与える「蓄銭叙位令」のように貨幣の振興策を繰り出しますが、これでは貨幣を使わずに貯めこんでしまう死蔵を促すだけで、流通促進にはまったく逆効果でした。この後政府は九五八年の乾元《けんげん》大宝まで「皇朝十二銭」と呼ばれる一二種類の青銅貨を発行しましたが、政府は回を追うにつれ銅の成分を減らして鉛を増やし品質を劣化させ、さらにサイズも小さくしていきました。こうなると貨幣は次第に信用を失い最後には誰も貨幣を持とうとはしなくなります。こうして日本では皇朝十二銭以降、貨幣はすっかり使われなくなってしまったのです。この後、平清盛が渡来銭である宋銭を輸入するまでの一五〇年間は日本から貨幣が消えてしまいました。[5] 皇朝十二銭でさえ貨幣としてとても普及したとはいえず、日本は相変わらず米や布などの物品貨幣が主流だったのです。

富本銭も和同開珎も、中国で唐代の六二一年からその後三〇〇年にわたって造られた「開元通宝」の模倣です。西洋のように金や銀の粒をハンマーで打刻するのではなく、写真のように鋳型に青銅を流し込んだ鋳物でした。銅を流し込んだ形が枝のように見えるので「枝銭《えだせん》」と呼ばれて

鋳型に青銅を流し込んだ「枝銭」、和同開珎（大阪文化財研究所）

います。

　鋳物の特徴として鋳型さえ製作できれば、どのような形にでも成型できるという利点があることは既に述べました。実際に中国では刀の形をした刀銭もあったし農具の鋤の形をした銭もありましたが、もう一つの大きな特徴は現代の五円玉や五〇円玉のように真ん中に穴があけられていることです。こうした銭は中国文化圏以外では見られません。

　この穴は仕上げの過程で棒を通しいくつかの銭をまとめて成型するのに便利であるだけでなく、完成後にここにひもを通して一〇〇枚ほどの銭をまとめることができました。戦国時代を描いた歴史小説では銭一貫という表現をよく見ますが、これは銭一〇〇〇枚のことです。貫はもともとは重さではなく銭を「貫く」という意味から変じて重さになったのです。

　日本は一五〇〇年間の貨幣の空白期間を経て、平清盛の日宋貿易によって大量の宋銭が輸入されましたが、これはそう教えられてもなかなか納得できませんでした。果たして一国の貨幣が当時の頼りない船による輸入でまかなえたのだろうかとずっと疑問でした。

しかし現在確認されている出土された備蓄銭だけでも既に三五〇万枚以上もあり、これはほんの一部分と考えられていることから相当数の銭が日本に輸入されたことは間違いないようです。しかも当時の北宋銭に限っては現在でも大量に出回り骨董的価値はないのだそうです。[6] この輸入のおかげで国産の銭は造られることなく、日本が九五八年の皇朝十二銭最後の乾元大宝の製造以降、貨幣の製造を再開するのは、何と平清盛を飛び越えて戦国時代の末期まで待たなければなりませんでした。

日比谷公園にある直径１メートルほどの石貨「フェイ」

八話　大きな石の貨幣の物語

日比谷公園を有楽町側から入り、池に沿って少し歩くと直径一メートルほどの、原始時代のフリントストーン・ファミリーのお金のような石がさりげなく置かれています。横にある説明板にはこの石は「フェイ」と呼ばれる南太平洋ヤップ島（ミクロネシア連邦）の貨幣で、大正一三年頃には一〇〇〇円くらいで通用したと書かれています。大きな石のお金は石器時代のものと想像しがちですが、物々交換の時代に貨幣は必要ではありません。現実の石貨は南の島でごく最近まで使われていたのです。

ヤップ島では古くから、直径三〇センチから三メートルまでの石でできた石貨を貨幣として使っていました。しかしこの石貨の材料の石はこの島には無く、約五〇〇キロも離れたパラオ島から持ち込まれたものでした。島民はパラオ島まで航海し、そこで自ら石灰石から貨幣を削り取り、掘り出してヤップ島に持ち帰っていたのです。

　この石貨には注目すべき特徴がありました。この貨幣を使用して何かを購入しても、あるいは単にこれを誰かにプレゼントするにしても、石貨を相手に渡す必要はありませんでした。石貨は村の広場や道端などにおいてあり、所有者が代わったことだけを売り買い双方が了承すれば、所有権が移転したのです。

　また、ファツマク老人という島一番の資産家がいましたが、誰も彼の石貨を見たことがありませんでした。彼の二、三世代前の先祖が巨大な石をパラオで削り出し、持ち帰ろうとしたが、途中で時化《しけ》に遭い海中深く没してしまっていたのです。しかしこの時に沈んだ石貨の大きさや素晴らしさを証言してくれた人がいたので、たとえ石貨が海の底で眠っていようが交換価値のあるものとして素朴に認められており、そのために彼は島一番の資産家と呼ばれていたのです。

　一八七一年にアメリカ人デービッド・オキーフという人物がたまたま島に漂着しました。彼は島の通貨事情を観察し、彼の知る当時の科学技術を駆使すれば貨幣はいくらでも製造できると考えました。そこでオキーフは何とか香港まで脱出すると、石を削る機械をパラオ島に持ち込み石貨を削り取りました。ヤップの貨幣を造ってしまったのです。そして機帆船でヤップ島に石貨を持ち帰るとオキーフは石貨でコプラ（ココヤシの果実の胚乳を乾燥させたもの）を買って大儲けをしました。ただし、彼の石貨はあまり値打ちがなかったそうです。なぜなら機械を使用したのであまり苦労されずに造られたものだったからです。物語（値打ち）の裏打ちが無かったのです。

一八九九年にドイツがスペインからこの島を購入しやがてドイツ人が派遣されました。その少し後の一九〇三年にアメリカ人の人類学者、ウィリアム・ヘンリー・ファーネス三世がこの島に滞在して、こうした記録を書きつづったのです。[7]

またその記録には、こんなくだりもありました。ドイツ人が島内の道路網を整備しようとしましたが、いくら島の人間に作業を指図しても全く働いてくれませんでした。昔からそこで暮している島民にすれば、道路網など必要がなかったのです。そこでドイツ人は、島にある石貨をすべて没収することにしました。没収といっても黒いペンキで石貨に×印をつけただけで、石をどこかに移動させて集めて隠したわけではありません。そして、返してほしければ働けと通告したのです。高度な貨幣経済の下で暮す我々には理解できないことですが、島民は破産を恐れて一生懸命に働いたそうです。ドイツ人は道路が完成すると約束に従って石貨のペンキを消していき、島民は資産の回復を祝ったのでした。

経済学者ミルトン・フリードマンは、一九九二年に書いた『貨幣の悪戯』の中で、先進的な文明国に暮す我々も、実は同じことをしていると指摘しました。[8]

米国大恐慌の直後の一九三一年から三三年にかけて、フランス中央銀行はアメリカが金本位制を放棄するのではないかと懸念していました。もしそうなれば、ドルの金に対する価値は大きく下がります。そこでフランスは、ニューヨーク連邦準備銀行に預かってもらっている手持ちのドル資金を金（ゴールド）と交換してもらいました。けれどもそのゴールドは、フランスに移送することなく、変わらずニューヨーク連銀のフランス政府口座で預かってもらいました。連銀では保管してあったゴールドの一部を別の棚に移し替え、ただゴールドについたラベルを「連銀」から「フランス中央銀行」に張り替えただけでした。ちょうどドイツ人の官吏が石貨に×印をつけたように。

こうしてこの単なるラベルの付け替えは、当時アメリカから金が流出していると大騒ぎになり、一九三三年の金融恐慌の原因になったともいわれています。

第三章　アリストテレスの考え方

九話　世界初のオプション取引

金融商品が現代のように活発に取引されるようになったのは、それほど古い話ではありません。国債がまともに商品化されるのは一八世紀になってやっとのことだし、株式会社でいえば一九世紀まで株主は無限責任だったので、今のように、多くの銘柄があったわけでもありません。当時の金融最先端のイギリスでさえ金融商品の売買が本格化するのはわりと最近の話なのです。

一方で日本では江戸時代から大坂堂島で米の先物市場が存在していたことは有名ですし、オプション取引（ある原資産について、あらかじめ決められた将来の期日に、一定のレート、価格で取引する）の起源については、さらに古くギリシャ時代の話が持ち出されることが多いのです。実は商品に密着した派生商品であるデリバティブス（商品、株式や資産などの現物価格に依存して、価格が決定する）の方が、金融商品としてはよほどプリミティブでなおかつ古いのかもしれません。

オプション取引の入門書などの冒頭で「世界初のオプション取引」としてよく持ち出される逸

話が、ギリシャ時代のオリーブの搾油機の話です。搾油機とは、オリーブの実を搾《しぼ》ってオリーブ油を作る機械です。

土地が痩せ、穀物が充分に耕作できなかったギリシャの都市国家では、オリーブ油はワインと並ぶ重要な交易品でした。吟遊詩人ホメロスは「大きなペルシャ製の三脚の瓶は牛一二頭分の価値である」といいましたが、この三脚の瓶はペルシャ商人との間では、牛ではなくオリーブ油やワインと交換されたものだと思います。

ギリシャ人のタレスは、アリストテレス（前三八四〜前三二二年）によって、世界初の哲学者として紹介された人物です。彼はある年のオリーブの作柄を豊作と予測して、手付金を払って村中のオリーブ搾油機の使用権を予約しておきました。収穫の時期が来ると果たしてタレスの予測は的中し、オリーブは豊作となります。収穫された豊作のオリーブから油を搾るために、搾油機は農民の間で引っ張りだことなり、使用権を独占していたタレスはめでたく大儲けしたというストーリーです。

これにもうすこしオプションとしての細かい条件を肉付けするのならば、この取引はタレスと搾油機を持つ農民との間で取引された相対《あいたい》のコール・オプション（使用権）の「買い」であり、(1)タレスが支払うであろう搾油機の使用料（ストライク・プライス）は手付金を打った時点で決めてあった、(2)収穫期までの契約だった（決済日）、(3)前提として当時、搾油機は農家全員が所有しているわけではなく普通の農家は搾油機を借りて油を搾っていた、(4)オリーブが豊作であれば搾油するオリーブの実の量の増加に応じて搾油機の使用料は値上がりする、などの前提条件があったのでしょう。

この例をよく考えてみれば、もし手付金さえ払うような取引であれば、何にでもオプション性があるという話です。手付金をオプション料と考えればよいだけです。しかしタレスのこの話は手付金で大儲けしたという話なので、金融業者にしてみれば投資家をオプション取引に誘導するためには都合のよいストーリーなのでしょう。一九九八年のNHKスペシャルで放映された「マネー革命」においても、視聴者にとっては難解であろうオプションの説明のために使用されています。

この逸話は、アリストテレスの『政治学』からの引用です。この部分は「財獲得術の実用面」と邦訳されており、タレスによる財獲得の成功例として紹介されているものです。

一〇話　アリストテレスの財獲得術

アリストテレスの『政治学』では、財獲得術を「家政術」と「商いの術」の二つに分けて、生活に必要以上の富を求める後者には否定的でした。働かずに貨幣そのものから収益を得るような利子所得や、本来あるべき「公正価格」にマージンを上乗せした商業取引に対しても、「自然に反するもの」として否定的だったのです（公正価格論）。

アリストテレスのこうした考え方は、荘園制により自給自足経済に戻った中世ヨーロッパのスコラ学に結びつき、キリスト教会による利子徴収の禁止（利子禁止論）の強化へとつながっていきますが、当時の金銭の貸し借りは狭い共同体内での個人間で、しかも自給自足的な小さなコミュニティーの中だったことを考えるならば、利子を徴収することや、マージンを要求することへの嫌悪感は理解しやすいのではないでしょうか。

アリストテレスが『政治学』で言いたかったことは、こうでした。哲学者タレスが人々から「彼は貧乏なのだから哲学（学問）などは何の役にも立たない」と非難されたとき、彼はふだんから学んでいた天文学の知識を使って翌年のオリーブの豊作を予測したのです。そして、冬の間にわずかの手付金を支払ってその地域（ミトレスとキオス）にあるオリーブ搾油機を「借り占めて」おきました。果たして予想は当たりオリーブは豊作となり、彼は大儲けをするのですが、アリストテレスは「お金持ちになれてよかったね」と主張したいわけではありません。彼は「もし望みさえすればタレスは大金持ちにもなれるが、哲学者の関心はそこにはないのだ」と言いたかったのです。アリストテレスにすれば、まさか二〇〇〇年後にこの逸話がオプション業者に利用されるとは思いもしなかったでしょう。

この財獲得術のポイントは、手付金によるオプション取引で儲けたことではなく、「借り占め」の方にあります。もちろんわずかの資金で借り占めを実現したのは手付金のおかげですが、タレスは借り占めたことによって、オリーブ搾油機の使用料を彼の望むようにコントロールできたのです。現代風にいえば高収益ビジネスの秘訣《ひけつ》といったところです。

アリストテレスがいいたかった金儲けの秘訣は、「もしだれでも『専売』を自分のために工夫できるのであれば」、つまり「独占供給状態を作り出せるのであれば」、大儲けができるだろうという点でした。

現代のわれわれから見て違和感を覚えるのは、アリストテレスは、金が金を産む利子所得や、商人のマージンに対して否定的であるにもかかわらず、独占状態に関しても、また手付金を支払うようなビジネスに対しても、肯定的である点でしょう。現代社会では利子収入を収益源とする銀行や、マージンが利益の根源である商社は合法ですが、独占は公正取引委員会によって指弾されてしまいます。彼は、国家は歳入の補強のためにこうした独占の専売ビジネスを有する必要がある、とまで述べているのです。

「フィナンシャル・タイムズ」の記者であり作家でもあるジリアン・テットは、一世を風靡した米国大手銀行JPモルガンのデリバティブ・チームを描いた『愚者の黄金』の中で、こう書いています。

「原始的な先物やオプション契約の例は、紀元前一七五〇年のメソポタミアの粘土板にも見出せる」

これはつまり、手付金を支払うような契約は大抵の場合、原始的なオプション契約とみなせるということだと思います。逆にいえば、現代のさまざまな契約も、多くは手付金的なものが存在するわけで、そのオプション性に注目して手付金が高いのか安いのかなど「リアル・オプション」としての分析も可能なのです。

搾油機の持ち主から見れば、タレスとの取引はカバード・コール（現物資産を保有したままコール・オプションを売る戦略）であり、タレスに使用権のコール・オプションを売ったことになります。もし搾油機を持っていないにもかかわらず、投機のためにオリーブの不作に賭けて、使用権であるコール・オプションをタレスに売ったのであれば、これはネイキッド・コール（現物資産を保有せずにコール・オプションを売る取引）です。

タレスの独占によって村中どこにも搾油機がない中、ネイキッド・コールで売ってしまった人は、「搾油機を買う」か「借りる」か、あるいはタレスのいい値でオプションを買い戻さなければなりません。一般にコール・オプションの売りは「義務」、買いは「権利」といわれます。買い手がリスクを限定している以上、売り手の損失は無限大です。個人投資家には向きません。たとえそれがどのような形態であろうとも。

一一話　ギリシャの両替商

ギリシャ神話のミダス王はディオニュソスの養父を助けたお礼に何でも望みをかなえてあげようといわれて、彼の手に触れるものすべてを黄金に変えてくれと頼みました。ミダス王も最初のうちは無限の財が労無く生まれる新しい能力を喜びましたが、そのうちに自分の娘も、食べ物も、飲み物でさえ硬い黄金に変わってしまうことを悟りました。黄金だけでは生きてはいけなくなったのです。「暴走する資本主義」、リーマン・ショックにおける高額報酬の米国投資銀行家の成功と没落のドラマに、ミダス王はまさに最高のメタファーでした。「ミダス王」は最近の金融関係の記事や図書では最頻出のギリシャ神話の王です。

もっともこのメタファーは、すでに二〇〇〇年以上の歴史を持っています。アリストテレスは

『政治学』の中でこのミダス王に言及し、貨幣は当初、物々交換を容易にする単純な売買の手段であったが、次第に金儲けの技術が発達し、貨幣を貯めることそのものが目的化したと指摘しています。すでに必要な財はあるのに、生きることの目標が金儲けそのものになり、この目標のためには手段を選ばないような人間が、資本主義の暴走を待つまでもなく、ギリシャ時代に早くも登場していたのです。

しかし、アリストテレスがミダス王を引き合いに出すまでもなく、貨幣発明以前のメソポタミアでも金儲けの技術は豊富にあったことがわかっています。当初の交易には神殿や官吏など公的部門が多くかかわっていましたが、紀元前二〇〇〇年のシュメール人の頃には民間だけの共同事業プロジェクトへの出資契約書のタブレットも既に見られます。

また、ギリシャの都市国家（ポリス）では当初のコインはそれぞれのポリスごとに造られました。そのためポリス間やその他の地域との交易では、さまざまなコインが混じり合うことになりました。そこで両替商が登場してきます。経験を積んだ両替商は顧客以上に情報を持っています。交換レートのスプレッド（さや）を多めに確保したり、金利の計算方法を少しだけ工夫したり（ここまでは現代の金融業者でもしています）、金属の含有量をごまかしたりと、両替商にすれば収益機会はいくらでも転がっていたはずです。

紀元前五世紀ごろのアテナイでは、デロス同盟によって多くの外国人が住み着くようになり盛んに貿易に対する投資活動が行われていました。黒海、地中海貿易が活況を呈したこともあり、

「冒険貸借（海上貸借）」が盛んに行われたといわれています。この現代ではあまり聞きなれない貸借契約は、船主が船舶や積み荷を担保に資金を借りる契約で、原型は既にメソポタミアにもあったようです。

船主は航海が成功すれば利息をつけて元本を返済しますが、航海の失敗で沈没して担保を失ったような場合には債務はなくなる仕組みでした。投資家から見れば融資というよりは投資であり、船主から見れば船舶・積荷保険でした。従って冒険貸借は海上保険の起源とも呼ばれています。また利子の徴収を禁止された中世ヨーロッパでは、海上保険を偽装した金銭貸借契約としても使われていました。「利子ではなくて保険料ですよ」と、言い訳に使われたのです。昔は損害保険会社に入社すると、最初の研修で、保険の起源としてこの冒険貸借を教わったと聞いたことがあります。

前出の『金利の歴史』の著者ホーマーによると、金利の記録に関してはローマよりもギリシャの方が多く残っているのだそうです。

ギリシャには既にさまざまなローンがありましたが、その中でも特に不動産担保ローンの記録が多く残されています。耕作地の狭いギリシャでは土地は希少性がありました。このローンのために破産して土地を失ったことが、農民たちの奴隷化がすすむ原因となったとされています。担保落ちした土地の境界にはホロイという石がおかれ、そこには担保落ちまでの詳細な経緯が書かれていたそうです。一方で質実剛健をむねとするスパルタは、貨幣経済に巻き込まれることによる生活の奢侈《しゃし》化や奴隷化による農民の減少が兵力の低下に直結することを恐れ、コインの流通を禁止したといわれています。こうした逸話は様々なことを示唆しています。つまり貨幣経済が広くいきわたり、個人の財産権が確立し始めたのです。

一二話　ローマ法による財産権の確立

投資をして財産を貯めても権力から所有権が保障されなければ意味がありません。権力者が暴力を以て自分の所有権を守るのは当たり前ですが、社会制度として一人ひとりの私有財産権が保障されなければ、お金を稼ごうとするインセンティブの大部分が損なわれるでしょう。個人の財産権はハムラビ法典にも見られるし、ギリシャのアテナイにもありましたが、ローマ法はこれを明確にしました。「すべての形式の財産はひとりの明確な所有者を持つべきであり、その所有者はそのような財産に関して契約関係を結ぶ資格を与えられる」という、極めて商業的な財産権が法制化されたのです。

一五七一年のオスマン・トルコ帝国とスペイン、ヴェネツィア、バチカンなど神聖同盟との間で戦われたレパント沖海戦では、トルコ艦隊司令官アリ・パシャは自分の軍艦に全財産の金貨一五万枚を積み込んでいました。財産権の保障されていない国では、心配で留守宅に資産を残しておけなかったのです。アメリカの経済史家ウィリアム・バーンスタインは『「豊かさ」の誕生』(日本経済新聞出版社)の中でアダム・スミスの『国富論』を引いています。

「人々が常々上位者の暴力を恐れなくてはならないような不幸な国々では、人々は自分たちの全資産を地中に埋めて隠すのである。この習慣はトルコやインドの諸侯国でよく知られているが、アジアの他の国々でも同様なのではないかと思う」

これは何もアジアだけではなく、アダム・スミス以前の中世のヨーロッパでも同じことでした。中世の有名な資産家のほとんどは、国王への貸付が原因で破産しています。

個人や法人の財産権の概念はソビエト連邦が崩壊し中国が市場経済に移行している現代では、当たり前の権利のように感じるでしょうが、つい最近までは共産主義が身近に現実としてあったわけで、財産権は第二次世界大戦後の世界を二分するに至った重要なイシューでもあったのです。

いくら頑張って働いて財産を貯めても、ある日突然、国家権力によって奪われてしまうような社会では、人はやる気が出るわけがありません。しかしながら気をつけなければならないのは、財政赤字の異常に多い国でも、同じような財産権の侵害が起こる可能性があるということです。例を出すならば、ハイパーインフレ下のドイツであり、第二次世界大戦終戦後の日本で現実にあった預金封鎖です。

第四章　中世の宗教と金融

一三話　中世キリスト教の考え方

四世紀の前半にイスタンブールを東の首都と定めたコンスタンティヌス帝は、同時にキリスト教をローマ帝国の国教としました。その後ローマは東西に分かれ、東ではビザンツ帝国が中世の終わりまで生き延び、西ではローマ帝国は滅びたもののキリスト教が広まっていきました。

スペイン映画『アレクサンドリア（原題：Agora）』はこの時代の学問の都である、アレクサンドリア図書館の女性天文学者ヒュパティアを題材にした問題作です。キリスト教徒が異教徒の排斥を行う中で科学的真実の探求は迫害されて、やがて貴重な図書は焼かれてしまいます。当時のキリスト教はジェンダー問題に全く寛容ではなく、女性ながらに学者であるヒュパティアは魔女として殺されてしまいます。

「あなたが、共におるわたしの民の貧しい者に金を貸すときは、これに対して金貸しのようになってはならない。これから利子を取ってはならない（出エジプト記二二章二五節）」

また、「利子とは財そのものが産んだものではなく、時間が産んだものである」。時間は誰のものでもなく神のものでした。従って中世のキリスト教では利子を徴収することは罪だと断じました。そのために中世ヨーロッパでの金利の記録はあまり残ってはいないのです。

三二五年のニケーア公会議では聖職者の融資活動の停止が決められ、五〇〇年後の八五〇年には、金貸しを破門にしました。キリスト教徒が集う公会議においてこうした徴利禁止問題は永年にわたりテーマとなり続けました。しかし、これらの現象は逆にいえば、利子を徴収する行為はなかなか止められず、中世のどの時代においても問題であり続けたということです。利子を支払ってもお金を借りたい人はいつの世にもいたということでしょう。教会は次第にこうした世俗的な欲求と教義との間に折り合いをつけていくことになります。

例えば一二一五年の第四回ラテラノ公会議では「重く過当な金利」が議題となりましたが、債務返済の遅延のペナルティーとして徴収する利息は公正報酬であり、徴利禁止の対象外との考え方を示しました。こうして利子徴収の名目は次第に整えられていき、一方でそうした罪から逃れ天国へ行ける免罪符も販売されるようになりました。地獄の沙汰も金次第のキリスト教版でしょう。当時は一族から司祭が一人出れば、皆食べていくのに困らなかったそうです。こうした腐敗に対する抵抗が、マルティン・ルターの宗教革命に結びついていくのです。

中世の地中海の交易ではコショウと並んで奴隷が主要な商品でした。奴隷貿易は新大陸発見後も続けられ一八〇七年にイギリスが最初に禁止し、一八六三年にオランダが最後に禁止にするまで続けられました。それほど昔のことではないのです。高利貸が悪徳であるならば奴隷商人はどうなのでしょうか。キリスト教では「肉体を束縛することは精神の救済に役立つ」と、この問題に折り合いをつけました。従ってキリスト教化されていない者は、皆束縛して救済をほどこしてあげる対象となったのです。ローマ・カトリックから見れば、イスラム教徒はもちろん、時としてギリシャ正教徒も対象であったし、六世紀には教化前のアングロ・サクソン人も、その後はスラブ民族も精神を救済されるべき対象だったのです。

ロスチャイルドなどユダヤ財閥について語られる時、あるいはシェークスピアの『ヴェニスの商人』の金貸しシャイロックが話題になる時に、決まって持ち出されるトリビアがあります。なぜユダヤ人が高利貸で守銭奴であるか、もう少し大げさな陰謀論になると、なぜ彼らが世界を支配しているかについて、中世キリスト教の徴利禁止問題が取り上げられることになります。

いわく、ユダヤ教でも金貸しは禁止されていたが、旧約聖書申命記二三章には「外国人からは利息をとっても良いが、同胞からは取ってはいけない」とあるからだとされています。従って中世ヨーロッパにおいて、少数民族であったユダヤ人は同胞以外の人々から縦横に利息を徴収でき、それが理由でユダヤ人は金融業において支配的になったというものです。

確かに逆の立場で地中海イスラム圏での銀行家の多くは、キリスト教徒だったとする説もあります。キリスト教世界の街の高利貸にはユダヤ人が多かったかもしれませんが、フィレンツェのメディチやドイツの銀山を支配したフッガー、インホーフ、ヴェルザーなど中世の大規模金融家は実はほとんどがキリスト教徒でした。ユダヤ金融家が幅をきかせるのは一八世紀以降の話です。

中世にはそもそも、大規模な資本を必要とする産業は国家以外にはありません。資金の必要な大きなプロジェクトは戦争だけです。したがって借金の主は、領主か教皇ぐらいのものでした。中世キリスト教の徴利禁止問題の実質は、大きな資金の貸借が主題ではなく、庶民の間の憎むべき「高利貸」の話だと理解しておくべきでしょう。

一四話　パクス・イスラミカの恩恵

ローマが覇権国家であった平和な時代をパクス・ロマーナといいます。英国によるパクス・ブリタニカ、米国によるパクス・アメリカーナを経て、日本がバブルに沸く一九八〇年代にはパクス・ジャポニカの呼び声も聞かれましたが、軍事力無しで平和を築いた例は未だありません。したがってこれはいまだにかなっていません。最近ではパクス・シニカ（中国）がもうじき来るのではないかと心配する向きもあるようですが、それほど簡単だとは思えません。

ギリシャからローマ時代へと海上の道として栄えた地中海も、七世紀頃からイスラム教徒が勢力を拡大しつつ侵入し、ヨーロッパはアジアと分断され、非商業的、自給自足的な経済社会システムになっていきました。中世ヨーロッパの「暗黒」と呼ばれる時代です。古代ギリシャに生まれローマにはぐくまれた文化が衰退し、停滞した時代だと考えられてきました。しかし、一方で見方を変えて、イスラム教徒にすれば西洋史でいう中世は勃興期であり、急速な拡大の時代だったのです。

西暦五七〇年にイスラム教の開祖ムハンマドが生まれ、その後はかなりのスピードで西はスペインのあるイベリア半島や北アフリカから、東は遠くインド洋を渡りインドネシア、フィリピンにまでその勢力を拡大しました。

「リバー（利子）をむさぼる者はサタンにとりつかれて打ち倒された者のような起き上がり方しかできない。……神は商売を許したが、リバーを禁止したもうた」（クルアーン）

イスラム教も、キリスト教やユダヤ教と同じく旧約聖書を下地としたアブラハムの宗教です。利子の徴収を禁止しました。ご存じのようにムスリムの利子の禁止は他の宗教と異なり、現代まで連綿と続いています。ムスリムの国におけるシャリア（イスラム法）金融では、利子を収益の配当としたり、売買契約でのスプレッドを応用したりしながら、利子を利子ではない形に変えて徴収します。また「S&P／TOPIX一五〇シャリア指数」という株価指数もありますが、これは利子の発生する銀行業やシャリアで禁止されている豚肉を扱う企業、また風俗関係など、ムスリムが投資できない企業を除外したムスリム用の株価指数です。

アッラーは利子の徴収を禁止しましたが、開祖ムハンマドが商人であったためか、アリストテレスとは異なり、中間マージンを取る商売は許しました。これはアリストテレスの時代には浸透していなかった市場という制度が、この時代には一般化していたためだとも考えられます。ヨーロッパと中国との東西貿易の中央に位置する彼らは、早くからインド洋のモンスーン（季節風）を発見し、航海に熟達していました。中東からインドまで海岸に沿って細かく航路をつなぐ太古の昔の航路から、一気にインド洋を横断できるようになり、活動範囲を東南アジアまで広げたのです。アフリカ中央部にモルディブ産の子安貝があるのは、彼らの交易の賜物でしょう。

　商圏が拡大するにつれて、イスラム教は東南アジアに広がっていきました。早くも七世紀には、ペルシャ人が中国広東の港に商館を開いていました。

　イスラム国家はそれまで流通していたササン朝ペルシャのディルハム銀貨とビザンツ帝国のディナール金貨を実用的に引き継ぎましたが、これらの硬貨は純度が高く信用を得やすいことから、遠距離貿易に向いていました。また商圏拡大に伴い金融業が発達し、決済代金が金属貨幣に代わり為替手形で支払われるようになっていきました。イスラム国家の官吏でさえも民間の為替手形決済システムを利用したといわれています。

　一三世紀には、モンゴル人が中央アジアに覇を唱えた結果、パクス・モンゴリカが現出し、交通が安全になったシルク・ロードを経由しての東西の交流が増えました。ヴェネツィアのマルコ・ポーロはこのルートを使って元まで旅をし、後にジパングの記述がある『東方見聞録』を残すことになったのです。そしてその五〇年後には、イスラム教世界の大旅行家、イブン・バットゥータが海路中国までの旅行記を残しました。この本は日本語で文庫化されていますし、新書にまとめられたものもあるので読むことができます[9]。

　さてヨーロッパに戻ると、やがて一一世紀になり、コンスタンチノープルを介したアジアとの交易によってヴェネツィアの経済活動が活発になります。またそれがジェノバやピサなどのイタリア諸都市の活動を刺激し、こうした都市国家は経済力をバックに海軍力をつけ、地中海を交易の海へと戻していきます。同時にスカンジナビア人の活動によって繁栄し始めたヨーロッパ北方のフランドル地方やバルト海との間で南北の交易が始まり、陸上の交易ルート上に現代にも残るミラノやウィーン、フランクフルトなどヨーロッパの中世都市が発達していくことになります。

ギリシャの科学や学問はアテナイからエジプトのアレクサンドリアに中心を移し、ヘレニズム諸科学として発展しました。これがやがてシリア語に翻訳され、八、九世紀にはバグダッドにおいてさらにアラビア語に翻訳されていきました。現代に伝えられるギリシャ文明はアラビア語経由で残されたものが多いのです。バグダッドではヒンドゥー数学の影響を受けた「アラビア数字」が発明され、イスラム商人たちは現代の簿記技術である複式簿記も発明したとされています。パクス・イスラミカは紙、火薬、羅針盤など中国やヒンドゥーの文化を地中海地方に伝え、これらはやがてルネサンス期にヨーロッパに吸収されていきます。イタリアの商業都市国家には、ローマの契約法的な思考に加え、ギリシャ的な科学思考、さらにはヒンドゥー、アラビアの数学的思考が交わり、繁栄の基礎が形成されていったのです。

一五話　フィボナッチの偉大な貢献

株や債券、為替のテクニカル分析に詳しい人であれば、「フィボナッチ数列」はご存じでしょう。

{1, 1, 2, 3, 5, 8, 13, 21, 34, 55, 89, ……}

例えば2＋3＝5、5＋8＝13のように前出の二つの数字の合計が次の数字になります。そして前後する二つの数字の割合は、黄金比率と呼ばれる一対一・六一八〇……にだんだんと近づいていきます。

最近ではネット証券の提供してくれる無料のチャート画面にも、フィボナッチ・リトレースメントという黄金比の計算機能がついています。これは株価や為替の高値安値を黄金比で分割して、チャートにおける株価などの上下動の切り返しポイントの目処《めど》を立てる手法です。星占いに近い側面はあるものの、市場参加者のなかには注目している人も多いため、何も手掛かりがないときには株価などの切り返しポイントの目安となることもあります。

黄金比は、パルテノン神殿、ミロのビーナス、クレジット・カードの縦横比がそうであるし、巻貝の形態など自然界に数多く存在する不思議な数字です。またフィボナッチ数列はチャート分析においては値幅だけではなく、相場の転換点の日数計算にも使われますし、「エリオット波動分析（相場は波形を形成しながら、サイクルで動いているとする理論）」では重要な数列となっています。エリオット波動論は、大手金融機関でも現在も信奉するアナリストがおり、その神秘性は現代においても健在なようです。

しかし、フィボナッチの金融史における存在意義は、もっと重要なものでした。

ヨーロッパでは一五世紀頃まで、ほとんどの帳簿はローマ数字で記帳されていました。ローマ数字の記帳とは、例えばもし現代の「七六九九」を表現するのであれば、「VII$_{M}$. VI$_{C}$. IIII$_{XX}$. XVIIII」となってしまいます。Mは一〇〇〇の区切りで、Cが一〇〇、XXは二〇の区切りです。

ご覧のとおりローマ数字は計算には使えません。あくまで数字の表記用であり、実際の計算はメソポタミアの泥団子のトークンからそれほど進化せずに、算盤やそれに似たものを使用していました。[10]

レオナルドこと、通称フィボナッチは、斜塔で有名なピサの税関吏である父の名前ボナッチとフィボ（息子）の合成語です。彼は父の赴任先のアラビアでアラビア人数学者からヒンドゥー・アラビア式記数法の話を聞いて、それに触発されて勉強を重ねました。これはまさに前出のパクス・イスラミカの恩恵です。

その後、フィボナッチはエジプト、シリア、ギリシャ、シシリーなどを遊学し、一二〇二年に『算盤の書』を手書きで著しました。[11]残念ながら彼の時代にはまだ印刷機はなかったのですが、彼はこの本を通じて「0」の概念や桁取りを含むアラビア数字を西洋世界に紹介することになったのです。ヨーロッパでアラビア数字を縦に並べて足し算・引き算をするようになったのはこれ以降のことです。

この本は理論書ではなく、実務のマニュアルでした。例題も豊富で、簿記やキリスト教では本来禁止されているはずの金利計算の例題までが、ちゃんと書かれていました。

保守的な中世では、良いアイデアだからといって容易に普及するものではありません。一二九九年にフィレンツェの両替商ギルドは、新しい記号（アラビア数字）の使用を禁止しています。にもかかわらず、フィボナッチのような異端が世にとりあげられたのは、皇帝・神聖ローマ帝国フリードリッヒ二世によるところが大きかったのです。皇帝は聡明で科学的好奇心にあふれていたがゆえにローマ教皇と対立し、二度も破門されている人物です。そんな皇帝が『算盤の書』を大変気に入りました。皇帝が一二二〇年代にピサを訪問した時には、フィボナッチを呼び出し三次方程式の問題を解かせたそうです。これに対しフィボナッチは『平方の書』を著し、皇帝にささげたそうです。三次方程式に対して、何故「平方」なのかは私にはわかりませんが。

こうしてアラビア数字は、数学者の間では一大センセーションとなったそうですが、保守的な金融分野ではなかなか使用してもらえませんでした。それは他教徒のもので異端だという理由だけではなく、アラビア数字では「1」を「7」にしたり、「0」を「6」にしたり、偽造がしやすい欠点があったからだとされています。アラビア数字の簿記への本格的な進出は、グーテンベルクが印刷機を発明（一四四五年頃）して活字ができるまで待たなければなりませんでした。

一六話　ダティーニ文書――活気あふれる地中海世界

一八七〇年のある日、イタリア・フィレンツェ近郊のプラートという町で、一五万通にも及ぶ中世イタリア商人の書簡が発見されました。その商人とは一三三五年生まれのフランチェスコ・ディ・マルコ・ダティーニのことで、書簡には一三七〇年から一四一〇年までの間に書きつづった五〇〇冊ほどの会計簿や、三〇〇冊ほどの共同経営の契約書、その他に保険証書、船荷証券、為替手形、小切手に私的な手紙までが含まれていたのです。

ダティーニの時代は、ローマ教皇の座がフランスのアヴィニョンに一時的に移されていた「アヴィニョン捕囚」と呼ばれる特殊な時期でした。ダティーニは、一三八二年まで教皇やそのとりまきたちの御用が多いアヴィニョンで商売を続け、その後、故郷のプラートに帰ってきました。彼は、当時、フィレンツェの御三家と呼ばれたバルディ、ペルッツィ、アッチャイオーリのように王侯貴族への貸付はしなかったので、大商人とは呼ばれませんでしたが、それでも羊毛関連商品を中心に幅広く商売を展開し、フィレンツェ、ピサ、ジェノバ、バルセロナ、バレンシア、バレアス諸島のマヨルカとイビサにまで支店を開設していました。

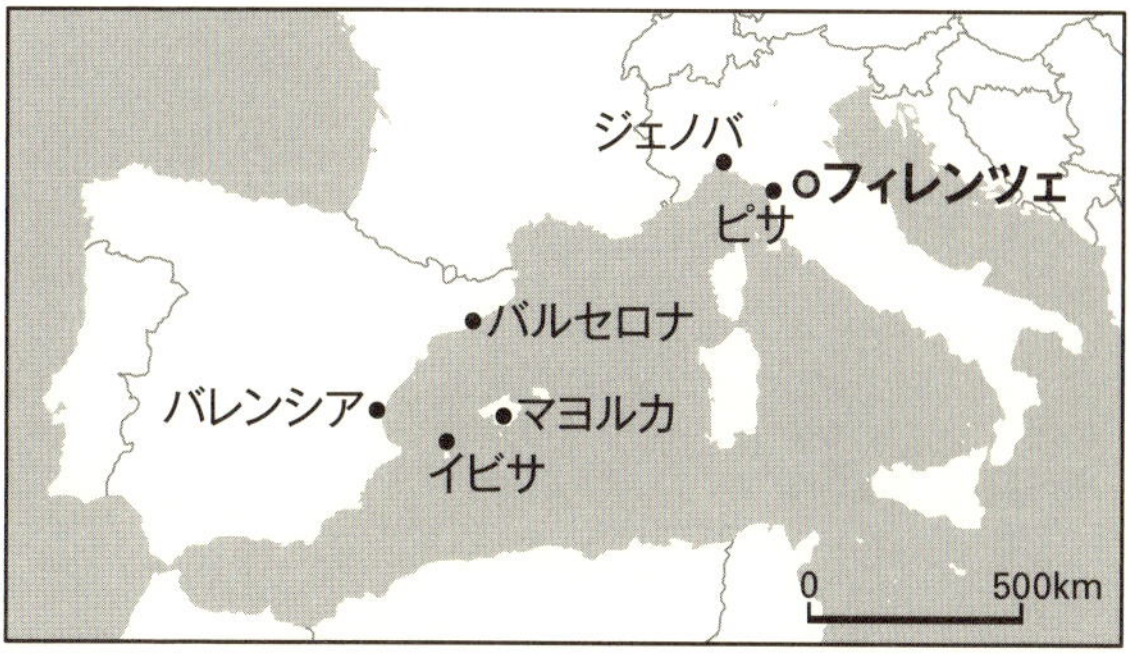

フィレンツェ、ピサからイビサにまで広がったダティーニの支店網

東のビザンツ帝国からは鉛とミョウバンを輸入し、黒海からは奴隷と香辛料を、ロンドンからはイングランド産羊毛と毛織物、マヨルカからも羊毛、イビサからは塩、ヴェネツィアから絹、チュニスから皮革、シチリアからは小麦、カタルーニャからはオレンジと、実に様々なものを取り扱っていました。そして一三九九年には、周囲の反対を押し切ってフィレンツェに銀行を設立し、金融業者の組合（ギルド）であるアルテ・デル・カンビオに加入しています。彼は家族をプラートに残し、フィレンツェに単身赴任したために妻との間に多くの手紙を残すこ

とになったのでした。

この資料では、ダティーニの帳簿が一三八四年を境に単式から複式簿記に変化しています。また不動産および有形資産では現代の会計処理方法である減価償却やアモチゼーション（債券の償還差損を期間按分して簿価を平均的に下げていく）の技法も見られ、回収不能債権はきちんと損失として認識されています。


当時のイベリア半島はキリスト教徒によるレコンキスタ（国土回復運動）の最中であり、アルハンブラ宮殿で有名なムスリムのグラナダ王国はまだ健在でした。また地中海の南側沿岸はイスラム圏であり、エジプトはマムルーク朝、東側はオスマン・トルコのパクス・イスラミカの時期です。こんな時代に、地中海航路には盛んに船が行き交い、ジブラルタル海峡を抜けてフランドル地方やロンドン・テムズ河港にまで船便があったのです。船長の国籍もイングランドやスペインなどさまざまで、ダティーニはていねいに海上保険契約をかけつつ国際貿易を生業としていたのでした。

為替手形や小切手は既に一般的な金融手段であり、為替決済銀行による国際的な決済システムが機能していたことがうかがえます。海洋都市国家ピサの関税表が残っています。これは銀行がサービスで配ったもので、品目ごとに細かく税率が定められていたそうです。税の出納業務はピサの銀行が担当していたようです。また研究者によれば、彼のビジネスの利益率は八・九二%で、あまり高いものではありません。多分、リスクも抑えられたものだったのでしょう。

中世イタリアの商業は共同経営の形態で、イスラムの「ムカーラダ（血縁と肉親・兄弟間の共同合資）」のシステムをまねて「コンメンダ」という、パートナーシップによる一航海ごとの契約が主だったのですが、ダティーニのようなトスカーナの商社はもう少し継続的な「コンパーニア」を形成していました。「コンパーニア」とはラテン語の「クム」と「パニス」を合わせたもので、「パンを分かち合う」という意味をもっています。またメンバーは資本とは別に、「外資本」と呼ばれる拠出金を積むこともできました。これは現代の債券に近く、固定八％の金利であって配当金ではなかったようです。ダティーニ文書を元にしたイリス・オリーゴによる研究書が日本語でも翻訳され、『プラートの商人――中世イタリアの日常生活』として白水社から発刊されています。そこには、これまでにいだいていた「暗黒の中世」とはまったくイメージの異なる、活発なビジネスの世界が描かれています。

一七話　簿記の父ルカ・パチョリ

トスカーナ生まれのルカ・パチョリは、「簿記の父」と呼ばれています。[12] パチョリの専攻は数学で、ペルージャ大学などで教鞭を取り、昵懇《じっこん》だったレオナルド・ダ・ビンチとは立体図形の共同研究を行いました。彼は一四九四年に『算術、幾何、比および比例全書（スムマ）』という、活字と木版が交じり合ったイタリア語の本を出版しました。印刷業はすでに軌道に乗り始めていたので、フィボナッチの場合とは異なり、パチョリの本は印刷物として世に出ることができたのです。

当時の学術書は、ラテン語で出版されるケースが一般的でした。ゆえにイタリア語で書かれた『スムマ』は実用書だったと考えられています。そして何よりこの本の特徴は、ローマ数字ではなくアラビア数字で書かれていたことにあります。そこには、フィボナッチの影響を受けたと書いてありました。一五二三年にはラテン語で再出版されましたが、これはイタリア語圏外の読者のためでした。当時のベストセラーだったのでしょう。

『スムマ』は算術、代数、金融数学、簿記、幾何を含む一種の数学辞典のようなものでしたが、その中に複式簿記の概念の説明がありました。このために、パチョリは後に「簿記の父」と呼ばれるようになったのです。しかし複式簿記はアラビアで発明されたとの見解もあります。また一三四〇年のジェノバ財務官の記録やその他の帳簿にもすでに複式簿記を見いだすことができるので、今日ではパチョリは発明者ではなく、そうした技術をまとめた人だと考えられています。

例えばヒンドゥー数学では、負数（マイナスの数字）の概念がありましたが、アラビアはマイナスの使用を認めませんでした。従ってフィボナッチが学習したアラビア数字の中には、演算における引き算のマイナスはあっても、「マイナス5」のような負の数字そのものはなかったのです。

この負の数字がないことが、現在にまで影響を及ぼしているのではないでしょうか。たとえば、われわれが現代において使用する「貸借対照表」です。もちろん資本の部がマイナスになって企業は倒産したりする場合もあるのですが、基本的にはプラス・マイナスを左右に分け、正の数だけで資産を表現しようとしたせいとは考えられないでしょうか。いずれにしても、ルカ・パチョリの帳簿の時代では、基本的に貸しも借りもどちらもプラスで表記されているのです。

グーテンベルクの偉大な発明である印刷技術の発達は、金融にも大きく影響を及ぼしています。金融技術書（計算のマニュアルなど）の普及以外にも、印刷は証券、帳票類の偽造を困難にしました。塩野七生氏の『海の都の物語』によると、印刷機の発明から約半世紀を経過した一四九五年から九七年の間に、全ヨーロッパでは一八二一点の新刊書が出版されましたが、そのうち四四七点がヴェネツィアでの出版であり、次点のパリの一八一点を大きく引き離していたとあります。ヴェネツィアを含むイタリアがいかに当時のヨーロッパ文化の中心であり、情報発信地であったのかがわかる数字です。

そして、コロンブスが西インド諸島を発見したのが一四九二年、簿記が整えられ、出版業が盛んになり始めた頃に、いよいよその後の西洋と東洋の運命を大きく分けてしまった大航海時代が始まるのです。

一八話　銀行創設の功績はヴェネツィアのもの

プラートの商人ダティーニは、フィレンツェのジョバンニ・メディチと時代が重なっています。ジョバンニは一三八五年に親戚の経営する両替屋のローマ支店を任され、一三九七年にはフィレンツェに戻ってきました。年長で単身赴任のダティーニとは、両替商のギルドであるアルテ・デル・カンビオで面識があったのだろうと思います。

ジョバンニは一四一〇年にローマ教皇庁会計院の財務管理者となり、教皇庁の金融業務を押さえました。なんと徴利禁止の本家本元を顧客としたのです。彼はここで莫大な利益をあげ、後のメディチ家の繁栄の基礎を固めます。一四二〇年には長男のコシモに実務を委ねていますが、このコシモこそが、メディチ家の繁栄とフィレンツェにおけるルネサンス文化の開花を題材とした、辻邦生の小説『春の戴冠』の登場人物、老コシモです。


銀行の起源をたどれば、メソポタミアの私的な銀の貸し借りにまで行き着きます。貨幣の発明されたギリシャでは不動産担保融資が盛んでしたし、貨幣と地金の預託に対して利子を支払う商人もいました。ローマ時代では税の出納業務を行うタベルナエ・アルゲンタリア（アルゲンタリイは貨幣を扱う商人）がおり、アトリビューティオという譲渡証書も盛んに流通しました。しかし『マネーの進化史』を著したニーアル・ファーガソンも、『図説銀行の歴史』の著者エドウィン・グリーンも、中世イタリアの両替商たちを銀行の起源としています。

ロンバルディアの商人は貨幣を扱う者に限らず、取引台を店の前に構えました。この台が「bench」と呼ばれイタリア語の「banco」、後の英語の「bank」となったというのが定説です。破産を意味する「bankruptcy」は、この取引台をたたき割って商売ができないようにすることを意味しています。

またロンバルディアの両替商たちの一部はやがてロンドンのシティーに移住し、ロンバード街という金融街を形成します。日本でもこの名は公定歩合による貸し出しの一形態である、日本銀行の「ロンバード型貸付制度（補完貸付制度）」として、取引台の記憶を連綿と現代に伝えています。

塩野七生氏は『海の都の物語』で、ヴェネツィアの銀行の特殊性を取り上げるとともに、近代的な銀行創設の功績はヴェネツィアにあるとしています。「バンコ」は机の上に金銀貨を山積みにした店構えでまさに街の両替屋でしたが、ヴェネツィアの銀行は帳簿だけを机に置き、「バンコ・ディ・スクリッタ（書く銀行）」と呼ばれたそうです。現金なしで為替手形の決済や、口座間の資金移動が可能だったのです。しかし、フィレンツェにはメディチ銀行、ジェノバにはサン・ジョルジョ銀行のような「グロッシ（大）バンキ」と呼ばれ、顧客は限られていたのでしょうが、同様の機能を持つ今風にいうメガ・バンクも存在していました。

預金や貸付、為替に小切手などの銀行業務の起源はイタリアの銀行に預けるとして、近代的な銀行の機能である信用創造の発生にまつわるストーリーが、イギリスの「ゴールドスミス説」と呼ばれるものです。ゴールドスミスとは金を保管・加工する業者で、日本語では「金匠」という立派な訳語があります。一七世紀のロンドンでは、市民革命の混乱の中で、資産家は現金や貴重品を金匠に預けました。金匠はそれに対して金の預かり証を発行するのですが、そのうちに預かり証そのものが紙幣のように流通するようになっていきます。

金匠はある日、預かったゴールドと比べて、支払いに必要なゴールドがいつも少ないことに気が付きました。顧客の中には、金と交換せずに預かり証のまま支払いをしている者がいたからです。そこで金匠は預かったゴールド以上の貸し出しをしましたが、ゴールドを借りた人はまたすぐにそれを金匠に預けて預かり証に交換してしまいます。こうして金匠は預かったゴールド以上の貸し出しをして信用を創造するに至ったのです。これが「金匠・銀行説」であり、「預かり証」は紙幣の原型です。

そうした金匠の中に、エドワード・バックウェルという「イングランド銀行業の父」とも称される人がいました。彼は他の金匠から預金を受け入れて、政府財務府に貸し付ける対政府融資仲介業者でもありました。一六六五年に、イングランド政府は後の国債となる「支払い指図書」を導入しましたが、バックウェルは仲間の資金もろともこれを大量に引き受けました。まさに金匠たちの黄金時代だったわけです。しかし一六七二年に、英国王チャールズ二世はデフォルト（債務不履行）を引き起こして、引き受けたバックウェルなどの金匠たちは破綻してしまったのです。

ただ、国債引き受けに参加できなかったような小規模な金匠たちは、公証人銀行とともに生き残り、後の英国の個人向け銀行の母体となっていくのです。

第五章　大航海時代

一九話　起業家の時代

一七世紀のイングランドから再び中世の地中海に戻りましょう。一五世紀に入り、東ローマ、つまりビザンツ帝国の勢力が弱まると、インド洋や黒海方面など東方からのコショウなど香辛料の交易はムスリムの影響下に置かれることになりました。貿易が出来ないというわけではなかったのですが、価格は上昇しました。そこでイタリアの商人たちは、喜望峰経由のアジア交易ルートを模索し始めます。第一の動機はコショウ貿易です。コショウというのは、それほど大事で儲かる商品だったのです。リジー・コリンガムの書いた『インドカレー伝』（河出書房新社）によると、通説として伝わる「コショウは腐った肉に使われた」というのは間違いのようです。だいいち、コショウを腐食防止のために大量に使えるような身分の人は、腐った肉など食べたりしませんでした。コショウは、あくまで肉を美味しくする調味料でした。おいしさへの欲求が、コショウ貿易へのこだわりを生んだのでしょう。

一四一九年に発見された大西洋上のマディラ諸島の開発など、大航海時代を担うポルトガルの後押しをしたのはジェノバの資本でした。船乗りたちの探検や投資話のスポンサーには、フィレンツェやヴェネツィアなどイタリアの商人がついていました。プラートのダティーニのビジネスを見ればわかるように、ビジネスは西ヨーロッパ内で充分にグローバル化していたし、富は、その頃はまだイタリアに集中していたのです。また、この頃、一四二一年には、フィレンツェでは世界初の特許がフィリッポ・ブルネレスキの「大理石運搬船」の設計に与えられています。一四七四年にはヴェネツィアで特許法が出来るなど、財産権にかかわる法が整備されているのも目を引きます。一四五三年に東ローマ＝ビザンツ帝国がオスマン帝国によって滅ぼされ、とうとうローマ帝国が終焉を迎えました。そして一四九二年には、今度はスペインが西ヨーロッパ最後のイスラム勢力であるグラナダを陥落させてしまいます。これで地中海の東と南はイスラム、北と西がキリスト教とはっきりと分かれます。イタリアの商人やスペインの興味は地中海から外洋へと移り、ヨーロッパの中心は地中海地方を離れ、次第に北へ移動していきます。

そもそもコロンブス自身がスペイン人ではなく、ジェノバ出身の船乗りです。現代風にいえば、ベンチャー起業家みたいな存在でした。彼はインドにあこがれていたわけではなく、とにかく一旗揚げたかった。出資者探しのために、いくつかの企画書を作成しますが、その中に『東方見聞録』に書かれていた幻の国ジパングも盛り込まれていました。コロンブスはコネを探し、プレゼンテーションを繰り返します。フランスのアンジュー公、スペイン国王、メディナのセドニア公やポルトガル、果ては、本人は行きませんでしたが、イングランドにまで接触しました。しかし、なかなか彼のアイデアを採用してくれませんでした。ただコロンブスは断られてもめげなかったし、プレゼンテーションの内容もこだわらずに相手にあわせて柔軟に変更したそうです。そうした不屈の魂こそが、卵を机の上に立たせる秘訣だったのでしょう。

しかし、似たような冒険家は他にもたくさんいました。一四八八年にバルトロメウ・ディアスがポルトガルをスポンサーにつけて喜望峰を回ってリスボンに帰ってくると、それを直に見てしまったコロンブスは、先をこされたと失望してしまいます。そして、これではポルトガルはもはや大西洋を横断してアジアにアクセスするインセンティブを失っただろうと考えました。そこで、今度はスポンサーの相手をスペインにくら替えします。

一四九二年にコロンブスがスペインをスポンサーとして西インド諸島を発見すると、九七年にはジョン・キャボット（ジョバンニ・カボート）が、北米ニューファンドランド島からフロリダを経由してイングランドへ帰還しました。また同じ年にはバスコ・ダ・ガマがインド洋に向かい、九八年にはカボートが再び大西洋を横断しデラウェアとチェサピーク湾を発見します。そして一五〇〇年にはカブラルが（これは偶然でしたが）、ブラジルに到達しているのです。簿記の父パチョリの『スムマ』のラテン語版が出版されるまでに二九年もかかった時代に、大航海時代の発見は少しずつではなく世界史の流れから見るならば、まさに一瞬にして一気に行われたのです。

コロンブスはジェノバ人でスポンサーはスペイン、カボートはキャボットなどと英語名で知られていますが、実はヴェネツィア人でスポンサーがイングランドです。ジョバンニ・カボートは、ニューファンドランド島にイングランドとヴェネツィア両方の国旗を立てたのでした。

大航海時代の幕開けとなる探検は、まるで日本の明治維新のように人と人が互いに影響しあい、実に短い期間に集中して達成されたものです。コロンブスやカボートは大西洋の貿易風とメキシコ湾流を把握し、何度でも繰り返し同じ場所に行き来することができるようになりました。これが「航路発見」の意味です。コロンブスは生涯に四度も大西洋を往復しましたが、彼が発見した場所がインドではなかったことに気がついたのは、実に三度目の航海の時でした。もっとも彼の周りの人たちは、とっくに気がついていたそうです。

イスラム圏経由のコショウの価格は、ポルトガルが喜望峰ルートを開拓して、ヨーロッパに大量にコショウを持ち込むようになってさえも、ヴェネツィアではまだ充分に価格競争力を持っていました。しかし貿易の基点は地中海の奥深い位置にあるヴェネツィアから、消費市場である欧州各地に海路の開けたブリュージュやアントウェルペン（アントワープ）へと移っていきました。


一方、アジアからも外海へ向けて進出する動きがあったことを書いておきます。このころの中国は明の時代でした。大航海時代に先立つ一四〇五年から三三年にかけて永楽帝の命を受けた鄭《てい》和《わ》の大船団が七度にわたり、インド洋を横断しています。船団は長さ一三七メートルの巨艦を中心に六二隻、乗組員二万七八〇〇人という大艦隊でした。これを初めて見た船乗りは誰であれただちにその場にひれ伏したに違いありません。ちなみにコロンブスのサンタ・マリア号は長さが一八メートルしかありません。時代ははるかに下って一九世紀に日本の眠りを覚ましたペリーの黒船サスケハナ号でも、七八メートルしかない。鄭和艦隊のインド洋におけるその威容たるや、日本の黒船どころではなかっただろうと思います。

鄭和は紅海を通りメッカやメディナまで、南はケニアのマリンディにまで到達しています。一部の中国船は喜望峰を回り、アフリカの大西洋側でも見られたという話までもあります。しかし明は、もしかしたらパックス・ブリタニカに代わってパックス・シニカが実現したかもしれないこの大事業を、鄭和の死後、突然に止めてしまいます。北方民族の脅威に対して、財政的に万里の長城建設に集中するためでした。そして造船所を壊し、鎖国状態に入っていったのです。

ジャレド・ダイアモンドは彼のベストセラー著作『銃・病原菌・鉄』(草思社)の中で、コロンブスがスポンサーを次々とくら替えしたように、統一されていないヨーロッパには多様な意思決定があったが、中国は歴史的に古くから統一された政治体制を持ち、たったひとつの間違った意思決定がその後の運命を決定づけてしまうという東西の構造の違いを指摘しています。アジアに対するヨーロッパの優位は、決して「ヨーロッパ人が優秀だったから」という理由ではありません。「多様な意思決定」は国主導による成長戦略の策定など、現代のベンチャー育成問題を考えるにあたっても、充分に教訓的な逸話でしょう。

大航海時代の前と後では、ヨーロッパ世界が大きく変わり始めます。ここから東洋に対する西洋の優位が始まりました。

二〇話　新大陸からの銀流入——価格革命

今から六〇年ほど前、「西洋の台頭」をテーマに研究を続けるシカゴ大学名誉教授ウィリアム・H・マクニールには、どうしても納得できないことがあったのだそうです。コンキスタドール（征服者）と呼ばれたスペイン人コルテスが、なぜ六〇〇人という少ない人数で、しかも短期間のうちにアステカ王国を征服できたのか。それまでの定説だった、ヨーロッパ人にあってアステカに無かった馬の存在や、武器の優位性だけでは不満だったのです。アステカが圧政を布《し》き、そのために征服者に協力的な部族がたくさんいたことはわかっていたのですが、それでも納得できなかった。

しかし今となっては、彼のその探究心のおかげで、欧州から持ち込んだ伝染病が免疫のない先住民を壊滅させたことがわかっています。スペイン帝国に組み入れられたアメリカ原住民の諸地域の人口は一五〇〇年には五〇〇〇万人もいたのですが、一六五〇年にはたったの四〇〇万人にまで減少してしまったのです。これはこの間に移住したヨーロッパ人も含めての数字ですから、まさに伝染病が壊滅させたのでした。

このマクニールの、世界で長くベストセラーを続ける『世界史』（中央公論新社）では、大航海時代のもたらした病気の伝播、アメリカ大陸からの栽培植物、そして後で説明する「価格革命」が、文明社会も未開民族の生活も、大きく変えてしまったと指摘しています。

牛や馬、豚はヨーロッパからアメリカ大陸に持ち込んだものです。西部劇に登場するアメリカ・インディアンはいかにも生まれつきの、乗馬の名人のように見えますが、彼らが馬に乗るのはコロンブス以後のことなのです。野生馬を意味するムスタングも、もともとはヨーロッパ人の持ち込んだ馬が逃げたものです。

そのかわりにじゃがいも、トマト、とうもろこし、唐辛子やタバコがアメリカ大陸からヨーロッパにやってきました。これらの栽培植物はユーラシアの文明社会にまたたくまに広がり、やがて食料供給を増大させ、人口増加を引き起こします。大航海時代以前のイタリアには、生ハムでメロンを包む食べ方はあっても、トマト・ソースはありませんでした。じゃがいもの無いドイツ料理は想像がつかないし、インドのカレーには唐辛子がありませんでした[13]。当然タイ料理の辛さは質が違っただろうし、キムチも麻婆豆腐も海老のチリソースもありません。

スペイン人のアメリカ大陸への入植は、驚くほどの速さで展開していきました。一五二一年にはコルテスがアステカ王国を征服し、一五三二年にピサロはわずか二〇〇人の手勢でインカ帝国を滅亡させてしまいます。一五四五年にはポトシ銀山が、その翌年にはメキシコでサカテカス銀山が発見されます。ポトシにはヨーロッパからスペイン人が殺到し人口はたちまち二〇万人を超えてしまったのですが、これは当時の世界を代表する大都市の人口レベルです。

一五五七年には金や銀を、水銀を使って溶解させて採取する「水銀アマルガム法」がアメリカ大陸に導入され、銀の生産量が飛躍的に増大します。銀は、一五九五年におけるアメリカ植民地からの品目別輸出額でも、実に九五%を占めていました。

その昔、ギリシャや小アジア、エジプト、メソポタミアで蓄えられた金銀財宝は、アレキサンダー大王の遠征によってかき集められ、彼の軍団への報酬として地中海沿岸にばら撒かれました。ローマの貨幣経済はそれを基盤に作られたと考えられます。その後、一五世紀末に、富豪フッガー家が欧州での産銀を独占したようにドイツ地方でも銀山が開発されましたが、それらとはまったくスケールの違う大量の銀がスペインを通じてヨーロッパに持ち込まれました。スペインではこの一世紀の間に物価は四倍にもなり、その他のヨーロッパ地域にも影響が広がっていきました。この通貨量の急増によるヨーロッパの長期のインフレーションを「価格革命」と呼びます。

インフレーションは、それまでの封権制の下、地代収入により安定していた領主層や最低限の生活をしていた下層の民衆の生活をおびやかす一方で、商工業の発展を促しました。大航海時代の新大陸や新航路の発見は、やがて新大陸との間でグローバル化を促し、銀はその潤滑油となります。とうもろこし、紅茶、砂糖、小麦など農業製品や簡単な工業製品が大陸間で取引されるようになると、今日のグローバリゼーションと同じように、既存の農家や職人は影響を受けることになります。

印刷技術が実用化され、それによって聖書が印刷されると、一五一七年にはルターが宗教改革に着手しました。ローマ教会を中心とする既存の権威に抵抗する者が現れたのです。この時代こそ、ヨーロッパがイスラムや中国を凌駕し、世界を征服し始める分岐点となります。一五二六年、利子徴収を禁止していた中世キリスト教会に変化が起きました。フィレンツェのメディチ家出身の教皇クレメンス七世は、クーポン（毎年の利払い）一〇％の教皇庁の公債を発行しました。また一五一七年の第五回ラテラノ公会議では、高利貸し禁止を撤回（イタリア消費者金融のモンテ・ディ・ピエタを承認）。当時の教皇庁はフッガー家からも巨額の借金をしていました。

二一話　ドルの起源

新大陸で銀山が発見される少し前、旧大陸ではボヘミア地方のヤーヒモフで新たな銀山が発見されました。当時のこの地域は、ドイツ語で「谷」を意味するタールと呼ばれていました。地主のシュテフェン・シュリックは、一五一七年からその産出銀を用いて、当時ヨーロッパ社会で国際通貨として流通していたフィレンツェのフローリン金貨と等価で通用する、大型で品位の高い銀貨を鋳造させます。新大陸の銀がいまだ発見されていないこの当時、通貨不足もあって、この銀貨はたちまち欧州全体に流通していきました。これが、その後二〇世紀までの銀貨の基準的な存在となっていきます。

この銀貨のことを「谷のもの」である「thaler（ターラー）」、あるいは「ターレル銀貨」と呼ぶようになり、さらにスペインに渡り「dolera（ドレラ）」、イングランドでは「dollar（ダラー）」と呼ばれるようになりました。かなり後の一九世紀に日本に到達した際には、通詞が「ドルラル」と読み、その後「ラル」が省略されて、現在の私たちは「ドル」と呼んでいるのです。

スペインでは、この銀貨を手本にスペイン・ペソ銀貨を鋳造し（ちなみにペソとは一日分の仕事量を意味しています）、イギリス人はこれをスパニッシュ・ダラーと呼び、タガネで八分の一に小さく割って使用しました。大英博物館では収蔵物のこのコインを「ピース・オブ・エイト」

と呼んでいます。[14]

「水銀アマルガム法」が開発されて以降、ヨーロッパには一気に大量の銀が流入し「価格革命」がおきました。この時、アメリカ大陸の植民地ではスペイン王カルロス一世の命により本国の造幣規則によって銀貨が鋳造されることになりました。特にメキシコ・ドルは、一五三五年から一九〇三年までに三五億五〇〇〇万ドルの鋳造高を誇り、さらにその間も品位を保ったために、貿易用の国際通貨として世界中で流通することになったのです。

一方でイギリスは重商主義[15]に走り、金や銀貨の海外流出を厳しく制限しましたので、当時の英国植民地であるアメリカではつねにポンド通貨の量的な不足になやまされました。このため、代わりにこのメキシコ・ドルが広く使われることになったのです。

かくしてアメリカの通貨単位はドルとなったのですが、二〇〇一年まで米国株式の呼値《よびね》は八分の一ドル単位でした。「ピース・オブ・エイト」と同じなのです。「一五と八分の一ドル」は「fifteen and one eighth（一五ドルとワンエイス）」と呼んでいました。さらに米国債券などでは一六分の一や三二分の一の単位もありました。これは、メキシコ一ドル銀貨をペンチやタガネで半分ずつ切っていくため、二→四→八→一六と倍数で分割されるからです。手作業で銀貨を一〇等分に切るのは難しかったのでしょう。あるいは我々が当然だと思っている一〇進法がそれほどポピュラーでは無かったといった方が良いのかもしれません。日本でも池波正太郎の小説『鬼平犯科帳』の居酒屋で、「釣はいらぬ」と気前よく支払いに使われる一分《いちぶ》金《きん》は四分の一両。重量も小判の四分の一でした。「こんなに頂戴しては申し訳ない」金額だったのです。一分は四朱ですから、一両は一六朱です。一朱金は補助貨幣として金の含有量は低く抑えられていましたから、一六枚分溶かしても小判と同じ金は得られません。

一八五三年にペリーが浦賀に現れた時、停泊中のペリー艦隊から飲料水、鶏、アヒル、卵、野菜などの生鮮食料品や燃料の供給依頼がありました。条約締結前ではありますが、幕府としては人道的見地から黒船にこれらを供給しました。

これに対し、アメリカは自分で代金を査定してメキシコ・ドル（洋銀）で約三五〇ドルの支払いをしました。幕府ではさっそくこれらの硬貨を持ち帰り成分分析をしましたが、米国側は悪貨を選んで支払いにあてたようで、銀の含有量は通常のメキシコ・ドルの基準より低いものばかりだったそうです。日本の銀座の解析技術をなめてもらっては困りますね。

メキシコ・ドルは中国に渡り、中国では硬貨が円《まる》かったから「銀圓」と呼びました。中華民国が成立したときにはメキシコ・ドルと同質の銀貨を発行し貨幣単位を「圓」（YUAN）としましたが、画数が多いために書きにくいのでYUANと同じ発音の「元」がこの時使われるようになり今に至っています。中国人は「ゲン」と発音しません。また「圓」は韓国語でウォンであるように、同じところから日本の「円」も由来しています。要するに通貨に関する限りこの三国はみんな親戚みたいなものなのです。

二二話　英国繁栄の礎を築いた海賊

映画『パイレーツ・オブ・カリビアン』でジョニー・デップが演ずる海賊ジャック・スパローの設定は、東インド会社をクビになり海賊の烙印《らくいん》を押されたアウトローです。今風に言えばノマドでしょうか。もともとは東インド会社にお勤めだったのですね。彼は一七世紀中ごろのイギリス海軍から追われる身ではありますが、海賊は大英帝国にとって必ずしも厄介者ではありませんでした。

大陸から大量の銀がヨーロッパに持ち込まれると、ドイツ地方の銀山は廃れて、その富の集積地、イギリスの毛織物製品の輸出先であるアントウェルペンの購買力が低下します。その為にイギリスは新しい市場を開拓する必要に迫られるようになりました。大航海時代の初期のイギリスは、スペインやポルトガルのように積極的に新大陸を目指していたわけではありませんでしたが、いよいよ市場を新大陸やアジアへ向かって広げる必要性が出てきたのです。

最初の頃は、商人たちの出資によって、毛織物を満載した船が、スペインやポルトガルに遠慮をしたのでしょう、北極海経由でアジアを目指して冒険的な航海をくりかえしました。温暖化の現代でこそ、北極海航路は注目されていますが、当時は凍死者をつくるばかりでした。ロシアとの交易は始められましたが、イギリスは次第にスペインやポルトガルが既に実績をあげている新大陸やアジアに触手を伸ばすようになります。当然、両国との間に軋轢が生じます。

一五七七年、ジャック・スパローよりも約一世紀前のエリザベス一世の治世下。海賊フランシス・ドレイクが新大陸スペインの銀輸送の要所であるパナマ地峡を襲いました。太平洋側にあるペルーで採れた銀はパナマにまで運ばれ大西洋側に陸送されます。ドレイクは大量の銀をロンドンに持ち帰ると、一気に投資熱が沸き起こりました。この種の海賊行為はある種のベンチャー事業でした。航海の費用捻出のために出発前に出資者を募っていたのです。そしてこのベンチャーには女王陛下も一枚かんでいました。

ドレイクは次の事業をそれまでのカリブ海ではなく、目先を変えて新大陸の太平洋側であるポトシ銀山のあるペルー（当時）に決めました。ペルーを襲撃した後は太平洋を横断し、アジアを経由してロンドンへ戻る世界一周航海を企画したのです。なんという壮大さでしょうか。無謀とも言える計画ではありますが、このドレイクの旺盛な冒険心こそ、その後の大英帝国繁栄の原動力となるのです。そして二年一〇ヶ月後にドレイクがロンドンに帰還したときには、このベンチャーの利益は六〇万ポンドにものぼり、エリザベス一世への配当金は実に四七〇〇％もの利回りとなったそうです。

エリザベス一世は、これを原資に対外債務をすべて返済し、残った資金を東部地中海地方に投資するレヴァント会社に出資しました。レヴァント地方というのは今のイスラエルの辺りです。やがてレヴァント会社の利潤から英国東インド会社が設立されたことを思うならば、イギリスのその後の繁栄の礎はドレイクたち海賊の貢献だと考えても良いでしょう。

その後もイギリスは、海事法廷が海賊たちに「私掠《しりゃく》免許」を与え、正規のイギリス海軍の艦艇ではないが、敵国の船を襲ってもお構いなしという制度を続けました。こうした船は出資者がきちんとしており、ジャック・スパローたち非合法な海賊とは区別されたものの、その行為と本質は同じことだったようです。

歴史学者増田義郎氏は著書『略奪の海　カリブ』（岩波新書）の中で、イギリスの歴史学者はこの件を認めたがらないが、さすがに大経済学者のジョン・メイナード・ケインズは認めていると指摘しています。

ケインズは『貨幣論』の第六編三〇章「歴史的例証」において、大陸からの銀の流入による「価格革命」をとりあげています。その中で、スペインでは、大陸からの銀流入の恩恵が政府または政府関係者だけに限定されて、利潤インフレーション（要するに好景気）の時期が短く資本の蓄積がなされなかったが、イギリスやフランスは私的な商業という道筋によって大陸銀の恩恵を受け、長期間の利潤インフレーションの恩恵に浴したと説明しています。つまりは、国が関与するよりも民間でやりなさいということです。そして、こうも指摘しています。

「実際、ドレークがゴールデン・ハインド号（女王貸与の船）で持ち帰った掠奪品こそは、まさにイギリスの海外投資の源泉であり、起源であったと考えて差し支えない」

近年、『暴走する資本主義』（東洋経済新報社）を著したロバート・ライシュに言われるまでもなく、そもそも、資本主義はその起源から暴走気味だったようです。

北ヨーロッパでは、東インド会社に代表されるように国家が会社に帝国主義を委託しましたが、南ヨーロッパでは国王が帝国主義に直接手を染める形になりました。経営者が株主たちにパフォーマンスを監視される会社の方が優れていると、すでに歴史が証明しているのです。

また、議会が国家を管理する北ヨーロッパでは、私有権の保護や規制の抑制を通じて経済の仕組みの効率化を図りました。取引が標準化され商事裁判所ができて、私有権に関して余分な心配をする必要がなくなったのです。こうして面倒が少なく取引コストの低いアムステルダムやロンドンに、商人たちは集まってくるようになりました。

ドレイクは、一五八八年に英国艦隊副司令官としてスペインの無敵艦隊を破りますが、それまでも銀とは別の狙いがあって、スペイン・アンダルシア地方で海賊行為を続けていました。同地では、ほんのごく最近まで、泣き止まない子供には「ドレイクが来るよ」と脅かせば泣き止むほど、恐れられていたそうです。

ドレイクはワインに比べて海上で腐敗しにくい、同地のシェリー酒を好みました。シェリー酒は、ワインにブランデーを混ぜて熟成させた酒です。やがてシェリー酒は英国人の大好物となりますが、飲み干して転がっていた空き樽にはスコッチ・モルトの原酒が詰め込まれ、シェリー・カスク・ウィスキーを熟成させることになります。スコッチ・ウィスキーは、今でもイギリスのために外貨を稼ぎ続けていますが、これもよく考えてみればドレイクのおかげなのかもしれませんね。

二三話　『ヴェニスの商人の資本論』再考

映画俳優のアル・パチーノは、シェークスピア好きで有名です。一九九六年には、彼自身が『リチャード三世』を舞台化するまでを描いたドキュメンタリー映画『リチャードを探して』を製作しました。二〇〇四年には『ヴェニスの商人』で強欲なユダヤ人金貸しのシャイロックを演じましたが、好きなのとビジネスは別物なのでしょうか、興行的には大赤字でした。もっともアル・パチーノの作品は、後で評価が高まる事が多いので失敗かどうかの結論は未だ早いのかもしれません。

『ヴェニスの商人』に経済学的見地から資本主義の始まりを見出す岩井克人氏の『ヴェニスの商人の資本論』（筑摩書房）は、一九八五年の出版ですが、現在においても様々な解釈がなされ書評が絶えない本です。アル・パチーノの映画は、読書の前に『ヴェニスの商人』のストーリーを把握するためにも観ておくとよいのではないでしょうか。

シェークスピアは一四世紀に書かれたイタリアの小説をもとに、一五九六年から翌年にかけてこの戯曲を書きましたが、そこにはシェークスピアの時代のままのヴェネツィアが表現されていると見て良いでしょう。この時代はイタリア全盛期というよりは、すでに大航海時代に入っており、コロンブスが新大陸を発見してから約一〇〇年も経過した時代です。

ヴェネツィアの商人であるアントーニオは、貿易都市ヴェネツィアにおける遠隔地商人ですが、事業リスクを減らすために交易相手の仕向け地をトリポリ、西インド、メキシコ、イギリスへと分散していました。イリス・オリーゴの『プラートの商人』から見ると、随分と商圏が拡大しています。中国とペルシャからの絹や、インドとスマトラからのコショウを中継してヨーロッパへ輸出、西インド諸島からは砂糖とタバコとコーヒー、メキシコからは銀、イギリスからは毛織物を輸入していました。

イギリスの海賊フランシス・ドレイクの世界周航が一五八〇年、イギリスの東インド会社設立は一六〇〇年のことでした。アントーニオの交易品である絹、コショウは、いまだ喜望峰を回る航路が地中海ルートを淘汰《とうた》していないことを示唆しています。嗜好品《しこう》は中国、インドの紅茶ではなく、まだ西インド諸島のコーヒーが扱われています。コーヒーはもともとイエメンからの輸入でしたが、すでにカリブ海の植民地で栽培が開始されていたのです。

ヨーロッパ世界の繁栄の中心は、この物語の頃に、まさに地中海から北ヨーロッパへ、言い換えると中世から近世へ移動しつつあったのでしょう。ヴェネツィアでは土地所有を認められず狭いゲットーに押し込まれていたシャイロックたちユダヤ人も、商機と自由を求めてオランダやロンドンへの移住を考えていたのかもしれません。

『ヴェニスの商人の資本論』では『ヴェニスの商人』を題材に、中世の終わりのヴェネツィアにおけるキリスト教の徴利禁止問題を取り上げて、異民族ゆえに金貸しを生業とし当然のように利子を徴収するユダヤ人のシャイロックと、劇中の勝利者のように見えて、実はアリストテレス由来の狭いポリス的共同体の経済的関係に埋没し、資本主義という来たるべき時代に取り残されていくアントーニオをふたつの価値体系として対比させて描いています。それは、ヴェネツィアの商人の凋落《ちょうらく》の始まりの物語のようにも読めるのです。

「資本主義――それは、資本の無限の増殖をその目的とし、利潤のたえざる獲得を追求していく経済機構の別名である。利潤は差異から生まれる。利潤とは、ふたつの価値体系のあいだにある差異を資本が媒介することによって生み出されるものである」

利潤が差異から生まれるものであれば、利潤を追求する者たちによって差異は埋められていきます。距離が差異を生じさせているのであれば、交通機関の発達が差異を狭めるでしょう。製造技術が革新的企業の生産物の現在と将来価値の差異を生んでいるのであれば、他の者の模倣が差異を狭めるかもしれません。新技術の開発には、科学的合理主義が欠かせません。資本主義においては、常に利潤の源泉である差異を創造していく必要があるのです。

閉鎖的な価値体系は、異質性が差異を生んでいる以上、いずれ資本の媒介によってその差異性を失います。これは正に、グローバル化に他なりません。海外からの本邦株式への証券投資が自由化されたのは一九八〇年であり、それほど古い話ではありません。『ヴェニスの商人の資本論』は一九八五年の著作ですが、現在のTPP問題や東京金融市場が何故グローバル化できないのか、アル・パチーノの映画とともに振り返ってみるのも悪くはありません。

株式投資の利潤は、当該企業の現在の価値と将来の価値との差異に投資することによって得られます。ポリス的共同体に埋没し、グローバル化についていけない「ヴェニスの商人」は、たこつぼ化したわれわれ日本人のメタファーなのでしょう。ひょっとすると我々は、行き過ぎた資本主義を反省しつつも、いまだにアントーニオの住む中世以来の統治システムに搦《から》めとられたままなのかもしれません。

第六章　東インド会社と取引所

二四話　会社の誕生——特許株式と無限責任

日本には、金剛組という世界最古の企業があります。西暦五七八年に聖徳太子が四天王寺を建立するために百済から呼んだ寺のお抱え宮大工が起源で、バブル後の紆余《うよ》曲折はあったものの現在でも一四〇〇年以上の伝統を保持し続けています。日本の誇る世界最古の企業は外国人の企業だったのですね。金剛組は江戸時代まで四天王寺お抱えの家族経営で、それが戦乱を乗り越えて長続きした要因ですが、株式会社化されたのは一九五五年のことで、その長い歴史と比べてみればほんの最近のことでした。

フランス南部には、ガロンヌ川のバザクル水車と呼ばれた会社が、今も存続しています。この会社は西暦八五〇年頃に粉ひきの水車小屋が造られ、一一五〇年には会社の権利を株式に分割して売り出しました。まさに株（share）です。取引所もない中で、一四〇〇年以降の株価データを残し後にパリ株式取引所に上場もされました。しかし金融史家のウィリアム・バーンスタインに言わせると、一九四六年に「歴史の重みにも資本市場にも敬意を払わない（当時の）フランス政府」[16]によって国有化されてしまったそうです。現在は「EDF Bazacle」というトゥールーズの電力会社となって、観光コースの一つに数えられています。

徴税請負を専らのビジネスとするローマで生まれた会社組織の先祖たちは、ローマ帝国とともに消滅し、イタリアの商人たちの会社もほとんどは長続きしませんでした。ダティーニのコンパーニアも二年ごとに更新し、出資者は同郷の人間か親兄弟親戚など信用が置けて裏切らない人間に限られました。

そもそも、法人という概念が芽生えるのは教皇やヨーロッパの王から権利を認められたギルドや特許会社が最初でした。この中には企業だけではなく、都市だとか大学や宗教共同体も含まれていたし、これら同士の境目はまだあいまいだったのです。

日本では知名度が低いのですが、一二世紀に設立されたコーポレーション・オブ・ロンドンは、シティーの四分の一の土地を今でも所有しています（ホームページをみるとよくわかります）。ロンドンにはこの会社の「Lord Mayor」である「ロンドン市長」と、日本でいう自治体首長の「Mayor of London」、つまり「大ロンドン市長」の二人が存在します。形式的にせよ、英国国王ですらシティーに立ち入るには、Lord Mayor の許可が必要なのだそうです。昔は、この地でギルドに七年間加盟していれば、徴兵が免除されて、シティー内での開業が許可されたのだそうです。これは私たちの考える現代の会社とは異なるものです。

一三世紀頃になると、株式の売買が見られるようになります。特許会社は株式の売買が可能ですが、会社を設立して資金を集めるには、国家や王による特許が必要でした。誰でも勝手に株式を募集しても良い、というわけではなかったのです。株式が売り出されるようになると、投資者の数が増えるので大きな資金を集めることができるようになります。特許会社は、個人や家族・同族経営に比べて経営リスクのシンジケート化（共同で引き受けること）が図られ、より大きな事業に対処できるようになりました。

しかし、当時の会社の株主は基本的に無限責任でした。もしも現代の東京電力の株主が無限責任であったならば、株主は福島第一原発の事故で出資以上の莫大な補償を請求されていたでしょう。株式投資が無限責任であるならば、株主は経営者をもっと注意深く観察する必要があります。現代のように投資家が多くの銘柄に分散投資することも、分散すればするほど監視が難しくなるので、モニタリングの観点からは危険なのかもしれません。イタリアのコンパーニアでは、ローマ法を前提に、共同経営者は全員が個人的に会社の債務を負わなければなりませんでした。ゆえに、出資者も運命共同体的な家族や同族から選択されるのが一般的だったのです。

一六世紀のイギリスでは、モスクワ会社や海賊キャプテン・ドレイクの資金を元手に設立されたレヴァント会社など利権地域の名を冠した特許会社がいくつか設立されていましたが、それらは無限責任でギルド的性格のものでした。無限責任では、株式を売却する際に、買い手にいざという時の支払い能力があるかどうかを見極める必要があります。

一般に近代的株式会社の嚆矢《こうし》は、オランダ東インド会社（ＶＯＣ）ということが定説となっています。その理由は、ＶＯＣの株主の有限責任性にありました。出資額以上には失わない性質によって、ＶＯＣは株の購入代金さえあれば誰でも買うことができたので、盛んに取り引きされたのです。

二五話　東インド会社

一五八〇年にオランダと敵対するスペインがポルトガルを併合すると、それまでポルトガルからコショウを調達していたオランダは、荷が入らず窮地に陥りました。そこで自らコショウを調達すべく船団を組み、直接アジアに送り込んだのです。

このオランダによる航海が成功して、ポルトガルでなくとも喜望峰経由で直接コショウ貿易が可能なことを証明すると、イギリスのレヴァント会社のメンバーに衝撃が走りました。この会社は中東経由でアジアからコショウを輸入していました。間に入るインド商人やイスラム教徒たちに、高いマージンを支払う必要があったのですが、もしも喜望峰ルートを使えるならば、仕入れ値が安く済みます。

レヴァント会社のメンバーはエリザベス一世に特許を申請すると、一六〇〇年末には二一八人の出資者から六万八〇〇〇ポンドの資金を集め、五隻の船団を仕立てました。特許は一五年間の東インドでの貿易独占許可でしたが、出資は一航海ごとの清算で有限責任の概念はまだありませんでした。一回目の航海が大成功に終わると、出資者は二〇〇ポンドを次の航海にも出資するように求められました。これが英国東インド会社です。

一方、先にアジアとの直接交易が可能なことを示したオランダの東インド会社（ＶＯＣ）は、イギリスに少し遅れて一六〇二年に、一七人の発起人によって、六五〇万ギルダー（一〇ギルダー＝一ポンド）の資本金を集めて設立されました。イギリスの東インド会社は、後のインドの植民地経営によって存在感が大きくなりますが、当初の資金量ではオランダ東インド会社の約一〇分の一の規模しかなかったのです。

英国東インド会社が一航海一事業として毎回の出資であったのに対して、ＶＯＣは二一年間のすべての航海を一つの事業とみなしました。今日の永久資本制と呼ばれる継続性のある会社に近かったのです。三浦按針ことイギリス人のウィリアム・アダムスが、オランダ船リーフデ号に乗って太平洋経由で日本に漂着したのが一六〇〇年。平戸のオランダ商館の開設が一六〇九年です。この頃、出来立ての徳川幕府が接触していたオランダはとても裕福で先進的だったのです。

さらに株主は有限責任であると明記されていた点も、現代の株式会社の始祖としてふさわしいものでした。この事業の継続性と有限責任のおかげで、ＶＯＣの株式は売買が容易になり活発に取引されました。そしてＶＯＣ設立と同じ年一六〇二年には、ＶＯＣの近くにアムステルダム証券取引所が設立されることになったのです。ＶＯＣが世界初の近代的株式会社である以上、アムステルダム証券取引所が世界初の株式取引所だと言ってよいと思います。

経済史家である故アンガス・マディソンのデータによれば、当時の一人当たりの実質ＧＤＰは、オランダが最も裕福で二一七五ドル、イギリスが一四四〇ドルでした。当時の最強国スペインが一三七〇ドル、ポルトガルが一一七五ドルでしたが、オランダはその当時でも形式的にはスペインから独立していなかったのです。

オランダは、もともと民間による干拓事業によって国王の領地では無い、私有地持ちの富裕層が発生し、イギリスに比べて民間の投資資金が潤沢にありました。当時のイギリスはその弟分みたいなもので、コショウ貿易ではオランダに先を越され、後からインド経営に集中していくことになったのです。しかし一方でオランダは、当時利幅の大きかったコショウ貿易に固執しすぎました。やがて一六六七年の第二次英蘭戦争の際には、東インドネシアのナツメグの産地でしかないルン島とマンハッタン島をイギリスと交換するはめになってしまったのです。このために、当時のニューアムステルダムは現在ニューヨークと呼ばれるようになっています。今となっては考えられないことですが、当時はルン島の方がマンハッタン島よりもはるかに値打ちがあったのでしょう。

しかし、イギリスがVOCの成功を傍観していたわけではありません。一六〇〇年以降、オランダと同じように、喜望峰を回ってコショウのあるインドやジャワ、スマトラ方面へ毎年艦隊を送りこみました。一六一一年の第一〇回目の航海では一航海で一四八%の利益を出しています。そして翌年からは、オランダのように出資を一航海に限定せずに複数回に移行することとし、航海のたびに何度も株式の売り出しを行い、会社の規模を大きくしていったのです。

こうして英国東インド会社が永久資本制に近くなると、株主総会が開催されて二四人の取締役が選出されました。総裁と副総裁は、会計、購買、通信、船舶、財政、倉庫、私貿易の七つの専門委員会を通じて業務を行い、各地の海外駐在員をファクターと呼び、大株主の子弟をあてて取締役会が厳しく律しました。現代の大企業組織の大枠をここにみることができます。

一六六二年には株主が有限責任化。一六八〇年には五〇%の配当を支払うようになり、一六六二年に出資した株主が一六八八年に株式を売却すれば一二〇〇%の利益がありました。はたして東インド会社の社員や株主といえば、当時のイギリスでは成金と同意語になったのでした。

しかし残念ながら、英国東インド会社の一六九〇年代以前の株価データは、あまり残されていません。株式の発行はできても、株式の売買はなかなか活発にはなりませんでした。イギリスにはまだ証券取引所がなく、株式はまれにしか取引されなかったのです。

一方でVOCは一六三二年に一二・五%の配当を実施すると、一六五二年から八八年の間に六八〇%のリターンを出しています。オランダの有名なチューリップ・マニアはこの間に発生したのですが、影響を受けてはいません。英国東インド会社の成長にはおよびませんが、VOCの方も着実に成長していったのです。

二六話　取引所の歴史

近代的株式会社の嚆矢が、オランダ東インド会社（VOC）である以上、世界初の株式取引所はVOC株が取引されたアムステルダム取引所だと考えています。

中世ヨーロッパでは、バルト海やフランドル地方と地中海との交易が盛んになった一二世紀頃からシャンパーニュの大市のような大規模な交易市が始まりました。定期的に開かれますが、まだ常設にはなっていない市です。そこではイタリアの銀行や商人たちがヨーロッパ中から集まる商人たちのために為替手形を利用し、遠隔地決済を始めるようになりました。市では、商品と並んで為替や両替を行う金融業者が店を開き、手形の交換を行うようになっていったのです。

定期的に場所を変え開催されていた市が、やがて一つの場所に固定して常設となり、商都となっていきます。そうした中で現在のベルギーに属する運河の街ブリュージュは、北のヴェネツィアとも呼ばれ、一四世紀にはイタリアとハンザ同盟諸都市の交易の中心として栄えました。イタリアの商人関連の本を読んでいると、イタリア国外では最頻出の地名です。

欧州では、ロンドン以外の取引所を一般名詞としてブルスと呼びます。この語源は、ブリュージュの商人宿であるブルス家に商人が集まって、金融を含む様々な商品の取引が行われたことに由来します。もちろん金融といっても、まだこの頃は為替手形やコインそのものに限られており、取引の主力はコモディティ、日用品です。

ブリュージュはやがて運河が砂で埋まり、ハプスブルク家のマクシミリアンによって自治権を喪失させられたことなどから、商人たちはアントウェルペンに移住します。こうして一六世紀に入ると、北ヨーロッパではアントウェルペンが最も繁栄する都市となりました。現代のハブ空港のように、商業ネットワークの中心となったのです。ヨーロッパ中の商人が商館を連ね倉庫を建て、リスボンからの船はアジアのコショウを積荷としてもたらしました。特に当時、各王室が恒常的になった戦費調達のために、アントウェルペンを金融の地として利用するようになったことが、この地の繁栄に大きく影響をおよぼしました。

しかし、一五八五年にアントウェルペンがスペイン軍に占領されると、そこにいたプロテスタントの住民は二年間の猶予を以て立ち退く条件が与えられました。ユダヤ人も同様だったのだろうと思います。こうして商人たちは一斉にアムステルダムに引っ越して、金融の中心地は突然移動したのです。商人にとっての当時の自治権は、財産権を意味します。商業の中心地は宗教も含めて、自由を求めて、ブリュージュからアントウェルペン、そしてアムステルダムへと移動していったのです。突然、家屋敷を捨てて立ち退かなければならないような場所に、商人たちは住み着かない。従って市場も発達しないのです。

「悪貨は良貨を駆逐する」というグレシャムの法則で有名なイギリス王室金融代理人のトーマス・グレシャムは、アントウェルペンで見た取引所を参考にして、ロンドンに為替とコモディティを扱う取引所をつくり、これが一五七一年に王立のザ・ロイヤル・エクスチェンジ（The Royal Exchange）になりました。

イギリスでは、株式ブローカーたちは一六〇〇年代を通じてそのマナーの悪さからこの王立取引所には入れてもらえず、最初は外の通りで、後には近くのコーヒーショップに集まるようになりました。これが有名なジョナサンズ・コーヒーハウスです。このジョナサンズが一七四八年に火事で焼け、その後に再建された新ジョナサンズが七三年に「ロンドン証券取引所（ＬＳＥ）」と命名されるに至るのです。伝統あるＬＳＥは、ＶＯＣによるアムステルダム証券取引所に一七一年遅れたことになります。

この一七世紀初頭のアムステルダムとロンドンでは、資金力がまさに桁違いの差があったことは両国の東インド会社の資本金のところで既に述べました。一六〇九年に、ＶＯＣがジェノバのサン・ジョルジョ銀行を手本にした世界初の公立銀行であり、為替、振替業務を行うアムステルダム銀行を設立すると、これが欧州中の商人の決済センターとなりました。そして翌年にはVOCの取引のために世界初の証券取引所が開設されたのでした。

アムステルダムの取引所では、あらゆる種類の金融商品が取引されたとあります。商品、為替、株式、海上保険、そして先物取引がありました。特にオランダ名物の鰊《にしん》の塩漬けは漁獲される前に取引されるようになり、これが先物取引の起源になったとも言われています。株式取引では時価の八〇％を限度に資金を借りることができて、信用取引も可能だったし、オプション取引もすでに存在していました。一六一二年にオランダ政府は早々と空売りと先物やオプション取引を禁止していますが、これ以降もたびたび禁止されていることから、実際にはこの規則があまり守られなかったことを示唆しています。これは裏付けも何もない筆者の妄想の類ですが、平戸にオランダ商館が開設されたのが一六〇九年です。日本では一六二〇年代に最初の米のオプション取引が文献に残されているので、もしかしたら何らかの関係があるのかもしれません。そして、大坂堂島の米の先物取引も影響を受けているように思うのです。

二七話　チューリップ・バブルとカルヴァン派と欲得

題名に使っておきながら恐縮なのですが、実は「チューリップ・バブル」とはあまりいわないのです。チューリップ「バルブ」ならありますが、これは球根のことです。

ややこしいですが、バブルは一七二〇年の南海泡沫《ほうまつ》会社事件以降の用語です。従って一七世紀のオランダで起きたチューリップの球根の高騰は一般にはチューリップ・マニアと呼ばれます。そうはいっても、チューリップの事件は、世界史上における三大バブルのひとつとして今でも数えられています。時代が進み本当はもっと加えられるべきバブルがいくつもあるのですが、昔はこれほどバブルが増えるとは思いつかなかったのでしょう。

オランダのスペインからの独立は、カトリックとプロテスタントによる宗教戦争が終了する一六四八年のウェストファリア条約以降ですが、実際には一六世紀末からスペインの脅威は消滅していました。東インド会社は好調で、他のヨーロッパ地域からは投資資金も流入していたし、信用取引や先物にオプションと投資商品もバラエティーに富んでいました。また、主要な都市間が運河によって結ばれる計画がまさにたてられている時で、不動産価格も上昇を続けていたそうです。アムステルダムの経済はまさに絶好調だったのです。

さらに元来、オランダ人は希少品種のチューリップの球根に高額を支払う習慣があった。こうした条件が揃ったところで、一六三〇年代に入ると球根の価格はじわじわと上昇して、ついに異常なブームを迎えたのです。

特に価格が急上昇した時期は記録が残されているのではっきりしていて、一六三六年の一一、一二月、三七年の一、二月で、球根価格は二月三日をピークとしてその後急落しました。元祖らしく、まったくバブルの典型で、ある日、突然買い手がいなくなったのです。そして、家が買えるほど高価な球根をタマネギと間違えて食べてしまっただとか、さまざまな悲喜こもごものエピソードが後の世に残されることになりました。

価格が上昇した季節は、球根が土の中にある時期に当たっていました。球根は、受け渡しのできない時期に暴騰したのです。かわりに先物が取引され、決済は差金決済で行われ、しかも受け渡しには個人的な手形も使われたようです。取引も正式の取引所ではなく、アムステルダムやロッテルダムに限らず各地の居酒屋などでも取引されていました。

暴落が始まった理由は単純で、三月に入ると現物の受け渡しが始まりそうだったから。市場参加者は熱病が醒め、現実の世界に引き戻されたのでしょう。球根よりもお金が欲しくなったのに違いありません。

手元に、チューリップ・マニアを記述した本がいくつかあります。古典に相当するチャールズ・マッケイの『狂気とバブル』、経済学者ジョン・K・ガルブレイスの『バブルの物語』、経済史家エドワード・チャンセラーの『バブルの歴史』、経済史作家チャールズ・キンドルバーガーの『熱狂、恐慌、崩壊』、証券会社エコノミストのピーター・ガーバーの『Famous First Bubbles』の五冊です。

五冊のおおもとの資料は、みなチャールズ・マッケイの『狂気とバブル』で共通しています。取引所の話も、マッケイの記述からです。

現在、ドイツ証券のエコノミストであるピーター・ガーバーが、一九八七年のブラック・マンデーの暴落の後に、この話を価格面から検証しなおし、球根の価格は合理的であり、異常ではなかったと結論づけました。すると彼は、チャンセラーからこう指摘されたのです。

「ガーバーには、チューリップ狂の歴史を書き換えたいと考える特別の動機があった。論文は、一九八七年十月の株価暴落の直後に発表されており、株価指数先物の規制案の実現を阻止することを意図して書かれている」

ガーバーは、キンドルバーガーからも同様の評価を下されています。

しかし私はというと、ガーバーに同情的です。少なくともガーバーのおかげで、チューリップ・マニアは経済ファンダメンタルズ（好不況などの経済活動）に影響を及ぼすような大げさな話ではなくなりました。

バブルに踊ったのは宗教改革の改革派であり、質素、倹約で通したカルヴァン派のオランダ人たちでした。カルヴァン派は、イギリス国教会に対するピューリタンと同じで、旧勢力であるスペインやカトリックという旧体制に対するものでした。

カルヴァン派には職業召命説があり、職業は神の与えた使命であるから一生懸命労働して富を蓄えることは罪ではなくなっていました。マックス・ヴェーバーの指摘したプロテスタンティズムです。ここではカトリックとは異なり、利子収入も中間マージンをとる商人も祝福されます。と同時に、相変わらずカトリックの国ではぜいたくや浪費は悪であるとすることから、オランダには富が蓄積されました。

オランダが、スペインというカトリックに象徴される中世キリスト教的束縛から解放されたその直後に、欲得ずくのバブルが発生したのが興味深いところです。しかしいうまでもなく、繁栄がなければ、バブルなどは発生したりはしません。

第七章　国債と保険の始まり

二八話　国債の誕生――財政制度の大改革

ウィリアム・H・マクニールはその著書『世界史』の中で、一六八八年以降のイギリスにおける議会政治の成功の要因は「内閣制度」と新しい「貸付制度」、すなわち国債の発明であったと述べています。では、ここでいう国債の発明とは何を指すのでしょうか。それ以前に国債という制度はなかったのでしょうか。また一六八八年は、我々も学校で習った名誉革命の年ですが、名誉革命によって一体何が変わったというのでしょう。

中世以前の、国王の平時の税収は経常的な経費にあてられて、つまり平時には収入分をそっくり支出するのが一般的でした。従って貯金がなく、戦争があれば軍資金は借金をして調達するしかありませんでした。しかし平時の収入が限られている以上、もし軍資金を借り入れたとしても返済にあてる資金はといえば、戦争による略奪か賠償金以外にはありません。したがって王たちは引き分けや、あるいは勝ったとしても収穫のない戦争では借金が返せなくなってしまい、しばしばデフォルト（債務不履行）を起こしていました。貸し手はそうした王たちに対して、その返済の不確実性から、商人たちへの融資よりも高い利子を要求するようになっていました。

また貸し手は担保として租税徴収権などを要求しましたが、王が法廷を支配している以上、返済は滞るか踏み倒されるのが常です。政府発行の支払い指図書（国債の前身）を引き受けたロンドンの金匠銀行家たちが破綻したことは銀行の起源で述べましたが、フッガー家など中世の有名な金貸しはほぼ例外なく王たちへの貸付で破綻しています。

一方でイタリアの都市国家では、特別な支出に対して、政府の一般会計とは別に基金やシンジケートを設けて、そこに債務返済に対応した徴税権を移管して、出資証券を発行させる仕組みをもっていました。債務と返済の原資（税）の関係を直接明確に結びつけたもので、今でいう税の目的税化です。もっともそれは、現代の政府でもやろうとして、なかなか出来るものではありません。報道にもあったように、東日本大震災復興予算でさえ一体何に使われるのか分かったものではないのですから。

一三四四年にヴェネツィアで民間のリアルト銀行が破綻すると、危険を感じた資産家は銀行預金を引き出して、ヴェネツィアの国債購入に走りました。その結果、ヴェネツィアの国債価格は額面の一〇二％まで上昇したのです。おそらく世界最初の金融市場でのフライト・トゥ・クォリティ（質への逃避：民間銀行の預金や民間事業会社の株、社債などの信用が怪しくなると、一番信用の質が高いと思われる国債に向かって資金が飛ぶように移動すること）だったでしょう。ヴェネツィア繁栄の秘密は、健全財政の考え方にありそうです。こうした債務返済の原資を確保する手法は、オランダ金融に継承され、やがてイギリスに持ち込まれて名誉革命の時に制度として確立されました。

一六八八年の名誉革命の成果物として、その翌年には「権利の章典」が発布されました。山川出版社の『詳説世界史研究』によれば、章典の(1)として「王は、その権限によって、議会の同意なしに、法の効力を停止したり、法の執行を停止したりする権力があるという主張は、違法である」と、法の執行については議会の同意が必須とされ、(2)と(3)を飛んで、(4)として「国王大権を口実として、議会の承認なしに、議会が承認するよりも長期間にわたり、また議会が承認するのと異なる方法で、王の使用のために金銭を徴収することは、違法である」と、徴税権を議会に奪われたとあります。これによって主権（ソブリン）がそれまでの王から議会に移り、王の気ままな借金は不可能となったのです。

議会が国債の債務返済を担保することで、王の私的性格の強かった債務が国家の債務となりました。一六九二年には国債に関する最初の法律が成立し、これが正式な国債の誕生でした。名誉革命は、財政制度の大改革でもあったのです。

一六九二年の法律によって最初に発行された長期国債は「トンチン年金型式」と呼ばれ、購入者から見れば、年金のような性格の国債でした。国債保有者が死亡した場合には、その人に支払われるはずであった原資を、生きている国債保有者に分配して支払う仕組みの国債です。つまり他の国債保有者が早く死亡すれば、残った者への配分は厚くなる仕組みだったのです。しかし、これはあまり売れなかったので、その後、利率一四％の一代終身年金型国債を発売すると人気が出たそうです。受取額が不確実なものよりも一四％を確実に貰えるものが好まれたのでしょう。

しかし一六九四年には、「Million Adventure」という富くじ型の国債が人気を博しました。これは投資家から見れば、はずれくじでも一六年間は一〇%の利子が出る一方で、発行体から見れば当選者への支払いをあわせても実効金利は一一・五%と、一四%の終身年金型よりも、発行コストを低く抑えることができたのです。イギリス政府はこれ以降、富くじ型国債を独占することになりましたが、わが国においても民間の宝くじは刑法により犯罪とされています。将来日本の国債消化が困難になったときには、昔のイギリスでの成功にあやかり、富くじ型の日本国債が見られるようになるかもしれませんね。

二九話　損害保険の誕生――ロイズ・コーヒーハウス

損害保険に似たものは、古くからありました。一体どれを最初の損害保険だとすれば良いのか、難しいところです。たとえば、原型はハムラビ法典にも確認できます。法典以外にもメソポタミアのタブレットを探れば、行商の旅の補償を記した契約書はたくさん出てくることでしょう。ギリシャ時代に、冒険貸借という海上保険のような金銭貸借や投資案件があったことはすでに触れました。中世キリスト教の徴利禁止時代には、この冒険貸借があくまで保険として扱われ、利子と呼ぶことを避けるために使われたこともありました。

また塩野七生氏の『海の都の物語』では、ヴェネツィアの商人たちは海上輸送に保険をかけなかったと書かれています。確かに『ヴェニスの商人』のアントーニオも交易船の目的地を分散してリスクを低くはしましたが、保険をかけたとは書かれていません。一方でダティーニ文書のプラートの商人は、丹念に保険をかけて貿易ビジネスをしていたことが記録されています。

イギリスでは、一六〇一年にフランシス・ベーコンが英国議会に海上保険規制の法案を提出しましたが、そこではすでに、「いつの世からとなく、わが国のみならず諸外国でも、商人の間で普及している海上保険」と記述がありました。つまり、このころには、ごく普通に海上保険は使われていたということです。結局、現存する最古の損害保険証書といえるものは、例のダティーニ文書、一三八三年のイタリア、ピサの証券のようです。

話は変わりますが、コーヒーは西暦七〇〇年ごろにエチオピアで発見され、その後、イスラム教徒によって一五世紀にはイエメンのモカで栽培されるようになったそうです。西田佐知子やザ・ピーナッツが歌い、最近では井上陽水がカバーした『コーヒールンバ』は、アラブの偉いお坊さんが男にコーヒーを教える唄でした。一五〇〇年にはジェッダでコーヒーハウスが流行し、さしずめ現代の「コーヒーの首都」シアトルのようになったそうだとか。

一五一一年には、早くもメッカでコーヒーが禁止されています。これまで見てきたように歴史を書く上で、禁止とは流行したという意味でしかないようです。一五五五年のコンスタンチノープルには既にカフェが数百軒あったようですし、コーヒーはやがて驚くような速度でヴェネツィアを経由してキリスト教世界に持ち込まれました。

一六〇五年に、ローマ教皇がコーヒーをキリスト教徒の飲み物として祝福すると（コーヒー洗礼）、すぐさまヨーロッパ世界にひろまりました。パリに現存するカフェ・プロコープは、一六八六年の創業だそうで、当時の雰囲気を今に窺うことができます。

ここで、なぜ損害保険の話なのに延々とコーヒーの話をしているのか、不審に思われた読者がいるかもしれません。その理由はカフェ・プロコープとほぼ同じ時期の一六八七年に、エドワード・ロイドがロンドンに二四時間営業のロイズ・コーヒーハウスを開店したからです。

イエメンからのコーヒーの輸出先は、イギリス東インド会社の手配によって、当時はロンドン向けが一番多かった。イギリス人が紅茶を飲み始めるのはもう少し後のことです。

新聞などのマス・メディアが未発達な時代ですから、船乗りや船主、投資家は情報の豊富なロイズ・コーヒーハウスに集まるようになりました。一六九六年には「ロイズ・リスト」が作成され、そこには航路情報、船の入出港、船の売買や建造情報、ロイズの海外特派員からの情報も書かれていました。そして、このコーヒーハウスで海上保険が売買されるようになったのです。

投資家（保険の引受人）は、保険契約条項の書かれた書類の下にサインをアンダーライトすれば、保険料の分け前がもらえました。そのかわりに、もしも損害が出た時には、無限責任を負うことになっています。現代社会で無限責任と聞けば少したじろぎますが、当時、一般の株式会社が無限責任であったことを思えば、これはそれほど無茶な話ではありません。

一七七一年には、七九人のアンダーライターが一人一〇〇ポンドずつ拠出してロイズ協会を作り、その一〇〇年後の一八七一年には、ロイズ法によって法人化され、現在の「ロイズ組合（Society of Lloyd's）」となりました。現在ではロイズといえば、この法人と再保険取引所の両方を指すという、二重性を持つに至っています。

一六世紀頃の日本の朱印船には、「抛金《なげかね》」という制度がありました。金融業者が航海ごとに金を貸し、無事に航海が終われば利子と元金を徴収するが、もし船が難破した場合は何も払わなくていいというもので、ギリシャから中世ヨーロッパまで続いた冒険貸借とまったく同じ仕組みです。どこかでギリシャの「冒険貸借」とつながっているのでしょうね。

三〇話　多岐にわたる生命保険の起源

銀行や証券会社のホームページ上で、金融や株式の起源を説明したものは見たことがありませんが、保険会社は損保生保問わず、保険の歴史を解説しているところが結構あります。保険は金融の一形態ですから、テーマを絞って記述しやすいというのも理由でしょう。しかし生命保険と一口に言っても、商品の種類は結構多いのです。死亡保障もあれば、貯蓄性のある年金や満期型、あるいは投資信託的なユニットリンク保険（運用方針を選択できる投資信託に生命保険を付け加えたもの）などもあります。

国債の誕生で見られた、生存している期間だけ利払いのある終身型の年金型公債なども、債券というよりは、歴史書においては年金とよばれることが多く、消費者から見れば現代の年金型の生命保険商品に近いものであったのでしょう。オランダのチューリップ・バブルのことを記述した本に「年寄りも年金を売って球根を買った」とありますが、この年金とは年金型の公債のことです。また欧州の職人組合のギルド内で行われていた相互扶助的な制度も、生命保険の先祖といえるでしょう。ライフネット生命の出口治明氏は、その著書『生命保険入門』（岩波書店）の中で、何にでもローマからイタリアへ起源を求めようとする西洋史観に対して、イスラム世界や中国でも共済的な思想や制度はあっただろうし、わが国においても相互扶助組織としてさまざまな「講」が存在していたことを指摘しています。

このように生命保険の起源は多岐にわたるのですが、保険学者で一橋大学名誉教授の木村栄一氏の研究によると、世界最古の海上保険証書はイタリア・ピサのもので、前述のように一三八三年のものとしていますが、一四〇一年には、奴隷の生命に対してかけられた保険があるのだそうです。しかし、その契約書の文言は前記の海上保険と同じものであって、保険の対象とされる奴隷が人間ではなく物として扱われている点で、生命保険とは認定されないとしています。

その後、一四二二年に、フィレンツェで他人の生命にかけられた保険の保険請求権の譲渡に関する文書が残っています。これは保険証書ではないけれど、生命保険契約を前提として書かれたものと考えられているので、これがたぶん、世界最古の生命保険なのだそうです。ちなみにこの文書を調べた研究の主眼は、どれが最古の契約かということではなく、イタリアでの生命保険の勃興についてのためです。念のため。

一六世紀にはこうした他人の生命、特に保険契約者とは関係のない有名人、例えば現代で言えば芸能人など、当時は王侯貴族の生命などに他人が保険をかけることが流行しましたが、後にこれは保険ではなく他人の生死に対する賭博行為として禁止されることになりました。保険の受取人が信用のおけない人物の場合、保険の対象になった人にしてみれば、いつ殺されるか危なくて仕方がありません。こうした保険は殺人事件の温床になりますよね。

現代の生命保険会社には、アクチュアリー（保険数理人）と呼ばれる専門家がいて、複雑な保険料計算をこなしますが、その計算の前提となる人間の寿命の統計データが死亡表です。一般にはこの統計処理の採用が、近代的な生命保険の起源として考えられています。一六六二年に、ジョン・グラントによるロンドンの『死亡調書の自然的および政治的観察』が出版され、一六九三年にはハレー彗星で有名なエドモンド・ハレーが、当時住民の死亡記録を詳細に残していたドイツのブレスラウ（現ポーランド、シレジア）の街のデータを使って、統計解析を行い死亡表を作りました。こうしたデータは生命保険もさることながら、死亡者数から疫病であるペスト発生を感知したり、政府による兵役適齢期人口の把握などの動員兵力の推定にも使えました。

最初にこうした数理的基礎に従って平準保険料（月払いの保険料を、若いころも年をとって死亡率が高くなってからも同額とする仕組み）を採用したのは、一七六二年のイギリスのエクイタブル社です。その後、生保会社の設立が続き、一八四三年には蓄積されたデータによって新たな死亡表である「一七会社表」が発表されて今日に至っています。生命保険は、人間の寿命を相手としている以上、投資の世界では長期投資を得意とする運用主体だといわれています。

第八章　ミシシッピ会社と南海会社

三一話　戦争債務処理――南海会社の株式募集

一六七二年の英国王チャールズ二世によるデフォルトは、バックウェルなど大物金匠銀行家たちに痛手を与えましたが、政府債務にかかわらなかった小規模の銀行家たちは、相変わらず預かった金銀をベースに預かり証を発行する業務を続けていました。こうした預かり証によって、重たい金貨や銀貨を持ち運ぶことなく、資金の決済をする市場（為替手形決済市場）を拡大させました。金銀で受け取るかわりに預かり証を受け取った人は、金匠に持ち込めば金銀と交換することができます。こうして一六九〇年代には、早くも為替手形（預かり証）の残高が国内の通貨（コイン）供給量を上回るようになりました。これがイギリスにおける紙幣の始まりです。また この頃には既にイギリス東インド会社株が高いリターン（投資収益）を出していました。債務に苦しむ政府に対して、民間経済の方は元気だったのです。交易による発展と、新大陸からスペインに流入した銀がキャプテン・ドレイクたちの努力（欲得）や重商主義により、イギリスに蓄積し始めたのでした。一六八八年の名誉革命は、世界史の中では珍しく好景気の中での革命でした。

ジョナサンズ・コーヒーハウスで東インド会社を中心とする株式取引が次第に活発となる中で、一六八七年にはウィリアム・フィリップス船長がカリブ海のスペインの沈没船から三二トンの銀と宝石類を引き上げてきました。これは投資組合として事業化されていた案件でした。出資者に利益分配すると、配当は出資金の一〇〇倍にもなりました。この成功にロンドンの投資家たちは沸き立ちました。これにつれて、数多くのベンチャー(儲け話)が設立され、株式が売り出されることになったのです。

沈没船のお宝に対する期待からでしょう、柳の下のどじょう狙いで潜水具の会社設立案件だけでも一〇を超えました。もちろん中には資金集めだけが目当ての、いかがわしい会社もいくつも設立されたのは今も昔も同じことです。ジョナサンズ・コーヒーハウスでは現物株式だけでなく、投資家の利便性に応えるべく、オプションや信用取引もすでに存在していたようです。

一六八九年にフランス王ルイ一四世(この王は戦争ばかりしていました)が新しい英国王であるオレンジ公ウィリアムに対して戦争(大同盟戦争)を仕掛けてきましたが、株式市場は暴落するどころか、反対に政府によるフランスからの輸入禁止措置に対して、国産品で代替するためのベンチャー企業の設立がブームになったほどでした。政府は戦費のための債務に苦しむのですが、民間には資金があったのです。もしもイギリスがフランスのように厳格な専制国家であれば、こうはいかなかったでしょう。もちろん専制国家には、ベンチャー企業の設立ブームなど無いのでしょうけれど。

こうした中で、一六九四年には財政資金に苦しむイギリス政府のために財源調達法が成立します。一二〇万ポンドを八％の利子で政府に融資するかわりに、紙幣（捺印手形）の発行を認められた株式会社の銀行が誕生することになりました。投資家の払い込んだ金銀を裏付けに紙幣を発行し、政府に貸付けるという金匠の仕組みをもとにしたアイデアです。これが「バンク・オブ・イングランド（ＢＯＥ）」です。株式募集では一二七二人の投資家を集め、金貨や銀貨で払い込まれた資金は真新しい紙幣となり、政府に融資されました。ＢＯＥの株価は、売り出し後すぐに二〇％ほど上昇しました。

しかしこの一六九〇年代の株式ブームも、戦費をまかないきれなくなった政府による貨幣改鋳（コインに含まれる金銀の比率を落とす）によって、終焉を迎えてしまいました。まだまだ紙幣の出番ではありませんでした。良貨は退蔵され、貨幣が世の中に充分に流通しなくなったのです。手元に良質な銀貨と質の悪い銀貨があり、どちらも額面が同じであれば、人は良い銀貨を使わずにしまっておきます。この時の恐慌で一六九三年に一四〇社あった株式会社は、九七年には四〇社にまで減少しました。これはいうならば、その後の南海バブルの前哨戦のようなものでした。

大同盟戦争とそれに続くスペイン継承戦争（一七〇一～一七一四年）によって、膨れ上がった政府債務を少しでも減らすために、イギリスでは一七一一年に南海会社が株式を募集しました。この会社は東インド会社と同じように貿易のための特許会社で、南アメリカとの奴隷貿易の独占を目的としていましたが、同時に累積した政府債務の処理目的という側面が特徴でした。政府債務の中でも、返済の原資が確保されていない一番信用度の低い流動債（unfunded debt：担保がついていないという意味でしょう）合計一〇〇〇万ポンドの保有者たちに対して、南海会社の株式と流動債の額面（価格は既にかなり下落していた）での交換を申し出たのです。額面が回復するのであればと、投資家は株式の募集に応じたのだと思います。現代のデット・エクイティ・スワップ（返せなくなった債務を株式に交換し、債務者の返済負担を軽減する手法）、債務の株式化です。

南海会社の受け取った債券（流動債）は、政府との予めの約束どおり元利返済の必要な短期債から、利払いのみの長期債に転換して政府からは年利六％の利払いが受けられるようになりました。短期債の長期債への転換、元本返済分を棚上げにする構造です。政府は毎年の返済の費用が減らせ、債券保有者は株式に転換されたとはいえ、一応額面で売却できたのです。一方で南海会社の資本は換金できない長期国債になったのであって、収入はこの国債に対する政府からの六％の利払いのみでした。南海会社は南アメリカでの奴隷貿易の独占権を得たものの、そもそも南アメリカはスペインとポルトガルの領土でした。イギリスの特許会社が勝手に貿易できるわけではなかったのです。

三二話　ジョン・ローのミシシッピ会社買収

スコットランド人の野心家ジョン・ローは、ロンドンの金匠たちの為替手形や、イングランド銀行（ＢＯＥ）の紙幣発行の経緯を見て、世の中に出回る通貨量を、金や銀の量の制約から解放し、紙幣によって増やすことができるならば、景気はずっとよくなるとの信念を持つようになりました。そこで彼は地元のスコットランドで紙幣を発行する銀行設立を提案しましたが、残念ながら却下されてしまいました。ローは貨幣の本当の値打ちは、金や銀の価値ではなく、その購買力に対する信用であることを見抜いていました。彼にすれば、信用さえあれば貨幣など紙切れで充分だったのです。そして、もし自分がその紙幣発行のビジネスを手がければ、世の中の景気をもっとよくできるし、自分も大儲けができると考えていました。

ローはその後、ヨーロッパを廻りイタリア・サヴォイア公にも同じ提案をして断られましたが、一七一五年には戦争に明け暮れて、財政難に苦しむルイ一四世のフランス王室に見いだされ、紙幣発行銀行設立の企画を具体化することになったのです。

イギリスもフランス政府も特許会社の株式を使って、戦争によって膨れ上がった債務負担を軽減しようともくろんだのは同じでした。スキームの基本は、元利均等払いの短期債を、利回りが低く、とりあえず元本返済の必要がない長期債に変えて支出を減らすというもので、それと同時に、既存の短期国債保有者は、値打ちの下がった短期債を額面価格で特許会社の株式に変えることができたのです。

ジョン・ローは、一七一六年に発券銀行として、バンク・ジェネラルを設立する許可を得ました。政府債務の削減とともに硬貨不足とインフレに悩むフランス経済を、紙幣導入によって救済するのが、ローの計画でした。この銀行は、二年後にはバンク・ロワイヤル（王立銀行）に改組され、金に兌換《だかん》可能な紙幣が発行される一方で、政府からは納税はすべて紙幣で納めるように国民に命じました。金貨は、紙の貨幣と取り替えてから納税しろというのです。紙幣は市場で流通し始め、フランスの景気は格段に良くなりました。

ローは、さらに紙幣発行権限を持つ中央銀行機能に、投資媒介機能を持つ投資機関を併せ持とうと考えました。つまりバンク・オブ・イングランドに加えるにイギリスの東インド会社の機能を持てば最強だと考えたのです。まるで銀行とヘッジ・ファンドが合体した、つい最近のウォール街の話に似ています。

ローは北アメリカ開発のミシシッピ会社設立にあたり、王室債務を同時に引き受け、そのかわりに王室からはさまざまな特権をもらいました。当初はイギリスの南海会社と同じように国債保有者に対してミシシッピ会社の株券との交換を申し入れましたが、後に株式の発行金額が増えてくると、政府に紙幣を渡して国家債務を国民に返済させ、その紙幣をミシシッピ会社の株式募集で吸収するようなオペレーションに変化していきました。街に紙幣が溢れます。また、このやり方ではミシシッピ会社株に応募者を集めなくてはいけません。そのために、フランスの貿易の権限の集中、後に薄まりますが高い配当利回り、既存株主への株の割引販売、株担保融資、一〇回の分割払いでの株式購入など様々な手を打ちました。もちろんミシシッピ会社の魅力的な将来像を含め、株価上昇へ向けてのリップ・サービスも盛んになされました。

一九年には、王室に一二億リーブルを貸し付けた見返りに、税の徴収業務までも請け負います。これは言い換えれば、王室の負債をミシシッピ会社に一本化し、税収も貿易からの利潤までも、返済原資として一元化したとも言えるのです。規律ある通貨の発行量の下でミシシッピ会社が大成功ならば、何も問題は無いはずでした。

投資家のミシシッピ会社への期待は膨らみ、新発の株券はローの人脈にコネがなければ入手が困難なほど人気が出ました。ローの家の周りは貴族や資産家など、ローに面会して次の株式の応募者リストに自分の名前を入れてもらおうとする人で溢れかえりました。イギリスからは三万人もの投資家が、投機のためにパリを訪ねたとあります。ヨーロッパ中から資金が集まりました。一九年六月に五五〇リーブルだった株価は、七月に一〇〇〇リーブル、九月には五〇〇〇リーブルに達し、一二月にはとうとう一万リーブルをつけてしまいます。根拠は単純でした。投資家はミシシッピ会社の事業はよくわからなかったが、株価が上がるのだから良いものに違いないと考えました。そして良いものだからこそみんなが買い、株価が上がるのだ、と。

紙幣発行権まで把握していたローは、追加の時価での株券発行と同時に政府債務の返済原資として紙幣を渡し、通貨の量を増やしていたのです。これでは金本位制ではなく株券本位制でした。従って通貨が増え、増えた通貨で株を買い上げ、それがまた通貨を増やすという循環になっていました。通貨発行量は、一八年の一八〇〇万リーブルから二〇年四月には一六億リーブルにまで増えます。企業家＝アントルプルヌールと同じように、百万長者＝ミリオネールというフランス語発の言葉が発明されたのも、この時代でした[17]。

二〇年の初め、入手しにくいミシシッピ株に嫌気がさした投資家が売りを出すと、つれて売り物が続きました。そうなると株価は上昇した時と同じ理屈によって動き始めました。売る人がいるから下がり、下がるから急いで売るのです。ローが最初に看破したように通貨が信用という共同幻想の上に成り立っているのであれば、ミシシッピ株は通貨と株式の二階建ての幻想でした。以前は金と交換で得た紙幣が株券に変わることを喜んだ投資家たちが、今ではミシシッピ株を売り、会社と運命をともにする銀行の発行した紙幣を嫌って、もとの金と交換してくれと銀行に殺到したのです。

この当時のヨーロッパでは、すでにマネーの国境は低くなっていました。投資家は、より安全なロンドンやアムステルダムに資金を逃避させ始めました。彼らはローの印刷した紙切れを金に戻してポンドやギルダーと交換する必要が出てきたのです。一時は、金よりも魅力的で入手が困難だったミシシッピ会社の株券とそれを根拠に発行した紙幣には、もう出番はありませんでした。ミシシッピ会社はその年の夏には破綻し、ローは年末には亡命して、なんとか命だけは永らえました。

ローが詐欺師ではない証として、彼は自身が儲けたお金はすべてフランス領内の不動産や資産に投じて海外には一文も逃避させていませんでした。

三三話　はじけた英仏バブル――資本蓄積に明暗

一七一九年九月時点でのイギリス政府の長期債発行残高は、約五〇〇〇万ポンドでした。その内、イングランド銀行（ＢＯＥ）が三三〇万ポンド、東インド会社が三二〇万ポンド、南海会社が一七一一年に引き受けた一一〇〇万ポンドを保有し、残りの三二五〇万ポンドは市中で保有されていました。[18]

南海会社は、事業範囲がスペインやポルトガル領の南アメリカだったので本業がぱっとしないままでしたが、ジョン・ブラントという役員がフランスでのミシシッピ会社の成功に注目していました。当時はミシシッピ会社株が今を盛りと急騰中で、ヨーロッパ全体が投機熱に包まれていたのです。仕組みを真似て一儲けを考えるのは、当然の成り行きでした。

一七二〇年一月二一日、南海会社がフランスのミシシッピ会社のように、市中にある三二五〇万ポンドの国債（年金債）をすべて引き受けると発表すると、株価は急騰しました。引き受けるというのは、国債を株券に変えるという意味です。イギリスがジブラルタルの領有権を巡ってスペインと交渉中であったために、イギリスに南米での利権が発生する可能性もあった[19]ことも影響しました。投資家はちょうどピークにあったミシシッピ会社のイメージで、株を買ったのだと思います。しかしジョン・ブラントは、国債を株式に転換する条件の中に狡猾な仕組みを忍ばせていました。売り出しの最初だけ、少し人気が出ればよいのです。南海会社には、「転換した国債」と「同額の額面の株式」を、「時価」で発行する権利が与えられていたのです。

ややこしいので整理をすると、株価の額面が一〇〇ポンドで株価も一〇〇ポンドの場合、一〇〇〇ポンドの国債を株券に転換すると一〇株を国債保有者に渡すことになります。ところがもし株価が一〇〇〇ポンドに上昇すれば、その時の交換では国債保有者にはたったの一株を渡せば済むことになります。これは国債の額面と株価の時価を交換するからです。

一方で、南海会社は交換した債券の額面分の株式を発行できるので、株価が一〇〇ポンドの場合は余剰株が〇株ですが、株価が一〇〇〇ポンドの場合には九株が余剰株として会社の手元に残ります。余剰株は、売却すれば資本には組み入れられずに、会社の利益となる構造だったのです。資本に組み入れられるのは、買い取った国債でした。南海会社は株価が上昇して、株券を発行すれば、その分だけ利益が出る仕組みになっていたのです。

フランスでミシシッピ会社が株価下落を何とか押さえ込もうとしている頃、皮肉なことにフランスからの資金シフトによって南海会社の株価が急騰して、イギリスでは一種の株式ブームになっていました。新規会社設立申請が急増して、シティーのエクスチェンジ・アレー（取引所通り）では株式ブローカーが街にあふれかえっていました。会社さえ作れば、中身が何であれ儲かるという状況だったのです。ジョン・ブラントは、似たような会社がたくさん出来ることによる資金需給の逼迫を心配して、政治家に働きかけて一七二〇年六月に「泡沫会社禁止法（The Bubble Act）」を成立させました。彼は、自分以外のまるで泡でも湧くように次々と申請される安易な会社設立を牽制《けんせい》したのです。

この「バブル」という、現代に生きる私たちにとってなじみ深い名前の法律では、「六名以上の株主のいる企業の株主に対する有限責任特権の付与は議会のみに与えられている」と規制されました。これによって、イギリスでは少し大きな会社の設立には膨大な費用と時間が要求されるようになり、その上、いつ設立できるかどうかも確実にはわからないということになってしまいました。

この法律は、以降およそ一〇〇年間にわたって効力を発揮して、イギリスでの会社制度発達に大きな障害となりました。ロンドン株式取引所の創設が遅くなったのも、南海事件による株式の信用失墜とともに、この法律の存在が大きな原因となっています。

そして皮肉なことにこの泡沫会社設立禁止の法律成立直後から、ブラントの南海会社自身も泡沫となり、ミシシッピ会社と同様に株価が暴落を始めたのでした。政府にとっては国家債務が減ったので後はどうなろうと悪い話ではなかったのですが、結果として、投資家が資金を失った後にBOEがささやかな救済に乗りだすことになりました。

南海会社設立のバックには、当時のイギリス二大政党の一つであるトーリー党がついていました。またBOE設立には、トーリー党と対立した立場にあるホイッグ党が関係していました。そのおかげで、南海会社はジョン・ローのミシシッピ会社のように銀行と合体することはなかったのです。ジョン・ローのやったことは強欲と共同幻想への過信でしたが、ジョン・ブラントの南海会社の株券発行の仕組みは、ある意味、意図的です。手のこんだ詐欺だったのではないでしょうか。物理学者のアイザック・ニュートンは、南海会社で二万ポンドの損を出して、「天体の動きなら計算できるが、人々の狂気までは計算できなかった」と嘆くことになりました。しかし、彼はこの少し前に、物理学ではなく、金融史上に名を残す、もう一つの大きな計算間違いをしていました。この話は、後ほど登場することになります。

この騒ぎの後、イギリスでは、株式に対する偏見が芽生えました。それでも以後は、株式に代わって個人投資家による国債保有が広がったし、銀行は信用を失いませんでした。一方でフランスでは、投資家は株式のみならず、銀行に対しても疑惑の目をむけることになりました。一九世紀に入ってもこの影響は続き、イギリスに比較してフランスの銀行預金残高は伸び悩みました。イギリスのジャーナリストで経済学者であるウォルター・バジョットが、名著『ロンバード街』（岩波文庫）の中で指摘したように、フランスは産業革命にむけての資本蓄積において、イギリスに大きく差をつけられることになったのです。

三四話　すずかけの木の下で

イギリスが南海会社騒ぎに浮かれていた頃、大西洋を挟んだアメリカは、まだイギリスの植民地であって取引所などはありませんでした。一七五二年には、ようやくマンハッタンに取引所らしきものができましたが、そこでは奴隷やとうもろこしの売買をしていただけで、会社もなければ国公債もなく、そもそも取引すべきものがなかったのです。

アメリカに証券市場が産声を上げるのは、独立戦争（一七七五～八三年）の最中です。ここでもやはり戦費調達のための新連邦政府の債券が、当初の商品でした。証券の始まりは、戦費調達なのです。独立後の一七九〇年代には、新政府によって二九五の特許会社が認められ、一七九二年三月には定期的に株式売買の立ち会いがもたれるようになりました。しかし当時の取引はオークション形式で競売人の裁量が強すぎて、市場に参加するブローカー（仲買人）たちとしては面白くありませんでした。そこで同年五月一七日に、ウォール街六八番地のすずかけの木の下に、不満を持つブローカーたちが集まって、競売人を排斥する協定を結んだのです。これを「すずかけの木協定（Buttonwood Agreement）」と呼び、二四人のブローカーたちのサインと住所の記載された協定書が今も残されています。

この協定書の歴史的な意義は、ニューヨークではじめて取引所の前身となる団体が発足し、彼らは仲間内以外とは取引しないことを決めたこと。そして最低委託手数料を約定代金の〇・二五％と決めたことにあります。要するにこれはギルドですが、王や政府から特許を得たものではありませんでした。この手数料率はこれ以降に改定があったものの、五月に協定が成立したことから「メイ・タリフ（手数料表）」と呼ばれ、一九七五年のやはり五月の委託手数料自由化まで使用され続けました。

実務的に言えば、アメリカ株の取次手数料は八〇年代まで、メイ・タリフを基準にした割引率で決めることもあったし、自由化されていない当時の日本からのアメリカ株の委託取引では、このタリフをそのまま使用していたのです。手数料の自由化は当時のアメリカでも、証券会社の経営を困難にすると考えられましたが、その後をみればわかるように、ブローカー業務の比重こそ下がりましたが、米国では証券業は隆盛を誇ったのです。ブローカーたちはこの協定の年に、取引所をウォール街二二番地から、ウォール街とウオーター街の角のトンティン・コーヒーハウスに移しました。

この頃には、連邦債と州債の商いはすでにあったのですが、株式の注文はほとんどなく、ブローカーたちは証券業だけでは食べてはいけなかったので、宝くじや他の物産も扱っているのが普通でした。アメリカもイギリスと同じように、会社制度における無限責任の問題がありました。特許会社設立時には無限責任の覚悟を決めた出資者を集められたとしても、それを売る時には無限責任に耐えられる資産家を見つけなければならず、株式は頻繁に売買されるようなしろものではなかったのです。一八一二年に、ニューヨーク州で最初の有限責任の会社が認められましたが、この制度が一般の会社にまで普及したといえるのは、ようやく一八五〇年頃になってからのことでした。

一八一二年には対英戦争があり、戦費調達のための連邦債が発行されました。このころはまだフィラデルフィアのチェスナット街がウォール街よりも取引が多かったのですが、一八一九年に五大湖地方とニューヨークをハドソン川で連結するエリー運河が開通すると、穀物の大量輸送が可能になり、物資がヨーロッパ向けの輸出港であるニューヨーク市に集積するようになりました。一八二二年に運河株がブームになると、イギリスにおいて対米投資が盛り上がりを見せるようになり、その投資の玄関口にはウォール街が選ばれたのです。英国の名門財閥ベアリング商会でも、パートナーのうち一人か二人はアメリカ人を採用するようになったし、ライバルのマーチャント・バンカーであるロスチャイルドも、一八三五年には代理人をアメリカに送りこんできました。

取引所はトンティン・コーヒーハウスを出た後、頻繁に場所を移動して、現在の場所にニューヨーク証券取引所が建設されたのは一九〇三年で、これは日露戦争の一年前のことでした。

三五話　大坂堂島米会所

一六二〇年といえば、豊臣家が滅亡した大坂夏の陣からまだわずか五年しか経っていない頃。アメリカでは、最初の移民である清教徒たちを乗せたメイ・フラワー号がイギリスのプリマス港を発ち、現代のマサチューセッツ州プリマスに上陸した頃です。オランダでは東インド会社の株や鰊の先物取引が行われていましたが、チューリップはいまだ植物愛好家だけのものでした。スペインの船は早くもメキシコとフィリピンの間を往復していましたが、オーストラリア大陸はまだ誰にも発見されていません。満州ではヌルハチが女真族の統一をすすめ、明から独立していましたが、まだ清は成立していませんでした。そんな頃の世界の東の果ての日本では、名古屋の宿屋において延米《のべまい》取引という、相対《あいたい》のオプション取引が記録されていました。

この延米取引を現代のオプション取引に翻訳すると、一二％の頭金（オプション料）に想定元本の三％の金利負担、一・二％の仲買人手数料で夏約定、春決済のお米のＡＴＭ（アット・ザ・マネー＝契約した時の米の時価が基準）のコール・オプションでした。

わかりやすくいうと、夏にその時の米代金の一二％分を頭金として支払っておけば、翌春が来て、米が基準値よりも値上がりした際には基準値に対する残金と交換で、現物の米を受け取れる。もし値下がりしているならば、頭金を放棄して契約は終了するという取引でした。ただし、取引所で衆人環視の下での取引ではなく、個人的な相対ですから取引の相手の信用がなければ成立しません。したがってこうした取引では、市場の組織的な発達はまだ望めませんでした。しかし、こういう取引が、既に日本において記録されていたことは驚きです。[20]

江戸時代に各藩が大坂に所有した蔵屋敷では、米を売却する際に買い手が代金の三分の一を払えば、米との引換証である米手形を発行しました。買い手は三〇日以内に米手形と残金を持って米を受け取りにいけばよかったのです。この米手形は単なる手付金の領収書ですが、これが単独で売買されるにおよんで立派に米の証券化となりました。しかも米手形なら、同じ金額で現物の三倍の米が取引できたわけです。

　三〇日を経過しても米手形を持ってこない買い手や、全額支払っても米と交換しない買い手も現れましたが、蔵屋敷としては無利子でファイナンス（借金）していることと同じなので文句の出ようもありません。それどころか廻米中（輸送中）の米など、蔵にある米より少々余分に米手形（空手形）を発行しても大丈夫なこともわかってきました。これは銀行による信用創造の元祖であるロンドンのゴールドスミス（金匠）の話と似ています。ただし、米手形は紙幣のようにはなりませんでした。一六五四年には、大坂奉行所から各蔵屋敷に対して、手元に無い米の手形を発行せぬようにとのお触れが出されています。

　一六六〇年と六三年のお触れでは、「期限の三〇日間を守ること、米手形の転売の禁止、市をなしての取引の禁止」とあるので、当時手形の期限を延ばしたり、非公認ながらすでに市（市場）が成立したりしていたことがわかります。

　これは後に発展して「淀屋米市」とよばれ、当時の豪商淀屋の門前に米手形の市がたっていたと考えられています。淀屋橋で有名な伝説の豪商淀屋です[21]。

米手形は最終決済に米の受け渡しがありましたが、現物の受け渡しの無い取引も登場し始め、これを「つめかえし」と呼びました。売買の差額を決済（差金決済）するだけの純然たる先物取引です。奉行所はこうした米価格の上下だけに賭ける、差金決済のみの不実取引を何度も取り締まりましたが、それはこうした商いがそもそも賭博行為と同じであること、また武士や庶民を苦しめる米価上昇の元凶である、と考えていたからと解釈されています。

やがて取引は近在への騒音問題から淀屋門前から堂島に移されましたが、西国・九州の大名に多額の大名貸しのあった淀屋は、ぜいたくと不実商いの元凶として、一七〇五年に闕所、所払い。そして、大名たちの借金は棒引きとあいなりました。幕府は、中世ヨーロッパの王侯貴族と同じことをしています。

堂島では、現物受け渡しを伴わない不実商いが禁制の中、建前では米手形を対象とする取引のみが行われていましたが、一七二二年に入ると、幕府の態度に変化が見られるようになります。それまでの耕地面積の増加や豊作によって米価が安くなりはじめ、米本位制である武士経済に収入不足の問題が生じたのです。幕府は、今度は態度を変えて、これまでとは逆に不実商いによる米価の上昇を期待するようになりました。先物取引を増やせば、米価は上昇すると考えたのでした。これは上下の方向こそ違え、ちょうど九〇年代のバブル崩壊以降に、先物が市場の下げの元凶だと先物悪玉論が出現したのと同じです。商人たちは規則の運用緩和だけではなく、幕府の公認を得ようと、活発に運動を展開しました。その結果、一七三〇年にはとうとう先物取引であり、現物の米の受け渡しを伴わない差金決済のみである「帳合米取引《ちょうあいまいとりひき》」が公認（勝手次第に取引を行なってもよい）されるに至ったのです。米切手（享保年間から米手形から米切手に呼び名が変わった）による商いを「正米《しょうまい》取引」とし、四日決済。春、夏、秋米の三期分があり、「帳合米取引」も、この期にならって行われるようになりました。

オプション取引や先物取引はそれまでも世界各地に見られましたが、整備された制度を持つ市場として、堂島米相場会所は世界初の先物取引市場でしょう。

経済史学者・高槻泰郎氏著『近世米市場の形成と展開』（名古屋大学出版会）では、例えば正米市場での受け渡しに関するトラブルならば代官所は訴状を受けるが、帳合米取引に関しては関知していないことや、そもそも各大名の大坂蔵屋敷の法的位置づけが江戸の拝領屋敷のような存在ではなく、町人の街に建てられた蔵であって、訴訟なども名代、蔵元などの商人名で行われていたことなどが指摘されています。先物市場として「整備された制度」というのは幕府が与えたものではなく、米相場にかかわる商人たちによって、自主的に組織され整備されたものでした。

それにしても、鎖国状態の極東の国にこうした「市場」が存在したことは驚異です。明治維新では福沢諭吉たちが工夫して政治経済学にまつわる訳語を編み出しましたが、相場用語に関していえば対応する日本語はほとんど揃っていたのです。

第九章　アムステルダムからロンドンへ

第三六話　スコティッシュ・ウィドウズとコンソル国債

金融業界の中でもとりわけ資産運用に関係した者にとって、「スコティッシュ・ウィドウズ」という名は一種の畏敬を伴った特殊な響きを持っていました。ロンドンのシティーは、まさに近代金融業発祥の地といえますが、一方でスコットランドの首都エジンバラは資産運用の聖地とも言えます。もっともファイナンス理論全盛の今日では、もちろん重心はアメリカにあるのかもしれませんが、イギリスはドメスティック（国内に充分投資機会があった）なアメリカに対して植民地経営の伝統から、国際分散投資を早くから始めていました。運用手法の発達が「スコットランドの寡婦たち」の歴史的価値を少しも損なったりはしないのです。

一八世紀初頭のスコットランドにロバート・ウォレスとアレキサンダー・ウェブスターという二人のスコットランド国教会の牧師がいました。二人はどちらも大酒飲みで、酔っ払いとしても有名でしたが、酔ってなお人の不幸を見過ごせない人たちでした。友人の牧師たちが家族を残して若くして死亡した場合に、残された遺族が極貧の生活を強いられることに心を痛めたのです。

二人はお酒と同じくらい数学が得意で、牧師同士の相互扶助的な保険の仕組みを思いつきました。そして当時既に入手可能だった近代生命保険の基礎となるハレーの死亡表を参考にして、牧師の平均寿命や家族構成などを正確に統計処理しました。こうして牧師一人ひとりの支払うべき年間保険料を計算し、集められた資金は保険基金として遺族に支払われるだけではなく、残高を資産運用に供するようになったのです。

この「スコットランド牧師の寡婦年金」である「Scottish Widows」は、一八一二年にいくつかの年金が寄り合い、保険加入対象者を牧師だけではなく一般人にまで拡大して企業化されました。永らく資産運用の世界をリードしたこの歴史的な保険会社は、現在もロイズ銀行グループの傘下で継続しています。今では、どう見ても援助を必要とはしないほど魅力的で美しい寡婦のポスターで名を馳せています。

では、ウォレスとウェブスターが基金のための資産運用を考えた、一八世紀中頃のイギリスの証券市場の状況はどうだったのでしょうか。年金基金の運用には低リスクの安定した資産クラス（株とか債券とか資産の種類）が必要です。

当時のロンドンの証券業者たちはまだまだ商人との兼業が多く、王立取引所で商品を売買したかと思えば、時にはジョナサンズ・コーヒーハウスで東インド会社や国債などの証券売買をしていました。こうした中でイギリスでは国債の売買のし易さに革命がおきました。当時発行されていた雑多な国債を整理して、一つにまとめ直したのです。

国債は発行時期によって、クーポン・レート（表面利率）や償還（満期）時期が異なります。

これは現在の日本でも同様で、何年何月発行の第×××回債などと国債の売買では銘柄指定が必要です。五年債もあれば一〇年債もあるし、一〇年債が発行から五年経過して残存が五年になった銘柄もあります。銘柄の種類が多くて、さらに細かく分かれていると銘柄ごとの保有者の数が減ってしまいます。すると売りたい時、買いたい時に反対売買してくれる人との出会いが減り、売買は頻繁には行われません。こうした状況を証券用語で「流動性が悪い」といいますが、投資家からすれば売りたい時に売れない商品なので、換金性が低い分だけ価値が低くなり、価格は割り引かれてしまいます。当時は発行体である国にも、買い手である投資家にも不利だったのです。

そこで一七四九年に、時の首相兼大蔵大臣であるヘンリー・ペラムが、それまで発行されていた各種国債の何種類ものクーポンや償還期間を統合（コンソリデート）して、償還期間が無限の永久国債を作り、これをコンソル国債と呼びました。国債が一銘柄しかないのであれば売買に銘柄指定が必要ではなくなるし、残存期間の利回り計算も不要になります。もちろん同じ種類の債券保有者も増えます。流動性が高まると新たな投機家も呼び込めることになり、売買の厚みも増していったのです。

イギリスの国債発行残高は、政府による当時の相次ぐ戦争の軍資金調達の必要もあり、一七三九年の四四〇〇万ポンドからナポレオン戦争の終わる一八一六年には七億ポンドにまで増加しましたが、投資家の資金によって順調に消化していきました。イギリスは議会が主導権を握って以降、デフォルト（財政破綻）の無い、世界でも珍しい国の一つです。イギリスの経済学者ウォルター・パジョットによれば当時のイギリスにはこうした国債の信頼性とともに、いざという時の換金性を強調した「コンソルならば日曜日でも売れる」という諺までありました。寡婦たちの年金基金の運用には、こうした安全で安定した金融商品が不可欠だったのです。

三七話　ナポレオンとロンドン市場

七年戦争とは、プロイセンとそれを支援するイギリスと、そのほかの欧州の国々との間で戦われた戦争です。最後は一七六三年のパリ条約によって、プロイセン側有利のうちに終結しました。イギリスはフランスと北アメリカやインドで戦い、各地域での優位を確立し、その後の覇権国家としての基礎を固めることになりました。

この戦争以降はイギリスを中心にして世界貿易の拡大や国際分業体制が整えられていくのですが、一方でアムステルダムも金融市場としての力を依然として持ち続けていました。当時のイギリスはまだ対外債務国であり、その国債は一部アムステルダムからの資金によって支えられていたのです。一七、八世紀のイギリスを含む多くの欧州各国政府のファイナンスは、アムステルダム市場に依存していました。起債をするならば、アムステルダム市場だったのです。当地の有力業者の一つであるホープ商会は、スウェーデン政府の一〇回におよぶ公債発行やロシア政府による一八回もの公債発行を一手に引き受けていました。彼らはアムステルダムだけに止まらず、欧州全域での販売にも責任を持っていたので、こうした公債は欧州各地で販売されたのです。公債ビジネスは、当初から多国間のグローバルなビジネスだったのです。

パリ条約以降、ロンドンの物産交易市場が北アメリカやインドとの貿易で活発になり始めると、アムステルダムやその他の欧州各地の商人たちは子弟や親戚をロンドンに送り込みました。

北イタリアのロンバルディア地方出身者はその名のとおりロンバード街に集まっていましたし、シティーのアウグスティノ修道会周辺にはオランダ人居住者が集中しはじめていました。オランダ人と言っても、元は欧州各地のユダヤ人が多かったと思います。後にシティーの勢力を二分することになるベアリング家は、ホープ商会の援助の下、ブレーメンから英国に渡り、一七六三年にはロンドンに店を構えています。ロスチャイルド家はフランクフルトから、シュローダー家はハンブルク、ラザードはアルザス地方から、ロンドンにやってきました。彼らには貿易手形の取り扱いや為替取引の実務、欧州各都市との人的ネットワーク、そして外国語という能力がありました。

一八世紀末の英蘭戦争（一七八〇年）とフランス革命戦争によるフランス軍の侵入（一七九五年）により、オランダはフランスの衛星国としてバタヴィア共和国となり、その後ナポレオンによってホラント王国へと移行（一八〇六年）、金融都市としてのアムステルダムを衰弱させました。ナポレオンのフランクフルトやハンブルクの占領にともなって、多くのドイツ系ユダヤ人がロンドンに移住しました。そしてアムステルダムの繁栄も、ナポレオン軍の進駐によって終焉を迎えたのです。ナポレオンは資金の保全と自由を求める金融業者たちを追い出し、結果としてロンドンを圧倒的な金融の中心地にしてしまったのです。

一方、この間ロンドンではコンソル国債の盛況やフランス戦争に対する政府の軍資金調達によって、公債市場が整備されていきました。この時期、ロンドン取引所の債券を売買する業者は、一七九二年の四三〇人から一八一二年には七二六人にまで増加しています。ナポレオン戦争の勝敗の重要な要因として、イギリスとフランスとの資金調達能力の差があげられます。ルイ一四世の治世以来フランス革命にいたるまで、デフォルトを繰り返していたフランス国債には信用がなく、国債発行による軍資金調達が困難だったのです。ナポレオンは占領地域からの賠償金によって戦費を確保し、国債発行を控え、均衡財政を布きました。これによってフランス国債は信用を回復しましたが、発行を再開できるほどではなく、最後には軍資金が枯渇してしまったのです。戦乱に荒れた欧州大陸の資金は、安全を求めてロンドンに向かったのでした。

戦費に困ったナポレオンは、一八〇三年に北アメリカに保有していたフランス領ルイジアナを一五〇〇万ドルでアメリカ政府に売却しました。ルイジアナといっても、現在のルイジアナ州とは全く大きさが違います。フランス領ルイジアナは、現在のアイオワ、アーカンソー、オクラホマ、カンザス、コロラド、サウスダコタ、テキサス、ニューメキシコ、ネブラスカ、ノースダコタ、ミズーリ、ミネソタ、モンタナ、ルイジアナ、ワイオミングの一五州にまたがる広大な地域で、現在のアメリカ領土の約二三％に相当します。

この時、アメリカ政府は一一二五万ドルの連邦債を発行して、買収資金の一部として債券をナポレオンに渡しましたが、フランス銀行をはじめとするフランス国内金融業者は、この債券の販売を拒否しました。そこで米国政府の代理人であったイギリスのベアリング商会が、アムステルダムのホープ商会とともにこれを売り出して、ナポレオンのために現金化したのです。英仏両政

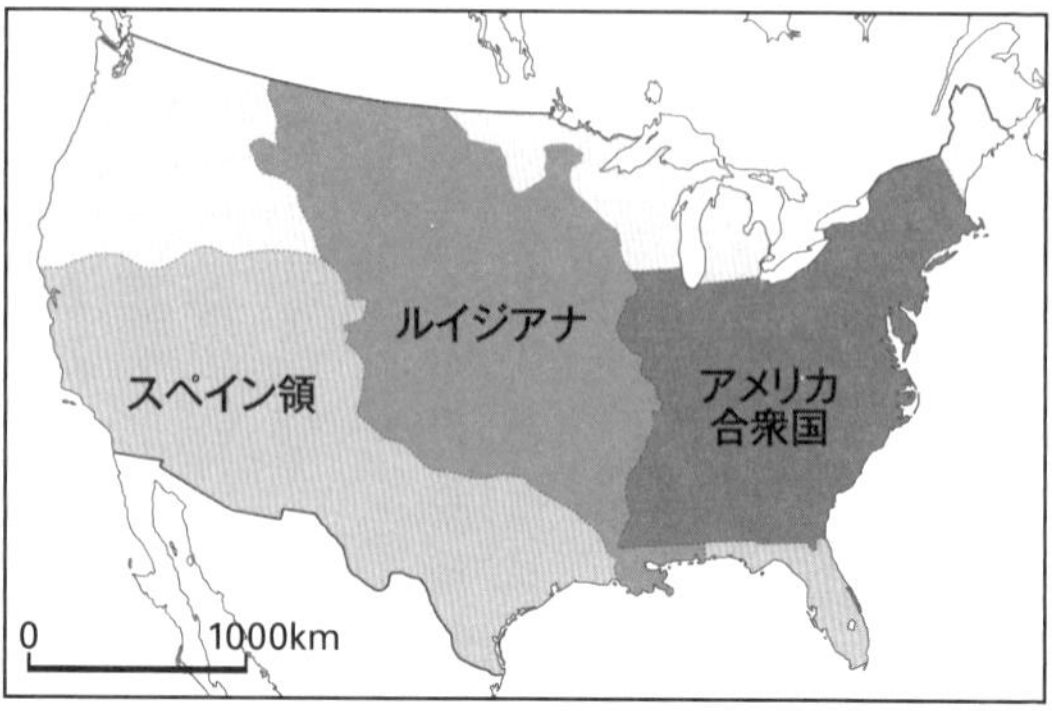

現在のアイオワ、アーカンソーはじめ15州にまたがる広大な地域だったフランス領ルイジアナ

府とも、このベアリング商会の業務遂行には反対しませんでした。この後、ベアリング商会はフランスの戦後賠償資金も、フランス国債発行をアレンジすることによってファイナンスしたのです。こうしてロンドンが、国際金融市場における支配的な地位を確立したのでした。

三八話　ニュートンが金本位制にした

二〇一二年の米国大統領選挙予備選において、共和党候補の一人であるロン・ポール下院議員は、金もしくは銀本位制度を採用することによって諸物価は安定すると主張しています。これに対してノーベル賞経済学者のポール・クルーグマンは、「ニューヨーク・タイムズ」紙上に、金価格を消費者物価指数で割った実質金価格をグラフ化して、金の価格がいかに不安定であるかを示しました。そして最後に彼は皮肉たっぷりにこう付け加えています。

「金本位制度下のアメリカでは大規模な金融恐慌は発生しなかった。ただし一八七三、一八八四、一八九〇、一八九三、一九〇七、一九三〇、一九三二、一九三三年を除いては」と。

グラフは、金価格が一般物価に対して大きくぶれることを示しています。逆に言えば、金価格

データ:Federal Reserve Bank of St. Louis

を基準にすると、物価が大きくぶれることを意味しています。過去四〇年間のデータからすると、もし金本位制度を維持していたとしても、諸物価が安定しただろうとは想像しにくいのです。

西洋文明における貨幣は、ギリシャ文明においてコインとして登場して以来、金、銀などの素材そのものが価値のある貴重な金属でできていました。紙幣であっても金貨や銀貨との交換が保証されていたからこそ、人々は紙の価値を信じたのです。しかし金貨と銀貨が混在して使用されていると金と銀との相対価値である比価は需給によって変動します。どこかで大規模な金山が発見され金が大量に産出されれば、銀の相対的な希少価値が上がり、だぶついた金の銀に対する価値が下がることになるはずです。

大航海時代の幕開けにより銀が中南米からヨーロッパに大量に流入した結果、ヨーロッパでは価格革命が起きました。一六〇〇年代前半の一時期、イングランドでは金一に対し銀一五の交換比率だったものが、価格革命がまだ浸透していなかったインドでは、金一に対し銀一〇の比率でした。インドで銀一〇と金一を交換し、イギリスに金を持ち帰り、銀一五と交換して、その銀を再びインドへ持ち込めば、今度は金一・五と交換することが出来たのです。コストを無視すれば、毎回五〇％の利益率でした。東インド会社はこの裁定取引にいそしみ、新大陸からスペインを経由してヨーロッパに渡来した銀は、インドやさらに東の中国へと吸い込まれていったのです。開国直後の幕末日本は金銀比価の裁定取引の対象となり大量の金が流出しましたが、これも諸外国と金銀の交換比率が異なっていたからです。ちなみにこの話は、佐藤雅美氏によって『大君の通貨』（文春文庫）として小説化されています。

天才物理学者アイザック・ニュートンは、一七二〇年の南海バブル事件で二万ポンドの損をしましたが、彼はその当時は既に象牙の塔の物理学者ではなく、一六九六年からロンドン塔にあった造幣局で働き始めていました。この頃のギニー金貨一枚は銀貨二二シリングと定められていましたが、市場ではそれ以上の価値で交換することができました。未だ裁定取引は続いていたのです。一ポンドのステーキは約四五三グラムありますが、通貨単位の一ポンドはトロイポンドの約三七三グラムの銀からきています。ポンドの基準となるイングランドの銀貨は、溶解されて東洋へ吸い込まれていったのです。もちろんかわりに、金がイギリスに溜まっていきました。

スペイン王位継承戦争が終わり一七一三年にユトレヒト条約が結ばれると、戦争中停止していたインドとの金銀裁定取引が再開されました。一七一七年に東インド会社が三〇〇万オンスの銀を輸出した時、当時造幣局長になっていたニュートンは裁定取引を終わらせる最適な金銀比価としてギニー金貨一枚に対して二一シリング（金一につき銀一五・二）と改定しました。

それまでイギリスでは、銀が一般に流通していた貨幣でしたが、ニュートンのこの金銀比価は金を安く見積り過ぎていました（二二シリングを二一シリングとした）。このために裁定取引は止まったものの、今度は銀が退蔵され金貨が広く使われて流通するようになってしまいました。これが後にイギリスが銀ではなく金本位制になった理由だとされています。ニュートンの計算違いが金本位制にしたと言われますが、間違いは計算ではなく、金銀比価のように需給が変化し相場で動くものを公定価格で抑え込もうというのが、そもそも間違いだったのではないでしょうか。クルーグマンがいいたかったのもこのことです。

イングランド銀行はしばらくの間、ニュートンの決めた金銀比価で紙幣と金銀との兌換（金銀複本位制）をしていましたが、一七九七年にはフランス戦争によって一旦兌換を停止します。戦争の収まった一八一六年にイギリスは貨幣法を施行し、それまで二一シリングだったギニー金貨に代わってソブリン金貨を導入し、これをぴったり一ポンド＝二〇シリングと定めなおしました。重量に換算すると、金一オンス（約三一グラム）＝三ポンド一七シリング一〇・五ペンスです。これが金本位制の始まりです。ソブリン金貨は鋳造・溶解が自由で貨幣価値は金の重量そのものになりました。また一八一九年の兌換銀行条例によって二一年五月からイングランド銀行券は金貨との兌換だけが再開され、銀との交換は無くなりました。金銀複本位制から金本位制になったのです。しかし、他の国がすぐにイギリスに追随して、金本位制を採用したわけではありませんでした。

三九話　国際通貨会議と通貨同盟

一八六七年は、日本では旧暦のため慶応二年と三年にあたります。大政奉還があり、年末には坂本龍馬が暗殺された年です。この年は、西洋史においてもあわただしい年でした。アメリカがロシアからアラスカを購入し、カール・マルクスが『資本論』を書きました。また、パリでは万国博覧会が開催されました。日本からは幕府とともに薩摩藩が出品し、幕府側からは後の渋沢栄一が渡仏しています。そして、そのパリではフランスの主導のもとに欧州二〇カ国が集まって、国際通貨会議が開催されていました。世界初の国際通貨会議です。フランスはこの国際会議で、金本位制に基づく世界的な通貨同盟への支持を表明しました。表向きは通貨制度の差から発生する為替リスクや取引コストが自由貿易を阻害するからでしたが、実際はナポレオン三世の覇権的な構想が下地になっていました。この当時、金本位制を採用していた国はイギリスとポルトガルだけで、フランスとラテン通貨同盟を組むベルギー、イタリア、スイスは金銀複本位制、プロシアは銀本位制でした。そこでフランスはフラン金貨をベースとした大陸共通通貨の構想を持っていたのです。

しかしナポレオン戦争後の各国の復興資金は、ロンドン市場においてポンド建て公債として調達されていました。また国際貿易においても、金との交換が保証されたポンドを介在させること

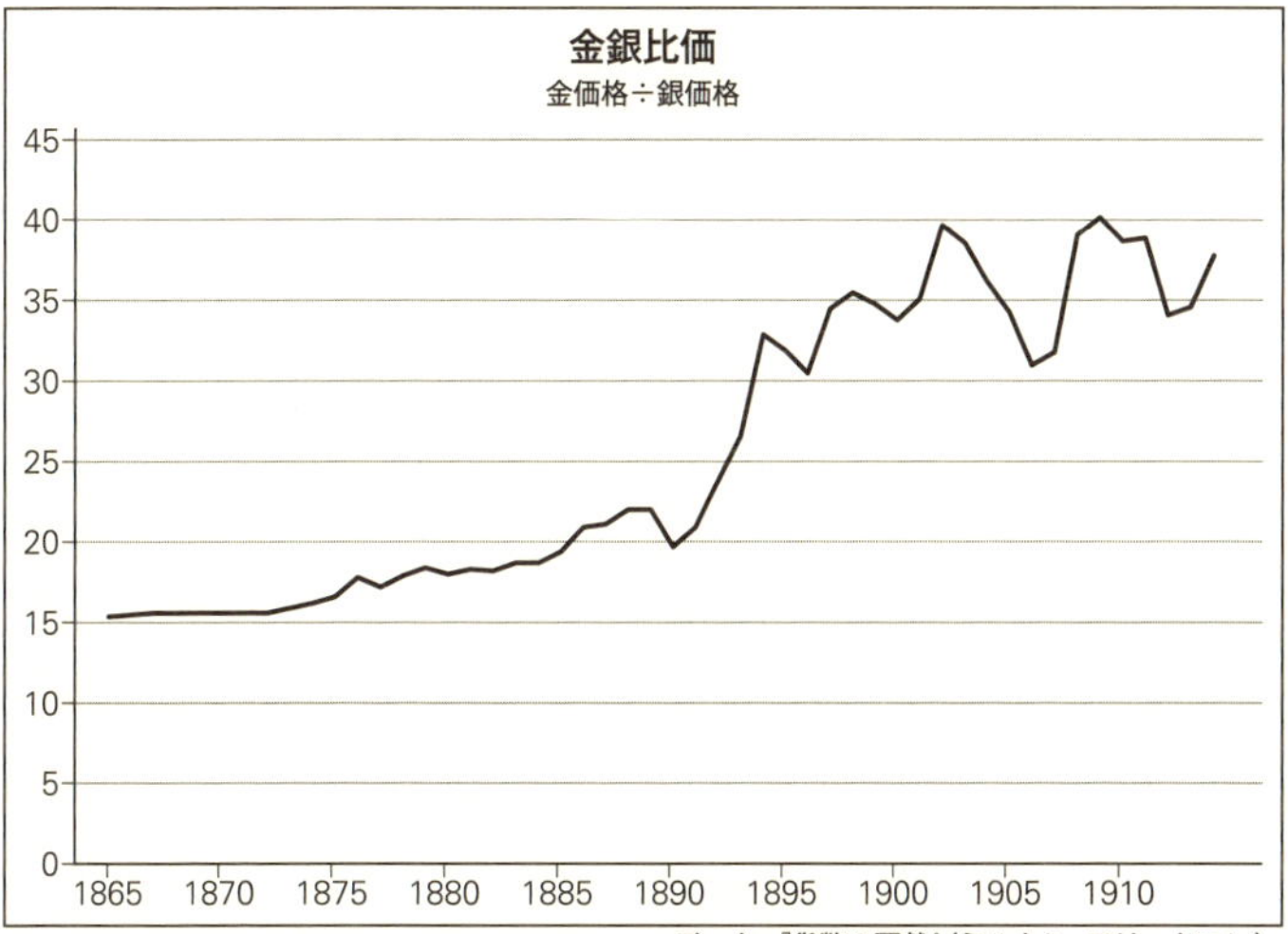

データ:『貨幣の悪戯』(ミルトン・フリードマン)

が多かったのです。ロンドンは国際金融市場の中心としてすでに機能しており、特にイギリス国債であるコンソル国債は現代でいうリスク・フリー・レート（一番安全でリスクが無いと考えられる投資先の利回り）に相当し、当時は一番安全な貸出先で一番低い金利だったのです。従ってフランスの提案はイギリスから見れば話になりませんでした。各国はイギリスの繁栄を横目に金本位制導入を模索しますが、本位通貨である金を入手するための財政措置が必要でした。金銀比価は需給関係で動きますから、金を手に入れるには多くの銀が必要です。

これには普仏戦争がきっかけとなりました。ドイツはフランスからの賠償金を金で受け取ると、通貨会議から四年後の一八七一年には金本位制に移行しました。これをきっかけに、スカンジナビア諸国は七二年に北欧経済会議を経て順次金本位制へ移行し、フランスもイタリア、ベルギー、スイスと一緒に、一八七八年に金本位制へと移行しました。各国は紙幣と金との兌換準備のために銀を売り、代わりに金を買ったのです。その様子は、じわじわと上昇する金銀比価のチャートに見ることができます。九〇年代の三〇を超える水準は、最後の大国アメリカの金本位制への移行の影響です。

日本は、一八九七年に日清戦争での賠償金をもとに、金本位制を採用しました。同じ年にロシアも金本位制を採用しましたが、両国にとって、その後の日露戦争の戦費調達のための外債発行は、金本位制の採用がなければ不可能でした。日露戦争の戦費で多額の海外債務を負った日本は、ポーツマス会議においてロシアからの賠償金による金を期待しましたが、結局は取れませんでした。

日本はその後も、海外債務返済用と兌換用の金準備の維持で苦労しましたが、地理的に戦禍に巻き込まれなかった第一次世界大戦の特需によって輸出が伸びて、正貨である金を調達することができたのです。日本は自らの財政事情で金本位制を離脱することは無かったのですが、第一次世界大戦では各国の動きに合わせ金兌換を停止しました。

第一〇章　イギリスからアメリカへ

四〇話　有限責任制と株式市場発展の基礎

南海バブルも真最中の一七二〇年に成立したイギリスの泡沫会社禁止法は、安易に資金調達に走る株式会社の設立を牽制するための法律でしたが、逆に締め付けすぎて一八世紀から一九世紀初頭までのイギリスの株式会社の発展を阻害したとされています。[22]ではこの間に、イギリスでは会社の設立が見られなかったのかといえばそうではありません。一八世紀の中頃からは運河ブームがあり、一七五八年から一八〇三年の間に一六五本の運河法案が議会に提出されました。運河会社設立にあたり、それぞれに立法が必要なのは議会から特許を得るためでした。また一八二〇年代にはスコティッシュ・ウィドウズのような保険関連の会社設立特許申請が、二五〇本近く提出されていました。しかし一般の製造業といえば、ほとんどが特許を必要としないパートナーシップで済ませていました。パートナーシップであれば持分の売買は自由であるし、経営に関与しない匿名会員は有限責任でした。それにそもそも、株式市場に上場して広く資金を集めなければならないほど資本を必要とする産業が、まだ無かったのです。

一七七六年に蒸気機関を発明したジェームズ・ワットは、開発当初は資金難に苦しみ測量士や土木技師のアルバイトをしながら研究したといわれていますが、後に裕福な企業経営者マシュー・ボールトンと設立して発展の基礎となるボールトン・アンド・ワット社も、株式会社ではなくパートナーシップでした。

また、アメリカにおいても事情は同じでした。広く資金を集めるためには、特許会社の申請が必要だったのです。蒸気船の発明者であるロバート・フルトンは先出のボールトン・アンド・ワット社製の蒸気エンジンをイギリスに発注して船に据え付けましたが、その船を使ってニューヨーク・オーバニー間の汽船会社を始める際には、河川における蒸気船事業の独占特許を取得する必要がありました。もちろん特許申請は面倒ですが、一方で競合する相手を排斥できるメリットもありました。

こうした状況を変えたのが、大規模な資金調達を必要とする鉄道という事業でした。そしてイギリスよりも州単位で立法するアメリカの方が、企業誘致の競争上の観点から、この問題に早く対応することになったのです。

一八三七年にコネチカット州で、株式会社設立に、特許会社のようにいちいち法律を作る必要がなくなり登記だけですむようになると、各州が競争して障壁を下げる方向にすすみました。現在の我々に馴染みの深い、「登記だけで会社が設立できる制度」は、この頃から始まったものです。

イギリスでは少し遅れて一八四四年に共同出資法が制定され、自由に株式会社を設立できるようになり、一八五六年の株式会社法によって有限責任法の諸条件が撤廃され、株主の有限責任が一般化しました。登記だけで株式会社が設立でき、株主に出資分以上に損をすることがなくなったと同時に、無限責任の支払い能力を求める必要もなくなり、相手を気にせず株式を自由に売買できるようになったのです。株価はゼロより下へはいかなくなったのです。そして「一八六二年会社法」と、それに追随したイギリス以外の各国の新しい法律によって、規制から解放された会社が、一九世紀末の最初のグローバル化黄金時代を形成することになります。『株式会社』（クロノス選書）を著したジョン・ミクルスウェイトとエイドリアン・ウールドリッジは、この法律を「株式会社の発明」と呼んでいます。

アダム・スミスは、株主の有限責任制に対しては批判的でした。有限責任という無責任さに惹かれて、いい加減な連中が会社経営に関与し、リスクを債権保有者や納入業者、顧客に転嫁するだけではないかと懸念していたのです。誰かの責任を有限にするのであれば、どこかに皺寄せがいくはずだと考えたのです。さらに当時のこうした自由主義者たちは、現代でいう会社経営と所有権の分離である「エージェンシー問題（経営者は株主の代理人である）」にも言及し、そもそも株式会社は個人経営やパートナーシップのように経営と所有が一致している場合と比較して問題が多いと考えていました。雇われ経営者は所有経営者ほど「細心の注意」を払わないだろうから、「過失と濫費が常に横行するに違いない」と看破していました。この問題は、マイナス報酬の無い経営者の高額報酬問題として、リーマン・ショックの時に再燃することになります。

巨額の資本を必要とする第二次産業革命の資金調達の法的整備がなされるとともに、現代のように投資家が自由に売り買いできる、近代的株式市場が成長の緒についたのでした。イギリスのワット社製のエンジンを使った蒸気船の発明も、イギリスではなくアメリカでした。ワットの蒸気船は、他社のテクノロジーを集めて組み立てたアップルのｉＰｏｄやｉＰｈｏｎｅに概念が似ているとは思いませんか、これは少々強引な見解かもしれませんが。

四一話　鉄道と株式市場

ロンド・キャメロンの著した『概説世界経済史Ⅰ・Ⅱ』（東洋経済新報社）によると、「産業革命」という用語は、急激な変化を連想させてしまうが、変化はもっと穏やかで連続的なものであり、産業的なものよりもむしろ知的な変化が重要であるとしています。この用語がこうした批判を受けたのは八〇年代以降とのことですから、学者ではない我々には知る由もありません。ここでは「工業化」という言葉を使っておきます。イギリスの工業化の初期には、輸送手段として運河が特許を得て開削されました。一七六一年にブリッジウォーター運河が開通して以降、運河は一九世紀の中頃までに六八四〇キロまで延伸し、そこがピークとなりました。それは鉄道が新たな輸送手段として、登場したからでした。

鉄道会社の特許申請は一八〇一年から始まり、二一年までに一四社が取得しました。しかしこれら初期の鉄道は、当時の有料道路であるターンパイクと同様に線路だけを敷設して、通行料を徴収する線路貸しのビジネスでした。ストックトン・アンド・ダーリントン鉄道は二一年に特許を得ましたが、途中で自社による蒸気機関車の導入を決断して、二五年には世界初の鉄道運営会社として開業しました。有名なジョージ・スティーブンソンのロコモーション号を導入して、石炭を輸送したのです。これに少し遅れてマンチェスターとリバプール間の鉄道敷設が申請されましたが、この会社も同じように、機関車にはロコモーション号を採用したのでした。ここでは先行して開通していた既得権益者である運河業者からの強烈な反対に出会うことになりましたが、結局は運河が片道三六時間もかかることに対して、鉄道では五時間に短縮され、さらに運賃が三分の一になるということで特許がおりたのです。このリバプール・アンド・マンチェスター鉄道は、コンソル国債の利回りが三・三%程度の時に、年率八〜一〇%の配当を実施しました。さらに株価は額面の三倍程度にまで上昇したので、投資家たちは、鉄道株は儲かると考えるようになりました。

一九世紀初頭のロンドンでは、国債や外国公債が売買の中心でしたが、一八三八年のロンドン証券取引所の記録では六七五のメンバーシップのうち二七八のブローカーが株式に取り組み、うち一五のメンバーは特定の鉄道株だけを扱っていたとあります。鉄道株は一八四五年頃に最初の株式バブルに巻き込まれますが、五三年のロンドン証券取引所の上場証券の額面合計では四分の三がいまだ政府証券であって、業種別では突出していた鉄道株でさえも二億ポンドほどであって一六%のシェアしかなかったのです。市場に参加する投資家の興味は、開発されるべき広大な土地を持つ、新興国アメリカに次第に移っていったのでした。

一九世紀も後半に入り南北戦争が終了すると、アメリカにおいても多数の鉄道会社が設立され、

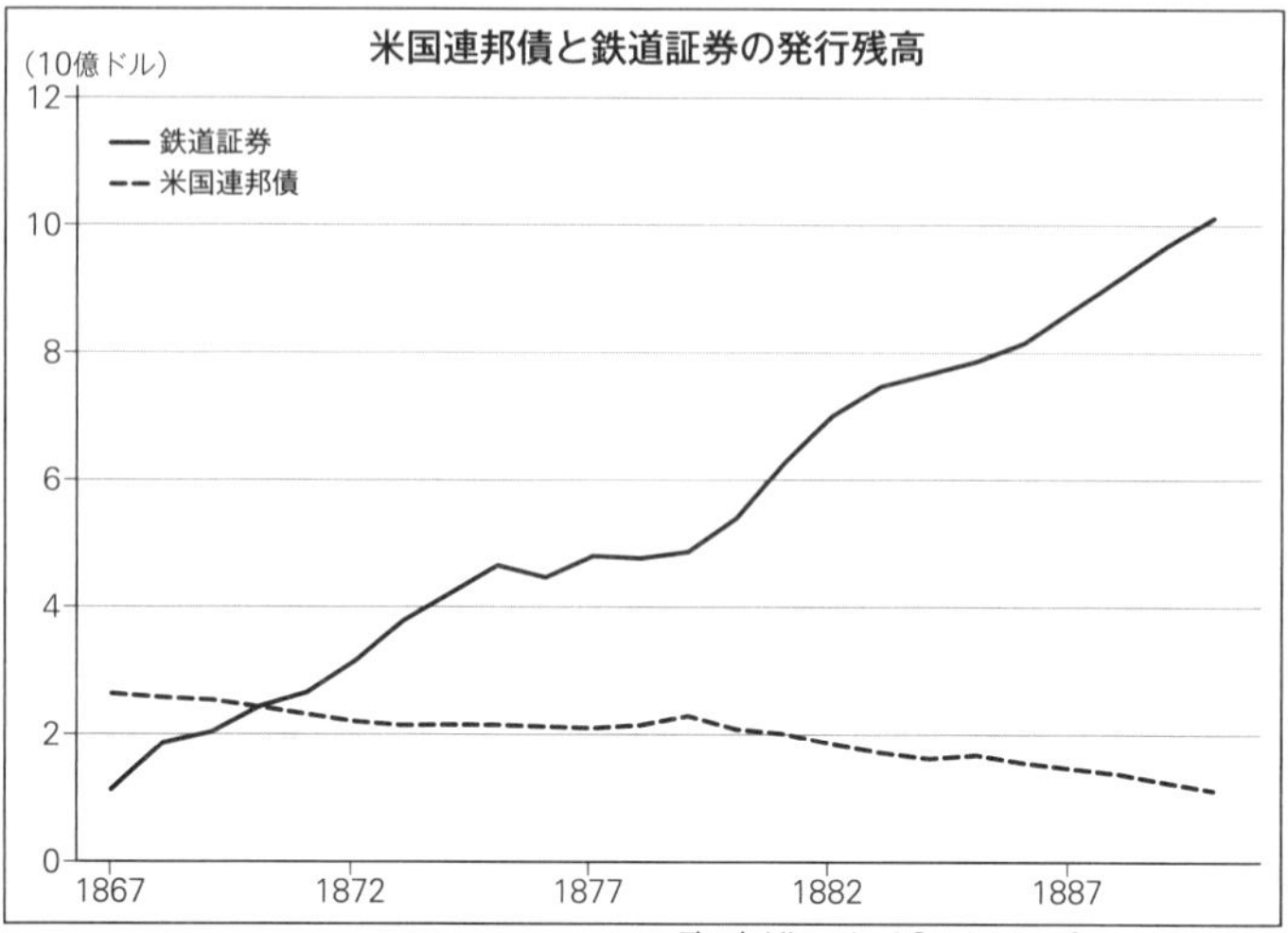

データ:Historical Statistics of the U.S. 1960

それに伴い鉄道証券（株式と債券は約五〇%ずつの割合だった）が大量に発行されるようになりました。証券の発行残高で見るとそれまで取引の中心であった国公債から、次第に鉄道株にシフトしていったのです。

一八九九年のニューヨーク市場では、時価総額の六三%が鉄道株でした。初期の株式市場は全く鉄道株中心だったのです。これは一八九六年にダウ・ジョーンズ・アンド・カンパニー社によって発表された世界初の平均株価指数の構成銘柄を見ても、明らかでした。鉄道株価指数は二〇銘柄でしたが、現在三〇銘柄ある工業株価指数は一二銘柄しかなかったのです。ロンドンでも鉄道株が株式時価総額の半分以上であったし、これは当時の東京市場でも同じことでした。

四二話　南北戦争とリテール・セールス

ポーハタン号と咸臨丸が勝海舟や福沢諭吉、遣米使節団を乗せて太平洋を横断し、アメリカを訪問したのは、一八六〇年のことでした。遣米使節の目付小栗忠順《おぐりただまさ》は四月にフィラデルフィアで、日本の金流出の原因となっていた懸案の金銀交換比率改定の交渉に臨みました。アメリカ側は小栗の実証実験の正しさに納得しましたが、それでも比率の改定には応じてくれませんでした。弱い者の道理は通らなかったのです。

この年の一二月に、サウスカロライナ州は連邦政府からの脱退を表明し、翌一八六一年二月には南部連合結成の宣言がなされ、アメリカは南北に二分されてしまいました。三月四日にリンカーンが大統領に就任すると、その五日後には南部連合議会は、北部とは別の財務省証券と独自通貨の発行を許可しました。これが南北戦争の始まりでした。

ニューヨーク証券取引所は、合衆国連邦政府（北軍）の支持をすぐさま決議しました。南部出身の証券業者はそれでもウォール街に残っていましたが、少しでも売り注文を出す者がいれば南軍支持者と決めつけられたので、売り注文は出せなかったそうです。おかげで南北戦争開戦後の株価は安定していました。取引所は出征する兵士を讃える決議もしましたが、それはそれで、自分たちが召集されるとお金を出して代わりの者を戦争にいかせたそうです。時代背景もあるのでしょうが、ウォール街は昔から要領のいい人間の集まりだったのではないでしょうか。

連邦政府は、軍資金調達のための国債消化に苦慮していました。戦争と国債は、切っても切れない関係にあります。北軍のペンシルバニア州は三〇〇万ドルの州債を発行しようとしましたが、一八四一年に一度デフォルトしていたので信用が無く、全く買い手がつきませんでした。

そこに、その当時フィラデルフィアの駆け出しのプライベート・バンカーだったジェイ・クッ

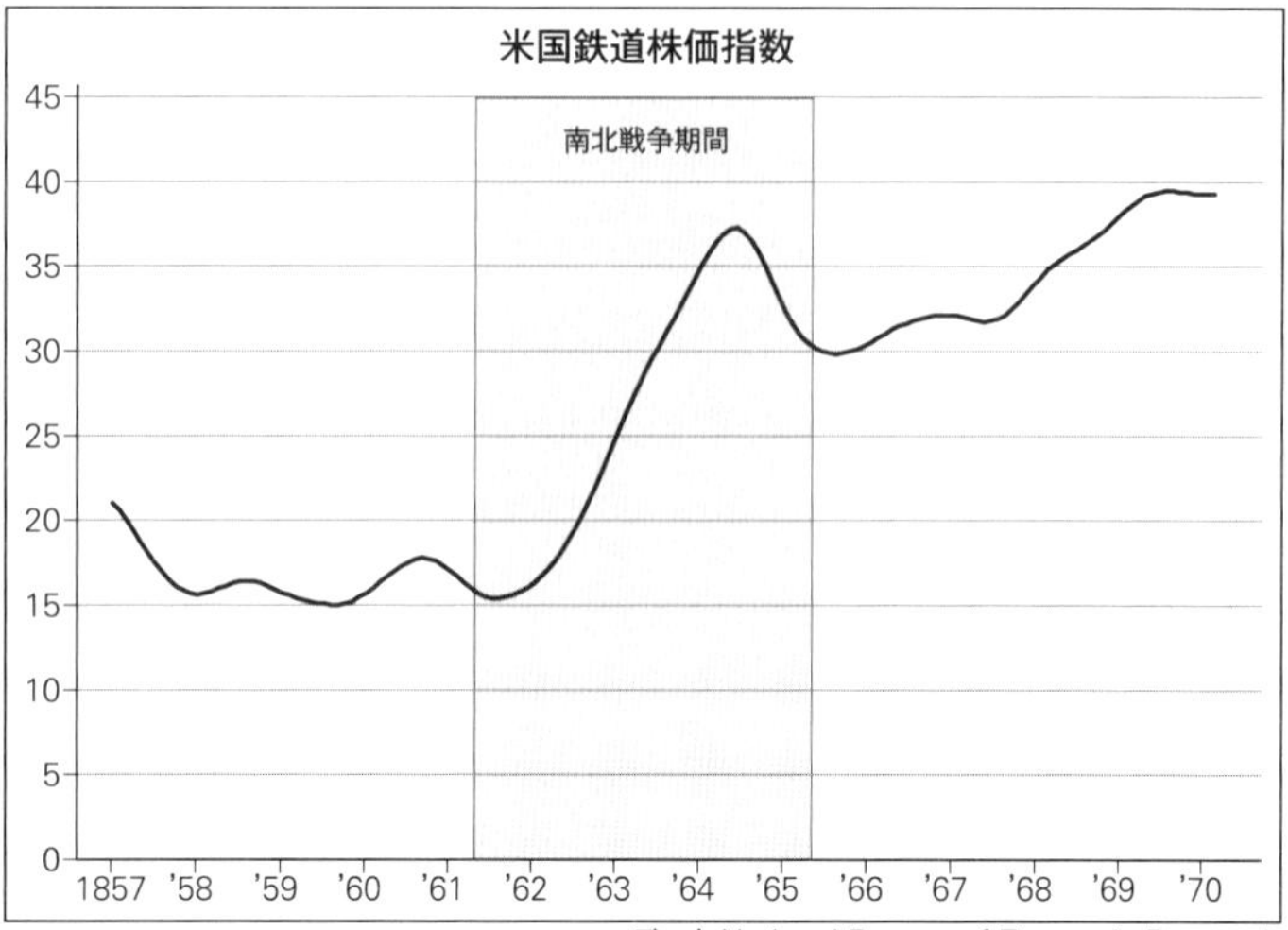

データ:National Bureau of Economic Research

クがこれを引き受けて、州民の「愛国心に訴える」ことでなんとか売り切ったのです。

クックは一口の販売単位を個人でも買える五〇ドルにまで落として、投資家の裾野を広げ、地方新聞の広告欄をフルに活用し州債の認知度を上げたのでした。

当時の投資家層である金持ち同士の知り合いというコミュニティーの中だけに限定せずに、販売対象を一般大衆にまでひろげたのです。

その後連邦政府（北軍）は償還期限二〇年、クーポン六%、五年目以降随時償還の国債を五億ドル発行しようとしましたが、政府は開戦以降正貨（金）支払いを停止していたので、信用がなく、これも人気がありませんでした。窮地に陥った財務省はフィラデルフィアでのクックの公債販売の評判を聞きつけて、彼に販売を依頼したのでした。

クックは州債販売の時と同じように、従来の投資家層である銀行家や商人は国債を買わないだろうと考えました。そこで特別の販売チームを編成することにして、北部大都市や州政府、実業界から二五〇〇人の販売エージェントを選抜しました。彼らは主に小規模銀行や保険外交員、不動産ブローカーなどの出身でした。エージェントは北軍エリア全域にちらばって、一般の小口投資家一人ひとりに「愛国心を鼓舞」し、何故これが有利な投資であるかを説明して（六％のクーポンは金貨で支払われるので紙幣より価値があり、実質八％利回りに相当すると説明した）、国債を販売したのです。この国債販売は、アメリカの証券投資家人口の裾野を広げ、その後の米国における証券投資発展の基礎となりました。

さらにクックは、当時開発されたばかりの電信を使って本拠地のワシントンと地方の拠点の販売部隊をネットワーク化し、販売情報管理の一元化も行なったのです。以前は把握するのに数週間かかっていた全米の債券販売状況が、電報を使ってその日のうちに集計できるようになったのでした。

ウォール街は南北戦争において、クックの利用した電信技術を別の目的でも使用しました。当時の株価は、現代のようにすべての情報が織り込まれて形成されたような株価とはほど遠かったのです。とにかく誰よりも早く戦況に関する情報を得たいブローカーたちは使用人を軍隊に同行させ、情報収集に当たらせました。私設の専用電信設備が何ルートも設定され、たいていの場合、ウォール街はワシントン政府よりも戦況に関する情報は早かったそうです。また大胆なブローカーは南軍にスパイを送りこみ、このスパイは南軍の連隊長クラスが命令を受ける前の段階で、すでに作戦の全容を把握していたそうです。人間の欲望、インセンティブにまさるものはありません。しかし、このように稀代の先進的なブローカーだったジェイ・クックでさえも、一八七三年の恐慌ではノーザン・パシフィック鉄道債を抱え込んだまま倒産してしまったのです。

四三話　メディアとダウ・ジョーンズ株価指数

金融史家のロバート・ソーベルは史上初の「相場解説者」を、一六九二年発行の「ロンドン商業週報」のJ・ホートンだとしています。同じ頃ロイズ・コーヒーハウスでも、「ロイズ・リスト」という一枚物の海運業界の新聞が週に三回発行されはじめていたので、この頃が相場解説の起源なのでしょう。

イギリスでは一六二二年に「The Weekly News」が発刊され、これが新聞の先駆けとなり、六六年には「The London Gazette」が発刊されました。これには、政府公報も掲載されるようになりました。この新聞は一七世紀末には一万部の発行部数を持っていたそうですから、既にかなりの数の実質的な読者がいたと推察されています。ロンドンでは名誉革命前後からニュース紙を読んで情報を収集する習慣が根付き始め、各種の新聞が発行されるようになりました。今では既に昔の物語となりつつある、タバコの匂いのする、日本のトラディショナルな喫茶店のスポーツ新聞と同じように、彼らはコーヒーハウスでコーヒーを飲みながら色々な新聞を読んだのです。「タイムズ」は、一七八五年にジョン・ウォルターによって創刊された世界最古の日刊紙です。一八〇五年のトラファルガー海戦では「タイムズ」独自のネットワークから、英国海軍の公式報告の数日前に海戦の勝利を報道して、その信頼を高めました。一八一四年には、それまでの人力から蒸気機械による印刷機を導入し、印刷速度と量を飛躍的に高める事に成功して、販売部数の大幅増を達成しました。これにより数多《あまた》ある新聞の中で、「タイムズ」だけは新聞の販売のみで経営が成り立つようになり、それまでの新聞社の一般的な収益源であった、政党や個人からの賄賂に頼る必要性がなくなったとされています。そしてその事が「タイムズ」のコンテンツの中立性と正確性を、より高める事になったのです。

一方アメリカでは、一八四九年にヘンリー・バーナム・プアーが「アメリカン・レイルロード・ジャーナル」誌を買収し、鉄道債の需給分析で投資タイミングをアドバイスしました。一八八二年にはダウ・ジョーンズ・サービス社が発足し、株価や債券の引け値を集計した「カスタマー・アフタヌーン・レター」という手書きの「フリムジ」と呼ばれる簡単な印刷物を発刊しましたが、これが一八八九年には「ウォール・ストリート・ジャーナル」になるのです。この間、同社は印刷物の物理的な配布では情報が遅すぎるという顧客からのクレームに応えて、電信とティッカー・テープ（印字された細長い紙）を使用した株価情報に付け加えて、ニュース・ワイヤー・サービスも始めています。これが今のダウ・ジョーンズ・ニュースです。こう

ティッカー・テープを読み価格掲示板を操作する様子

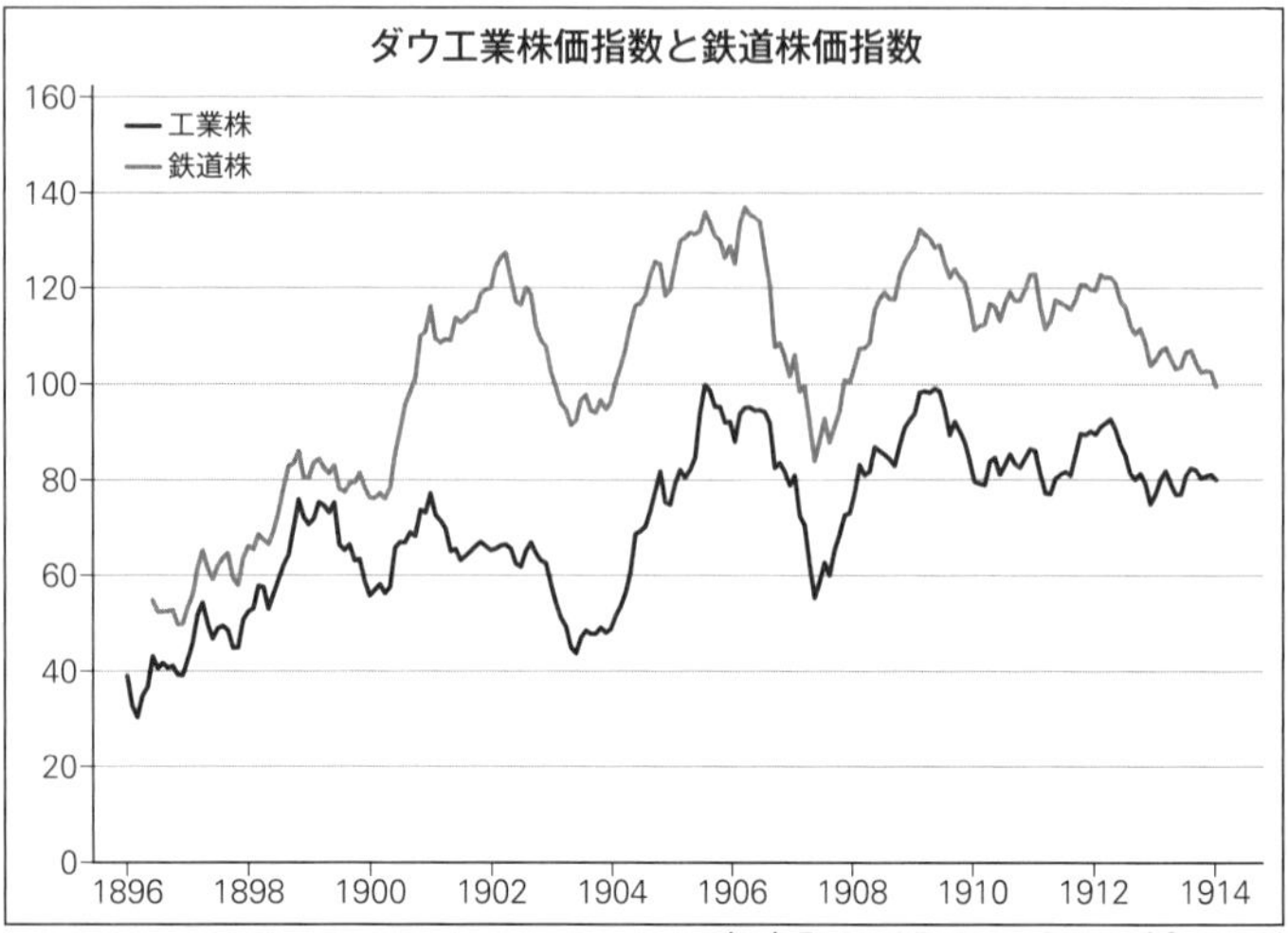

データ:Federal Reserve Bank of St. Louis

したティッカー・テープによって、証券会社や大手の投資家は事務所にいながらにして、株の出来値やニュースを見られるようになりました。兵士の凱旋パレードなどで見られる、ニューヨーク市ブロードウェイでのティッカー・テープ・パレードの紙吹雪は、このテープを細かく切って使いました。

また一九〇〇年には、ジョン・ムーディーがプアーの鉄道株分析に対して、一般事業会社株の分析を開始しました。両社が後のムーディーズとスタンダード・アンド・プアーズで、今では両社とも格付会社となっているのです。

ダウ・ジョーンズによって一八九六年から発表された平均株価指数には、当初、工業株と鉄道株の二種類がありましたが、工業株価指数は一二銘柄、鉄道株価指数は二〇銘柄で構成されていました。因みに当初の工業株一二銘柄のうち現在もダウ平均に採用されているのは、ジェネラル・エレクトリックただ一社です。一方で鉄道株価指数の方も、二〇銘柄のうち一八銘柄が鉄道株で、その他には太平洋郵船会社、それに電報会社であるウェスタン・ユニオンがメンバーでした。

また後の日本では、日経平均も指数値計算方法がダウと同じだったので、一九八五年までは日経ダウ平均と名乗っていましたが、大阪証券取引所が指数を先物に使おうとした時に、ダウ・ジョーンズ社が先物取引にダウの名前が使用されることを嫌がり、仕方がないので日経が日経平均株価指数と名称変更したのです。先物のようなデリバティブス（派生商品）は現物株式と比較して、一段低いものと見られていたのです。その後、同社の考え方も変わり、ダウ平均のデリバティブス商品が取引されることになったのは一九九七年、指数計算から一〇一年目のことでした。

ダウ・ジョーンズ社は、一九〇二年にクラレンス・バロンによって一三万ドルで買収され、その後の躍進に繋がっていくのですが、一三万ドルはその頃の日本円で六五万円でしかありません。当時の日本の気のきいた相場師でも買えるような、まだまだ小さな規模の会社だったのです。

第一一章　戦争と恐慌と

四四話　日露戦争に見る国際協調融資

現代日本人にとっての日露戦争に対する知見は、司馬遼太郎のベストセラー小説『坂の上の雲』の影響が大変強いと思います。おろかしい戦争を戦った昭和陸軍との対比として、合理的だった明治の軍部と元老たちによる統治体制を描き出しています。そのため児玉源太郎たちの指導による明治陸軍の精強さと東郷元帥による日本海海戦の奇跡的な勝利が大きく印象に残ってしまうのですが、金融史の観点からみると、金子堅太郎の米国における国家宣伝活動や高橋是清による戦費調達の貢献度は陸海軍の戦功にも劣らないものがあります。

交戦国であるロシアと日本は一八九七年の同じ年に金本位制を採用し、為替をイギリスなど先進国と固定しました。当時、金本位制を採用するということは、「承認の印章」と呼ばれ先進国の証でもあったし、国際資本市場で資金調達するための基本条件でもありました。両国とも開戦が決まるとすぐに金本位制維持の決定を発表しましたが、これは自国の為替レート下落による戦争物資輸入への影響を避けるためと戦費調達のためでした。

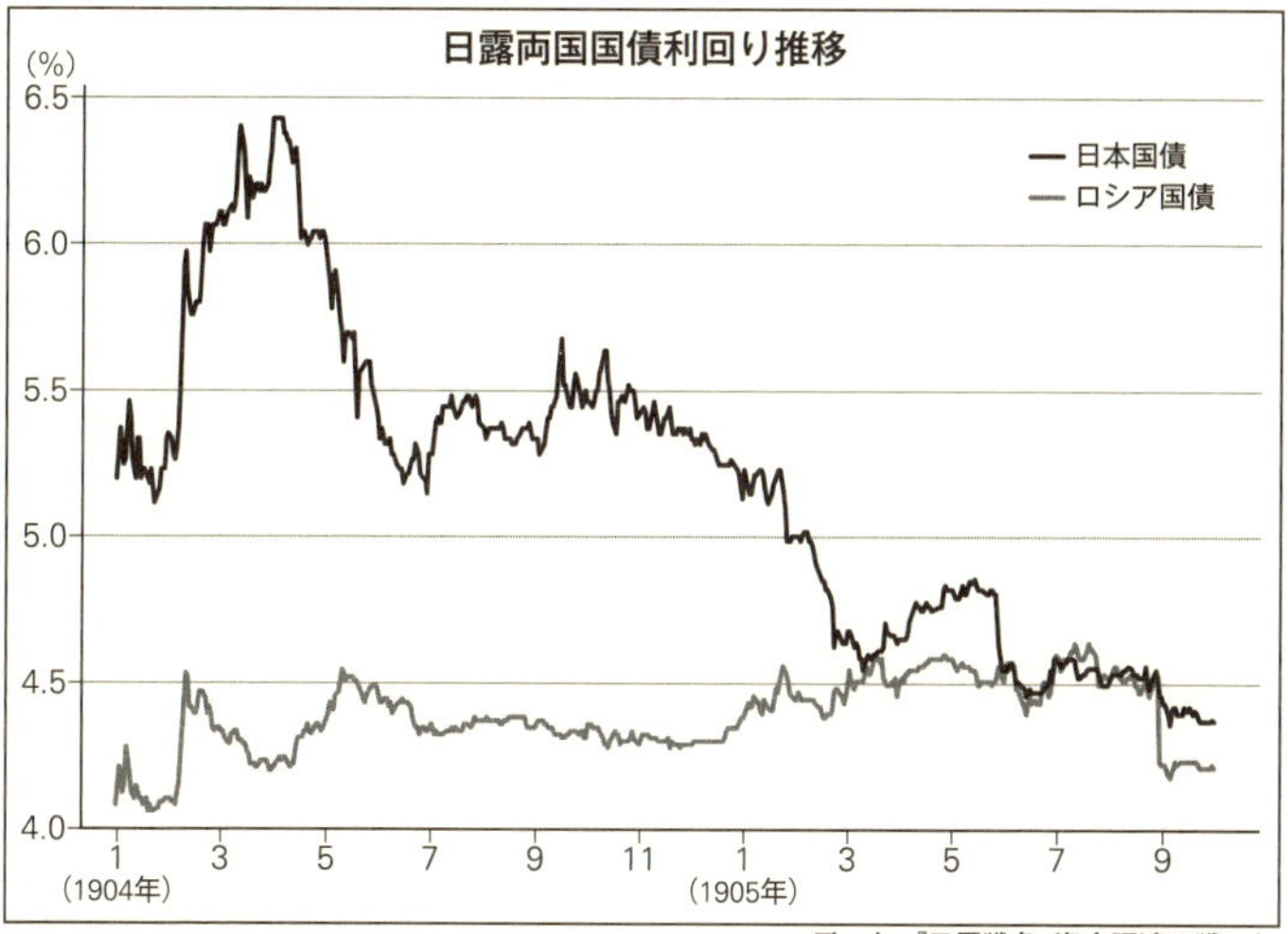

データ:『日露戦争、資金調達の戦い』

日本としては日英同盟を手懸りに、英国政府が保証をつけて日本国債発行のサポートをしてくれるものだと考えていましたが、英国は南アフリカでのボーア戦争の財政負担の影響から脱しきれておらず、日本にとっては期待はずれなものでした。また日露戦争はアカデミズムの世界でも第〇次世界大戦とも例えられるように、産業革命以降初めての本格的な機械化戦争でしたが、日露両国ともその認識が甘くて戦費を過小評価していたのです。

日本はロンドン市場で起債しましたが、ロシアは露仏同盟の関係から主にパリ市場で起債しました。グラフは両国国債のロンドン市場における戦争中の利回りの推移です。

一九〇四年二月の開戦時に日本国債は大きく売られ、両者のスプレッド（差）は一時二・二三％にまで達しました。その後当初絶望的だと考えられていた日本の起債が、米国の金融業者であるクーン・ローブ商会によってアメリカで募集されることが決定されると、一気に一％程度にまで低下しました。やがて旅順要塞の陥落など日本の戦果もさることながら、一九〇五年一月の「血の日曜日事件」に代表されるロシアの内乱によって、ロンドン金融市場ではフランス革命時のデフォルトが意識されました。これが当初ロシア寄りであったフランスやドイツの離反を招き、日本よりもむしろロシア側の債券発行が困難になっていったのです。そして最後に五月の日本海海戦での日本の圧倒的な勝利は、戦費面でのロシアの戦争継続を困難ならしめ、講和の席につかざるを得なくさせたのでした。最終的に日露両国の国債利回りスプレッドは、ほぼゼロになりました。

日本は戦争中に四回の国債、戦後には借換え債を二回発行しました。第一回から三回は英国と米国市場、第四回にはドイツが加わり、戦後の第五回の発行では英、米、仏、独と先進国すべての市場で債券を同時発行する、世界でも初めての大規模な国際協調資金調達となったのです。日露戦争は、日本の国際金融市場へのデビューでもありました。

日本は開戦前五六〇〇万円だった公債残高が、戦後の一九〇七年には二二億七〇〇〇万円にまで膨らみ、ポーツマス条約でロシアから賠償金を取れなかったために、戦後の利払い費と借換えコストの合計である国債費は、国家予算の約三割にも達しました。そして戦後も高い水準を維持した軍事費とともに、国家予算を圧迫し続けることになりました。日本はその後の第一次世界大戦の特需によって借金を返済しますが、同じように債務を重ねたロシアは革命によってデフォルトを起こしてしまうのでした。日露戦争のファイナンスと当時の日本国財務官である高橋是清の活躍は、拙著『日露戦争、資金調達の戦い』（新潮選書）に詳しく書いてあります。

四五話　第一次世界大戦と有価証券の大衆化

チャールズ・チャップリンの六四番目の映画のタイトルは、債券を意味する『The Bond』でした。一九一八年の秋に彼の自腹で制作されたこの映画は、第一次世界大戦時の軍資金である自由公債を販売するためのプロモーション映画でした。チャップリンは最後にLiberty Bondと書かれた大きなハンマーで、ドイツのヴィルヘルム皇帝らしき人物を叩きのめすことになるのですが、この映画にはアメリカ合衆国の象徴「アンクルサム」の登場するアメリカ・バージョンに加えて、イギリスの国家像「ジョンブル」の登場するイギリス・バージョンもありました。

第一次世界大戦は、一九一四年七月二八日に始まり、四年後の一九一八年一一月一一日に終了しました。米国のダウ・ジョーンズ株価指数は、開戦の直前まで全欧州を巻き込むような大規模な戦争の開始を織り込むことはありませんでした。開戦時の株価のギャップ（空白）は、当時の人々が「戦争など起こるはずもない」と信じて全く予想していなかったことを示しています。ダウは、一四年七月三〇日に突然七%ほど下げると翌日から休場となり、年末の一二月一四日には、そこからさらに二一%も下落して再開されたのです。

第一次世界大戦が勃発すると、英仏を中心とする国々は二〇億ドルほどの外国債をニューヨーク市場で募集しました。これはウォール街の業者が充分な手数料で潤うと同時に、アメリカが債務国から債権国へと変貌するきっかけとなりました。国際金融の中心地は第一次世界大戦をきっかけに、ロンドンからニューヨークへと移動したのです。この後ロンドン市場は第二次世界大戦

データ:Federal Reserve Bank of St. Louis

を挟んで次第にさびれていきましたが、現在のように国際金融市場の中心として再び復活するのは、資本流出を懸念したケネディ大統領によって導入された六三年の金利平衡税（日本企業などが税を嫌いロンドンでファイナンスするようになった）、また七一年のニクソン・ショックによってユーロ・ドルが誕生してからのことです。

　第一次世界大戦は金融市場、とりわけウォール街のビジネスのあり方にも大きく影響を及ぼしました。外国政府の債券以外にも、アメリカ政府が自由公債を二一〇億ドル発行しましたが、チャップリンを始めとする映画スターたちが先頭に立って、ジェイ・クックと同じように「愛国心に訴え」、セールス・プロモーションを行いました。ウォール街にとっては、単なる外国債とは違って自由公債からの手数料の実入りは少なかったのですが、多くの国民が公債を購入したことによって、これを機会に証券保有の大衆化が一気にすすむことになりました。

一九一七年時点のアメリカでの投資家人口は三五万人程度と推測されていましたが、自由公債が一〇〇ドル単位に小口化されたことや、自由公債の利子への非課税措置もあったために、戦後の一九一九年には一一〇〇万人もの国民が自由公債を購入していました。また一九一二年時点での投資銀行協会の会員数は三五〇社でしたが、リテール（個人投資家向け）証券ビジネスの隆盛によって戦争終了から約一〇年後の「狂騒の二〇年代」の終わる一九二九年には、なんとこれが六五〇〇社にまで増えていたのです。

戦後のヴェルサイユ条約に臨んだウィルソン大統領は、モルガン商会の人材をスタッフとして多く連れて行きました。「平和会議にあまりに多くのモルガンの関係者が出席しているので、このショーの立役者はモルガン関係者のように見えた」と各国に言わしめましたが、当時のモルガン商会の番頭格であるトーマス・ラモントを始め投資銀行には、グローバルなビジネスを知る優秀な人材が多く存在し、共和党、民主党にかかわらず政治家に対して助言するような立場になっていました。外交は外国政府の債券発行を通じて培われ、投資銀行家の持っていたグローバ

第１次世界大戦時、アメリカ政府が発行した自由公債を宣伝するポスター

ルな人脈をも頼ることになったのです。投資家層が大衆にまで広がり、金融業者は政治と接近し、時代はフィッツジェラルドの『グレート・ギャツビー』に描かれたような成金たちが跋扈《ばっこ》する「狂騒の二〇年代」に入っていきます。しかしその前に、過度の金融緩和策が採用され、物価の上昇が見込まれると、これに反対する根拠としてたびたび話題にのぼる、第一次世界大戦後にドイツでおきたハイパー・インフレーションについて、ここで見ておくことにしましょう。

四六話　ワイマール共和国のハイパー・インフレーション

「インフレーションは課税手段として、大きな、いわば独占的な長所を持っている。このために、インフレーションは困難なあるいは絶望的な状況において再三再四採用される」（ヴィルヘルム・リーガー、ドイツの経済学者）

一九二〇年代のワイマール共和国（以下ドイツ）におけるハイパー・インフレーションは、第一次世界大戦中、あるいは戦後すぐに発生したものではありませんでした。ドイツが大戦中に投入した戦費は、イギリスやフランスとほぼ同額で、公債残高からみると戦前五〇億マルクに対して、戦後は一五六五億マルクに膨らみました。しかしインフレ率では、ドイツは終戦時点で戦前の二・四五倍であって、アメリカ二・〇三倍、イギリス二・二九倍、フランス三・二五倍、イタリアの四・三七倍などと比較すると、むしろ抑制されたものだったのです。こうした事情もあり、ドイツ人は戦争に負けたという認識が薄く、軍は勝っていたのに中央の無能な文官たちの背後からの裏切りの一突きによって負けたという、「短剣伝説」が広く信じられていました。

有名なハイパーインフレは、①戦後の講和会議で天文学的な賠償金案が出された一九年一月、②賠償金額の確定後の二一年五月、③賠償の支払えないドイツに対する制裁として、フランス軍がルール地方に進駐した二三年一月から破綻に至る一一月までの三期において加速しました。この時代のドイツ政権では、今となってはなかなか信じられない事ですが、ドイツマルクの下落が常に先行していたために、国債の中央銀行引き受けによる過剰な紙幣発行がインフレの原因だとは考えていませんでした。物価が上昇しているので、紙幣が必要だと逆に考えていたのです。また産業資本家はその経験から、マルクの継続的な下落によってのみドイツ製品は市場で競争力を保てると考えていました。

正確にいえば、ドイツは戦争中から短期債を中央銀行にとりあえず引き受けさせ、後に長期国債の発行でこれを返済していくやり方でしたが、途中から国債が不人気で販売できなくなり、とりあえずのはずの短期債の中央銀行引き受けだけが増えて残ってしまったものです。この仕組みが、際限なく紙幣を印刷させたのです。

一九年一月からのインフレでは、マルク安によってドイツ製品の輸出が好調となり、それに伴いアメリカ製品の輸入も増加しました。インフレ率は数倍程度で、当時のドイツは世界経済唯一の推進役とよばれるほど好調だったのです。失業率は低く、株価は名目値で上昇し、ベルリンでは高級ナイトクラブが何軒も新規オープンしていました。借金のできる者、事業家、貿易商は借入で実物や不動産に投資すればインフレにより返済が楽だったので、巨額の資産を作れたといいます。そしてユダヤ人の中にそれが目立ったのが、後のナチスの動きにつながります。一方で高級官僚や大学教授、年金生活者など固定給の中産階級は数倍のインフレによってすでに貧窮を極め、食料の入手さえ困難な状況になっていました。また労働組合は集団交渉力を生かしインフレ率に沿った賃金上昇交渉を繰り返し、知的労働者よりも肉体労働者の賃金が上回るようになりました。貨幣を貯めていても仕方がないことから人々は消費に走るようになり、マルク安から外国人の買い物客を呼び込みました。日本人はカメラを買い漁っていたそうです。[23]

ドイツ国内では都市居住者の中に飢えが始まっていましたが、外国人には贅沢なグルメ旅行のできるパラダイスだったのです。しかし海外から見れば消費の盛んなドイツ経済は好調に見え、これが戦勝国フランスの復讐心に火をつけることになりました。また一時的にマルク安が改善されインフレが収まると、失業率と企業倒産件数が増加することがドイツ人の間に経験的に知られるようになります。インフレは、快感を伴う一時しのぎの麻薬のようでした。

二一年四月二七日に、ドイツの賠償額が確定しました。一三二〇億金マルクを年二〇億金マルクに分割して、さらにドイツの輸出額の二六％の関税を紙幣マルクで支払うというものでした。ここでの金マルクとは、一英ポンド＝二〇・四二九で固定された金本位制時代の為替レートでしたが、紙幣マルクはすでにこの時点で一ポンドとの交換に二〇〇マルクが必要になっていました。

ドイツが賠償を返済するためには輸出を増やして外貨を獲得しなければいけませんが、領土の割譲によりその力は既に喪失していたのです。当時の中央銀行であるライヒスバンクに国債を引き受けさせ紙幣を刷り、マルクを売ることでしか、賠償のための外貨を調達できませんでした。マルクは二一年一〇月の一ポンド七一二マルクから二二年末には三万五〇〇〇マルクにまで暴落しました。

フランスのレイモン・ポアンカレ首相は、出身地のロレーヌ地方が普仏戦争と今回の大戦の二度にわたりドイツ軍に蹂躙されたために、人一倍復讐心が強く厳罰主義でドイツとの交渉に臨みました。この時の対処が、後のヒトラーの台頭とフランスへの執拗な報復につながったといわれています。

二三年一月、ポアンカレはドイツの返済が滞るとルール地方接収のために、軍を進駐させました。これに対しドイツ政府は消極的対抗策に出て、ルール地方でストライキに入ったドイツ人労働者の人件費を国費で見ることにしたのです。政府はこれを中央銀行の国債引受でマネタイズ（通貨を増発）したために、さらなるインフレが進行しました。一月末の為替は一ポンド二二万七五〇〇マルクまで下落し、この時点でマルクの価値は既に戦前の一万分の一になりました。この年が、買い物にいくのに札束を積み込んだ「手押し車の年」と呼ばれる、ハイパー・インフレーションの年でした。

政府は銀行、企業、地方自治体に紙幣発行を許可し、お札不足を補います。ポンド・レートは七月に一〇〇万マルク、八月に一〇〇〇万マルクを超え、一〇月には一五億マルク、一〇月末に三一〇〇億マルク、政府が一〇兆マルク札を用意すると、一一月には二〇兆マルクにまで達しました。ちょうど戦前の一兆分の一の価値です。もはや労働組合の賃上げもインフレに追いつかず、安い紙幣はコストが合わず印刷ができません。石炭を買いに行く途中でお札を燃やした方が安くなったり、買い物客のトランクが盗まれると中身の札束だけが捨てられたりした時代です。貨幣の共同幻想の幻が解け、ついに誰もお札を受け取らなくなったのです。ヒトラーが一一月八日にミュンヘン一揆を起こしたのは、こうした時代を背景としていたのです。ハイパー・インフレーションは紙幣と食料の交換ができなくなった時点で、ようやく終焉を迎えました。一三年の生活費指数を一とすると、二三年一一月には実に二一八〇億倍にもなっていました。

一兆紙幣マルクが一金マルクとなった時点で、金価値を基準とした新設のレンテン銀行による臨時通貨、レンテンマルク紙幣が発行されました。レンテンマルクは紙幣発行残高に制限を設け、戦前の金マルク債券との交換が担保されていました。一英ポンド＝二〇・四二九マルクです。中央銀行の際限のない紙幣発行を抑制することで、インフレ期待が消えたのです。二三年一一月の流動負債は最終的に一九一六億掛ける一〇の一八乗マルクにまで達しましたが、そのほとんどが対中央銀行でした。戦前戦時からの国債保有者は中産階級を中心に九二万人いましたが、額面の四〇分の一の価値で新国債と交換されることになりました。まさか、一兆分の一とするわけにはいかなかったのです。投資家の喪失した分はインフレ税と呼ばれるものです。

ワイマール共和国のハイパーインフレは、極めて特殊な状況下で発生しました。財政法に予防的な縛りのある現代の日本で発生する可能性は、極めて低いでしょう。ドイツ人やドイツの中央銀行であるブンデスバンクは、この経験からインフレに対して神経質なまでの態度を取ります。それはハイパーインフレによって体験した生活の経済的な苦労だけではなく、インフレはその後のヒトラーによる国家社会主義体制を生み出し、ナチズムを奉じるドイツがヨーロッパの人類全体の敵となってしまった経験からくるものだと思います。

四七話　大暴落とチャップリンの『街の灯』

一九二九年のウォール街の大暴落は、一〇月二四日の木曜日から始まったので「暗黒の木曜日」と言われています。実際には、暴落は一日だけの出来事ではなく、一日の下げ幅だけで見るならば翌週の月曜日や「百万長者大虐殺の日」と呼ばれる火曜日の下げの方がはるかに激しいものでした。ダウ工業株価指数で見るならば、二九年九月三日の高値三八一・二七から三二年七月八日の四一・二二まで、実に三年間をもかけて約一〇分の一にまで下落したのです。長く、そして一方的な下降相場でした。

大暴落に至る「狂騒の二〇年代」と呼ばれるアメリカのバブルは、共和党の第三〇代大統領カルヴァン・クーリッジの任期（一九二三〜一九二九年）と重なり合っています。彼は各家庭に普及したラジオを使って演説した、最初の大統領でした。この間にベーブ・ルースはルー・ゲーリッグと共にヤンキースの黄金時代を作り、リンドバーグは一九二七年に大西洋を単独で横断飛行したのです。この時には乗機を製作したライト航空工業社の株価が飛行後の九ヶ月間で一〇倍にまで押し上げられました。禁酒法を始めたせいでシカゴではアル・カポネが、他の大都市でもギャングが跋扈しました。大衆の間にはスーパー・マーケット・チェーンや月賦販売が登場して、彼らはラジオや冷蔵庫、自動車などを買い漁ったのです。一九二六年販売の自動車の六五％が、またデパート販売の四〇％が割賦販売でした。このおかげでアメリカの自動車は一九二〇年代のうちに七〇〇万台から二三〇〇万台にまで増加したのです。アメリカの鉄道の総マイル数は三〇年代に早くもピークを打ち、自動車に交通の主役の座を譲ってしまいました。

一九一三年には、世界の先進国には少し遅れましたが、金融政策を駆使する連邦準備制度理事会（ＦＲＢ）が設立されていたので、アメリカでは循環的な不況はもはや起きるはずがないと考えられていました。金融政策はオールマイティだと考えられていたのです。また、ハーバード大学にＭＢＡコースが設けられ、科学的な経営が米国企業の将来を保証してくれるだろうとも考えていました。さらに一九二〇年の禁酒法がアメリカの酔っぱらいを減らして工場の生産性を上昇させるだろうと、堅く信じられていました（ウォール街は自分たちだけは酔いながらも他の人は多分そうだろうと、信じていたのです）。経済学の大家であるアーヴィング・フィッシャー教授は、経営技術の進歩によって米国企業は繁栄を極めると信じ、バブルの最初から、また大暴落が始まってさえも強気の発言を続けました。おかげでこの後しばらくは、ケインズを除くまともな経済学者は、株式市場にかかわることを避けるようになりました。

映画の世界にも技術革新が起きていました。一九二七年に世界初のトーキー映画のひとつである『ジャズ・シンガー』が公開されました。世間は音の出るトーキーに飛びつきましたが、チャーリー・チャップリンは彫刻に色をつけるようなものだと新技術には否定的でした。トーキー映画『ブロードウェイ・メロディ』が大ヒットして、アメリカの上映館がみな音響設備を備える中で、チャップリンは次回作『街の灯』もサイレント・ムービーでいくことにしました。

一九二九年の一〇月二三日水曜日は「狂騒の二〇年代」の最後の日、大暴落の前の日です。『街の灯』を撮影中のチャップリンは、作詞作曲家のアーヴィング・バーリンと夕食を食べていました。バーリンは名曲『ホワイト・クリスマス』やアメリカ第二の国歌『ゴッド・ブレス・アメリカ』の作者でもあります。

チャップリンの自伝によれば、チャップリン自身が「失業者が一四〇〇万人もいるのに株など信じられるか！」と言うと、バーリンは「君はアメリカを空売りするつもりか！」とテーブル越しに激怒したそうです。バーリンはロシア移民で、居心地の良いアメリカの熱烈な愛国者でしたが、同時に信用取引でたんまりと株を買っていました。一方のチャップリンは街かどの失業者の多さに不信を抱き、前年に持株をすべて処分していたのです。バーリンは翌日の「暗黒の木曜日」の株価下落で早くも全財産が消し飛び、翌週の「百万長者大虐殺の日」まではもちませんでした。二日後にバー

失業者が主人公のチャップリンのトーキー映画『街の灯』

リンは悄然としてチャップリンのスタジオを訪れると、激怒したことを静かに詫びてこう聞いたそうです。

「ところで君の、その売りの情報はどこで手に入れたのだ」

撮影中の『街の灯』は、失業者が主人公です。チャップリンのこの話は、株価がピークを打つ頃には既に街に失業者が溢れていたことを示唆しています。

一九二五年、ケインズが反対する中で、海外債務の存在と大英帝国のポンドの威信を大切にしたチャーチルは、ポンドを、少し無理をして第一次世界大戦前の割高な為替レートで金本位制に復帰させました。イギリスはその時、ゴールドの流出を防ぐために、英ポンドを魅力的にするべく金利を上げたのです。一方でアメリカの連銀は、バンク・オブ・イングランドを支援するため、景気の加熱が懸念される中で、金利を下げたためにアメリカ国内のバブル形成に一役かってしまうことになりました。二八年に方針転換して、公定歩合を何度か引き上げましたが、これは「投機を抑えるには低すぎるが、経済全体への影響を考えれば高すぎた」と、後に評されることになったのです。

四八話　長期投資の幻と株価の回復

「狂騒の二〇年代」のバブルが始まる一九二四年に、証券業者、ロウ・ディクソン社のアナリストであるエドガー・ローレンス・スミスという人物が『長期投資対象としての普通株（Common

Stocks as Long Term Investments)』という本を出版しました。スミスは当時の通説であった「株式は投機の対象でしかない」という考え方に一石を投じました。「会社が支払い配当を上回る収益を上げれば、その企業価値に再投資利益が付加されるので、その普通株は将来的にも上昇し続ける」と考えたのです。スミスは一九世紀中頃からの債券と株式の収益率を分析し、株投資は短期では損をすることがあっても、長期投資であれば常に株式が有利であり、もし間違って高値で買ってしまったとしても、必ず取り戻せる時が来ると主張しました。

これは現代の「長期投資の成功」を信奉するジェレミー・シーゲル博士の『株式長期投資のすすめ（Stock for the Long Run）』の考え方に、題名も含めてよく似ていますし、株価指数などへのインデックス投資を奨める今日の常識的なアドバイザーたちの理解とも同じです。彼の説は当時の投資家に広く受け入れられ、大暴落までの強気相場における株式投資の理論的なバック・ボーンとなりました。さらにスミスの本を読んだケインズも、債券に比較して株式の内部留保の複利効果は「おどろくほどの規模」になると、彼の株式有利の説を擁護しました。そしてスミスは、この本の成功で彼自身の長期投資の運用会社を設立して大暴落に臨むことになったのです。「もし間違って高値で買ってしまったとしても、必ず取り戻せる時が来る」という説は、確かに嘘ではありませんでしたが、日本のバブル期にインデックス・ファンドを買った投資家と同じように、寿命に限りのある人間にとっては虚しい真実だったのです。

証券会社には、第一次世界大戦で自由公債を購入した一一〇〇万人の顧客リストがありました。アメリカの大衆はただの紙切れに投資することに、もはや違和感は無かったのです。一九二八年には株式の所有者は三〇〇万人に達したと推計され、勤め人の多くは日本の持株会と同じように自分の勤務する会社の株式を保有していました。また自動車や家電の割賦販売と同じように、株式にはマージン・ローンと呼ばれる借金で株式を購入できる信用制度が、一般の投資家に普及しました。第一次世界大戦前には信用取引をする人はあまりいませんでしたが、バブル・ピーク時の二九年の信用取引残高は株式時価総額の一八％にまで達していたのです。『ホワイト・クリスマス』の作詞作曲家であるアーヴィング・バーリンのような投資家も多かったのでしょう、株式投資それ自体も、また、企業収益の見通しを毎期切り上げることになる家電や自動車の旺盛な消費も、なにもかもが「借金」がベースでした。

アメリカにおける最初の近代的な投信会社は、一八八九年のニューヨーク株式投資信託です。一九二〇年過ぎにはすでに数十ファンドが活動していましたが、二七年には一六〇社、二八年には三二〇社を超え、二九年の一年間だけで二六五社の会社型投信が新設されました。当時の投信はたいがい「レバレッジ」（金を借りて元本以上の投資をすること）を効かせていましたが、投資家はそうした投信をさらに証拠金取引を使って借金で購入していました。

バブルの発生した原因を、ここで数えあげたところできりがないでしょう。それにこうした原因は、我々にとって決してユニークなものではありません。日本の八〇年代のバブルも、リーマン・ショックを含むそれ以前の海外のバブルも、そっくり同じとまでは言わなくとも、消費者や市場参加者の将来に対する過信とそれを裏付ける「レバレッジ」による拡大された消費や投資の状況が、毎度おなじみなものだからです。

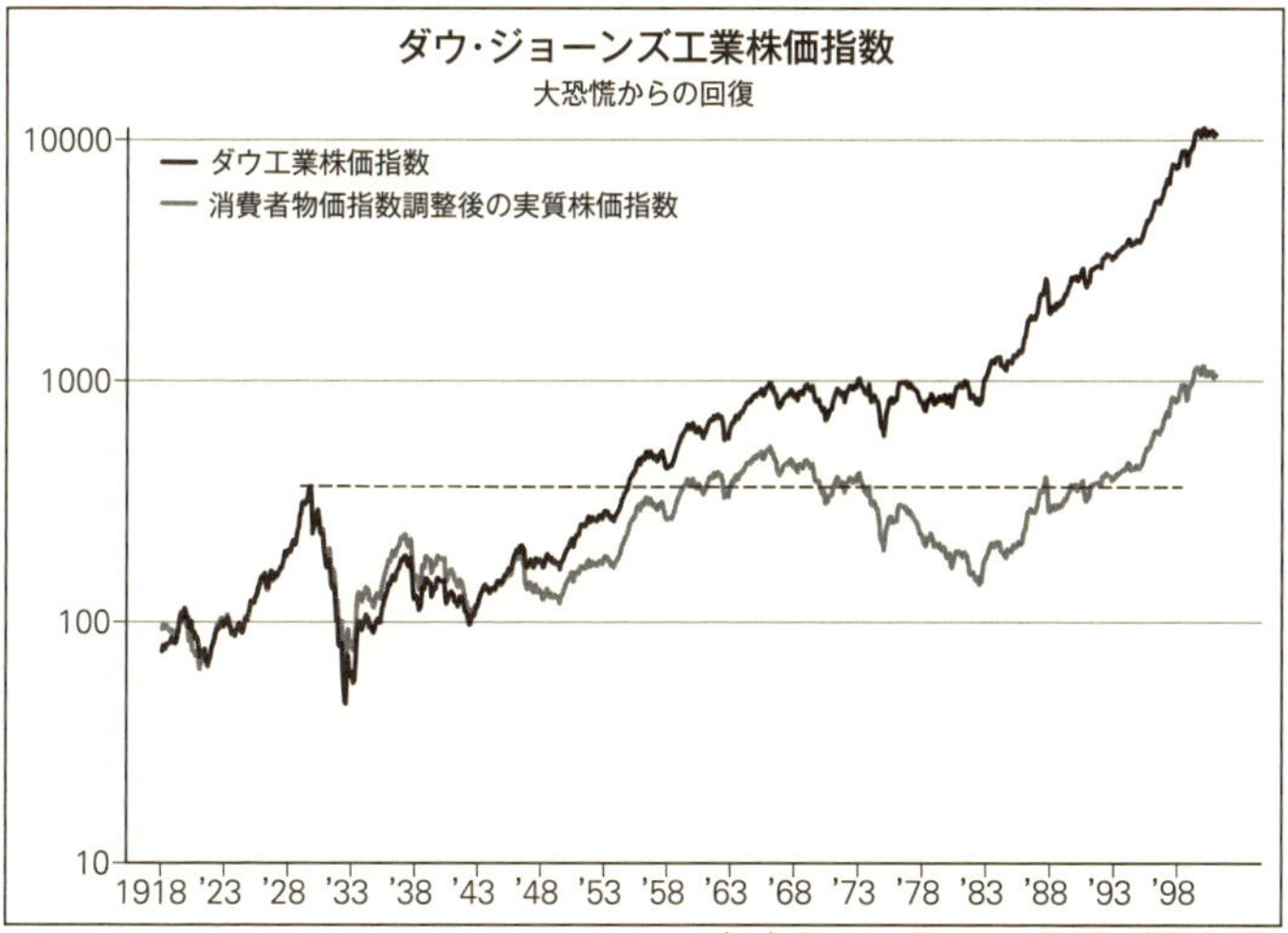

データ:Federal Reserve Bank of St. Louis

証券市場でよく引き合いに出される言葉に、ヘーゲルの『歴史哲学講義』の中の文言があります。「経験と歴史が教えてくれるのは、民衆や政府が歴史からなにかを学ぶといったことは一度たりともなく、また歴史からひきだされた教訓にしたがって行動したことなどまったくない、ということだ」

大暴落は遠い昔のことですが、意外に過小評価されて、理解されていないのが大暴落以降の株価の回復に要した期間です。エドガー・スミスの言ったとおりに、確かに（いつかは）株価は回復するのですが、グラフのようにダウ指数は高値水準に戻すまでに約二五年を費やしました。しかもその間には、物価が上昇しているのですから、その分を割引して考える必要があります。実質で考えて、消費者物価をもとにインフレ率をダウ指数に加味すれば、ダウは三〇年後に一度は以前の水準を取り戻すものの、本格的な回復は五〇年後の一九八〇年代後半まで待たなければならなかったのです。

金融史でトピックスを集めると、どうしてもバブルの話が目立ちます。暴落の原因を探り、次回のバブルの発生や暴落に備えるためです。従ってどうしても失敗したことばかりを探してしまいますが、発想を変えて、もし「狂騒の二〇年代」が無ければ、今や、途上国を含む世界中の人々が憧れ、目標とする家電や自動車、郊外の一軒家に彩られたアメリカン・ドリームの生活が、これほど早い時期に到達できたのかと問えば、どうでしょうか。借金によるレバレッジが、幸福の実現を少しだけ早めたとも考えられます。アメリカに限っていえば、歴史的にバブルが無ければ暴落も無いのですから。

四九話　ペコラ委員会とグラス・スティーガル法

一九三二年のアメリカは「狂騒の二〇年代」のピーク時と比較するとGNPで六〇%、株価では約一〇分の一にまで下落して、失業率は二五%もありました。そうしたなかで、何故このようなことに至ったのか？　大暴落の原因を究明するために銀行通貨委員会が開催されて、ウォール街の大物たちが聴聞会に招集されました。このなかでも特に、株式取引と投資家の利益相反に関する聴聞会は、フェルディナンド・ペコラに率いられていたために、「ペコラ委員会」と呼ばれています。日本においても、九〇年代末の北海道拓殖銀行や長信銀の銀行破綻を受けて、日本版ペコラ委員会の設置が話題になりましたが、アメリカのように責任の所在が徹底的に追及され検証されることはありませんでした。

聴聞会でのウォール街の大物とのやり取りを通じて、金融界の実態が国民に晒されていくようになると、すずかけの木協定以来、これまで業界で自主的に運用されていた証券取引にも、何らかの規制が必要であるとのコンセンサスが生まれました。一九三三年の銀行危機のさなか、銀行店舗が休業している時に、フーバーに代わって大統領に就任したのが民主党のフランクリン・ルーズベルトです。彼は「我々が恐れなくてはならないのは、唯一、恐れること自体である」と名文句を残しましたが、こうもいいました。

「両替商人は文明の神殿から逃げ出した。今こそ神殿を造り直すことができるのだ」

彼はウォール街の人間を、古いギリシャ文明由来の道徳概念から「両替商人」と悪いイメージで呼び捨て、金融界の規制に乗り出しました。

一九三三年の「銀行法」、通称「グラス・スティーガル法」では、銀行業と証券業の分離を決めました。銀行持株会社による他の金融機関の所有を禁止し、商業銀行が証券市場で一〇%以上の利益を上げることを禁止しました。実はそれまでも、基本的に商業銀行は株式や債券を扱えなかったのですが、銀行は証券子会社をつくることで対応していたのです。第一次世界大戦時には軍費調達の債券販売促進のために、こうした事実には特に注意が払われませんでした。この「銀証分離」の法律がこの後のウォール街を支配し、日本の戦後の金融行政にも影響を及ぼすことになりました。

またこの法律では、預金金利規制と同時に、「連邦預金保険公社（ＦＤＩＣ）」の設立が定められました。

当時のウォール街最大手であるモルガン商会のケースでは、もし投資銀行（証券会社）の方を選択するとＳＥＣ（証券取引委員会）への年次報告書の提出を義務付けられたために、本体はプライベートな銀行のままでいることを選択して、ＪＰモルガン銀行とモルガン・スタンレー証券に分離しました。モルガンは設立以来、それまで一度も年次報告書を世間に晒したことなどありませんでした。

こうした大恐慌の経験に基づく対処策である、アメリカの銀行業と証券業の分離は、やがて時とともにその教訓が忘れられて、一九九九年のグラム・リーチ・ブライリー法によってとうとう撤廃されてしまいます。ルーズベルトのいう「文明の神殿」は、再び「両替商人」で溢れることになったのです。その結果の一つが、リーマン・ショックでした。

『バブルの物語』（ダイヤモンド社）を著したガルブレイスは、一九九〇年の時点ですでにこう書いています。

「人間の仕事の諸分野のうちでも金融の世界くらい、歴史というものがひどく無視されるものはほとんどない」

実際には、経営者も、バンカーも、セールスマンやアナリスト、ファンド・マネージャーも含めて、金融ほど関係者が歴史の重要性を語る業種はないと思います。しかし、再び巨大化した金融コングロマリットたちは、リーマン・ショックを受け、一企業の及ぼす経済社会への影響から

「大きすぎて潰せない（too big to fail）」という新しい問題に直面することになりました。

証券関係では、一九三三年証券法によって、発行企業に関しての届出と財務内容の開示が決められました。これは以前から議論されていたテーマでありながら、当時はなかなか実現しなかったものでした。発行市場側を扱った一九三三年の「証券法」に対して、一九三四年の「証券取引所法」は証券流通市場に関しての規制です。一番重要なポイントは、証券取引委員会（ＳＥＣ：U.S. Securities and Exchange Commission）の設立です。ＳＥＣの「S：Securities」が三三年証券法を、「E：Exchange」が三四年証券取引所法をあらわしています。これまで金融コミュニティーによって自主運営されてきた証券取引業者たちは、すべてＳＥＣに登録し、国家の監視下に入ることになったのです。


コーポレート・ガバナンスの分野では、アメリカの法学者アドルフ・バーリと経済学者ガーディナー・ミーンズが一九三二年に発表した『近代株式会社と私有財産』という、所有と経営の分離を分析した著作が証券関連法に大きな影響をおよぼしました。

第一次世界大戦後のアメリカの株式保有構造は、それまでの何人かの大銀行家たちから三〇〇万人の投資家層に裾野が広がりをみせました。会社経営は株を持たないエージェントである経営者によってなされるようになり、依頼人である株主との利害と対立し、経営者が利己の利益のために暴走する危険があることを示しました。アダム・スミスも指摘した「エージェンシー問題」の現実化です。

この研究をもとに三三年証券法、および三四年の証券取引所法には、正確な情報開示により株主に報告を行うことや取締役の受託者責任が明示されることになりました。現代においてもSECのウェブサイトの企業財務情報開示システムである「EDGAR（Electronic Data-Gathering, Analysis, and Retrieval system）」では、「一九三四年、証券取引所法に則り」と根拠法が明記されています。日本の「金融商品取引法に基づく有価証券報告書等の開示書類に関する電子開示システム（EDINET）」は、これに倣った制度です。

この後、一九三八年には、業界自主規制組織としての全米証券業者協会（NASD）が設立されました。三九年の信託証書法では債券発行時の証書のフォームが定められ、四〇年の投資会社法、投資顧問業法と、今日の金融業界を構成する各種の法整備はこの時期になされていったのです。

第一二章　大戦前後の日本の金融市場

五〇話　戦前の株価指数

日本は江戸時代の鎖国状態の中においても独特の発達した金融システムを持っていましたが、今日的な意味での最初の有価証券は、一八七〇年（明治三年）発行の「九分利付英貨公債」です。この公債は年九％の利付きで一三年物でしたが、資材輸入のための外貨が必要なことと、なにしろこの当時は内国債を発行しようにも、日本ではまだ法も通貨制度すらもままならないので、ロンドン市場でのポンド建ての発行となりました。資金使途は新橋・横浜間の鉄道建設で、発行規模は一〇〇万ポンドながら関税収入を担保とした国債でした。引き受けはイギリスのマーチャント・バンクであるシュローダー商会でした。これに次いで七三年には、第一国立銀行が株式会社として設立されましたが、取引所ができるのはその五年後の株式取引所条例制定の時でした。

それから約三〇年を経た一九〇四年の日露戦争当時、この頃の東京株式取引所の主要銘柄は日本郵船、鐘紡と瓦斯、電灯（電力）を除くとほとんどが鉄道株でした。これは、当時のロンドンもニューヨークも同様です。しかしながら、日本では一九〇七年に国防上の理由から、またその延長線上で海外資本による買収を恐れた軍部の要望により、主要な鉄道会社が国有化され株式市場から去ってしまったのでした。その頃には日露戦争後の起業ブームがあり、今でも現存する大企業が数多く設立され始めていましたが、株式としての投資対象は減ってしまい、そうした資金は定期預金に流れました。

この頃のアメリカでは、ダウ・ジョーンズ社が既にダウ・ジョーンズ工業株および鉄道株指数の計算を始めていましたが、日本にはまだ株式市場全体の動向を表す株価指数は無く、その代わりに東株や大株など取引所株が指標銘柄として相場の趨勢を調べるために使われていました。相場が盛り上がって出来高が増えると取引所の売上が増え利益が出るので、取引所の株が買われるというロジックです。従って当時の取引所株の空売りは、大雑把な市場全体のヘッジ（株価が下落した時の保険）の用途も満たしていました。この当時、大阪にせよ、東京にせよ、「代表銘柄は？」と聞かれたならば、何のことはない、取引所会社の株だったのです。

大正年間に入ると、日本銀行や東洋経済新報社などが独自の株価指数の計算を始めました。その中でも東洋経済指数は九一銘柄の構成で、一九一三年（大正二年）の月平均を一〇〇とし、三二年の半ばまで継続して計算されていました。これは一五業種に細分化されていたので、産業の趨勢を調べることもできます。しかしながら、『日本証券史資料戦前編第七巻、上場会社(二)、株式市場の歴史』によれば、東洋経済に限らずこうした指数の認知度は低かったようで、そのために二七年には国際連盟本部から「本邦産業統計の一として株価指数の送付を要請し来たりし」とあり、日本は早急に株価指数開発の必要に迫られたのだそうです。海外から認められた株価指数は、まだ日本には無かったのです。

　これを受けて東京株式取引所は、早稲田大学の統計学者小林新に依頼して「東株大指数」の開発を行いました。この指数は一八一銘柄から構成され、途中で改訂を経て二一六銘柄となりましたが、一九二一年を一〇〇として四四年一二月まで計算されました。この銘柄数は後の日経平均計算時の二二五銘柄の数に影響を与えたと考えられています。

　では、終戦による取引所閉鎖から再開までの、もっぱら店頭取引を行なっていた時期はどうかといえば、これも「東証総指数」という指数が四六年一月から取引所の再開される四九年五月まで残されています。

　取引所再開時の一九四九年五月からは、日経ダウ・ジョーンズ平均指数が計算を開始して現在の日経平均に至っていますし、東証株価指数であるトピックス指数は六九年七月から計算が開始されています。

　グラフは第一次世界大戦中の一九一六年からニューヨーク市場大暴落後の三二年までの、東洋経済株価指数と米国ダウ工業株価指数を重ねて描いたものです。

　グラフから読み取れるのは、①日本の第一次世界大戦の戦争特需相場の上昇とその後の反動が大きく、昭和初期に至るまで陰鬱な株式相場が続いたこと。②市場崩壊の後に関東大震災が発生したが、株式市場は既に下げており、相場への影響はさほど大きくは無かったこと。③アメリカの「狂騒の二〇年代」の株式ブームに日本株は全く乗り切れていなかったこと。そしてその為に、

東洋経済株価指数と米国ダウ工業株価指数

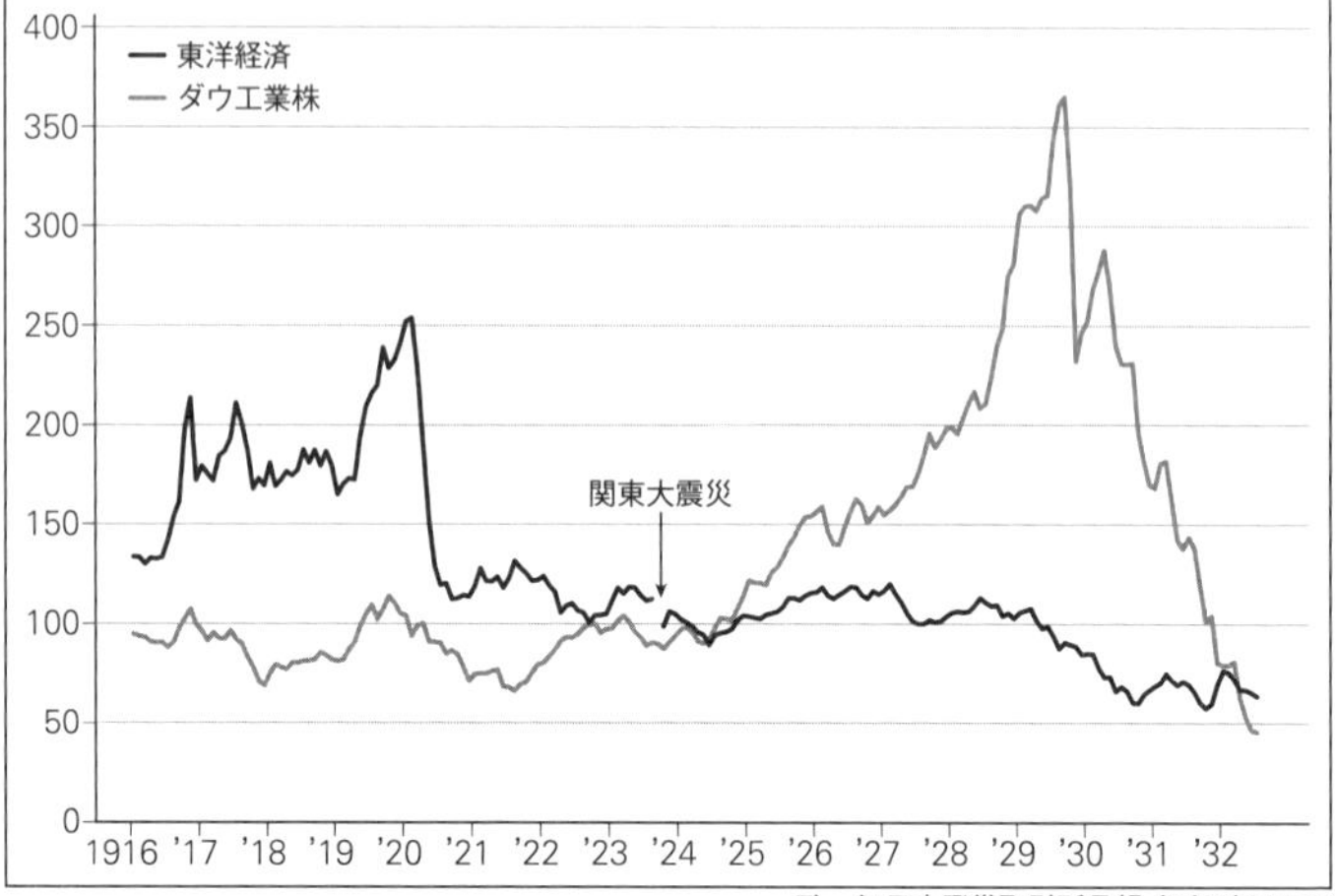

データ:日本證券取引所月報 および FRED

後の大暴落もアメリカと比べれば下落率は穏やかなものだったことでしょう。株価指数の動きを通じて窺えるこの時代の世相は、決して明るいものではなかったのだろうと思います。

五一話　戦前のドル円相場

円は一八七一年（明治四年）の新貨条例によって、金一・五グラムを一円と定めました。この時に金で換算すると、一ドルは約一・〇〇三円でした。これではいかにも円をドルに合わせたように思ってしまいますが、歴史学者東野治之氏著の『貨幣の日本史』（朝日選書）によれば、幕末によく流通していた万延二分金（一両の半分）の金換算の延長であって、その一両分が一円ではないかと指摘しています。その後貿易通貨として使われたのは、この時に発行された一円銀貨でした。これは二一話の「ドルの起源」のメキシコ・ドルというコインに合わせたもので、八二年に日本銀行が設立されて兌換紙幣が発行されましたが、兌換の対象はこの一円銀貨でした。つまり日本は、新貨条例で金を基準に円を決めたにもかかわらず、金銀複本位制の形を取り、実質は銀本位だったことになります。一九世紀末にかけて先進各国の金本位制採用により金銀比価が拡大（金が高くなる）しましたが、九七年に日本が日清戦争の賠償金をもとに、あらためて金本位制を採用する頃には銀の金に対する価値は、新貨条例当時の約半分にまで低下していたのです。従って為替レートは、そのまま当時の相場である、一ドル約二円で固定されることになったのです。

その後の日本は日露戦争を経て、第一次世界大戦では各国にならい、金本位制を一時停止しました。戦時に各国が金本位制を停止したのは、戦争中に通貨の発行量と金とをリンクさせていては充分な軍資金を供給できないからです。

アメリカが、戦後すぐの一九一九年に金本位制に復帰すると、各国も復帰を目指します。日本も終戦後すぐに復帰を目論みましたが、一九二三年の関東大震災、それに続く銀行問題に端を発する昭和金融恐慌により、すっかり復帰が遅れてしまいました。

日本にとっての金本位制復帰による為替レートの安定は、先進国の一員としてのプライド（金本位心性）とともに、今となっては乱暴な話ですが、経済の足を引っ張る質の悪い会社（現代でいうゾンビ企業）は淘汰されるべきであるとの「清算主義」的な考えから、金本位制復帰は金融恐慌以降の諸問題を解決する万能薬だと考えられていたのです。当時の金本位制復帰に対する賛否は二分されていましたが、井上準之助大蔵大臣のこれにかける想いは格別に強く、大衆もマスコミもこれを推しました。[24]

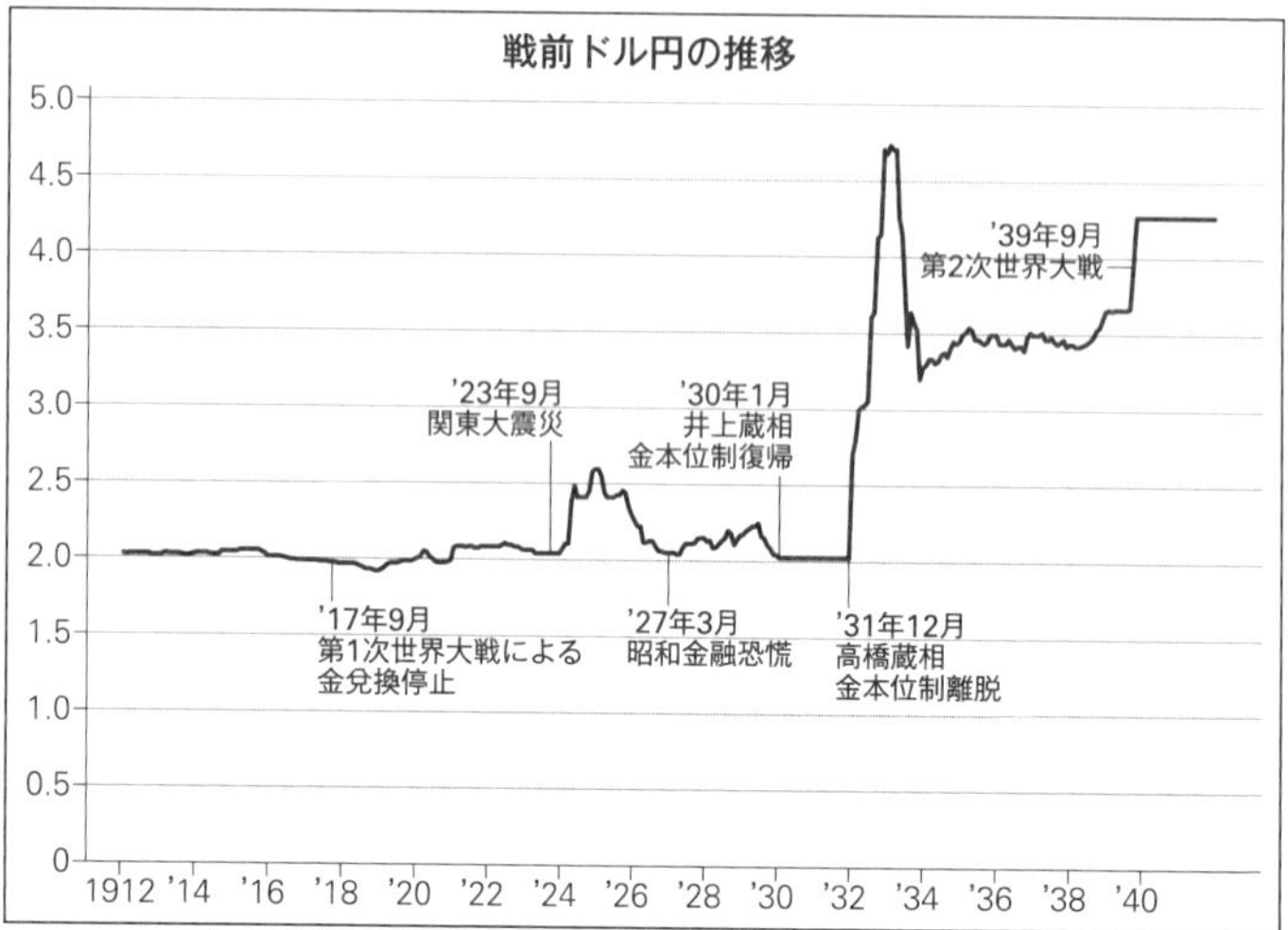

データ:日本銀行金融研究所統計 外国為替相場・横浜正金銀行建電信売（1912-1941年）

しかし多くの国が金兌換を停止している中で、日本にすれば実力より少し背伸びした（円高の）一ドル二円での金本位制復帰は、ニューヨーク大暴落直後ということもあり、事後的に見れば無茶な話でした。この結果、為替の投機家から見れば、円とリンクした日本の金が割安になり、幕末に続いて再び大量の金が世界に放出されることになったのです。三〇、三一年には、二〇〇〇万枚近い金貨が発行されましたが、そのほとんどが海外に流出して鋳直されてしまった為に、現在残されているものには希少価値から相当なプレミアムがついています。

この約二年後に、高橋是清蔵相によって日本は再び金本位制を離脱（金輸出禁止）しました。この時に一九三一年一二月の一ドル二・〇二五円が、三三年一月には四・七三四円にまで、急激な円安となりました。日銀引き受けを含む高橋の積極財政による景気回復が、最近は特に注目されますが、当時の急激な円安はグラフのとおりです。海外からは、円安を利用した近隣窮乏策による日本の輸出攻勢であると映りました。この急激な為替の上下の後、円は一ドル三・五円前後で推移し、日本は第二次世界大戦へと突入していったのです。

第二次世界大戦開戦前の米国政府の日米外交関連公文書は、終戦の翌年には大部分が機密扱いを解かれましたが、金融経済に関する記録は一九九六年まで閲覧できないものがありました。また当時のFRB「外国政府の評価に関する活動」に関連する記録も、同時期の九六年に機密が解かれました。アメリカは日露戦争後に満州の門戸開放を渋る日本に対して、対日開戦に備える対日戦略「オレンジ・プラン」を策定しましたが、その中には金融封鎖に関する作戦もふくまれていました。歴史家エドワード・ミラー著の『日本経済を殲滅せよ』（新潮社）には、こうした資料をもとに開戦前の日本の金準備の状況が分析されています。

日本は資源の無い国であり、戦争のためには多くの資源を輸入する必要がありました。そして輸入には基軸通貨であるドル＝ゴールドが必要だったのです。この本によれば、当時の日本のドルでの収入はそのほとんどが女性用ストッキング用の対米絹輸出（外貨を必要とする原材料の輸入がない）によって稼がれており、それも三九年のナイロン・ストッキングの発明によって、いずれは無くなる運命であったことなどが仔細に分析されています。

しかしいずれにせよ、アメリカとしては細かく輸出禁止の品目を決めなくとも、日本の在米ドル資産を封鎖し、決済通貨であるドルの入手を困難にした時点で、日本はいくら金を所有していても何も買えなくなってしまったのです。金融封鎖後の四一年七月以降の正式なドル円の為替市場はなくなり、直後の上海あたりの闇市場では一ドルは八円から九円だったそうです。

五二話　第二次世界大戦と東京株式市場

日本が円紙幣の金兌換を停止しても、外国への輸入代金支払には、金に裏付けられた通貨であるドルが必要であることに変わりはありませんでした。アメリカは一九三四年に、金一オンス二〇・六七ドルから三五ドルへとドルの実質切り下げを行うと、その後は戦後の一九七一年にニクソン大統領がドルの金兌換を停止するまで、基軸通貨ドルとしてこのレートが守られ、使われました。

三六年に二・二六事件によって高橋蔵相が暗殺されると、日本は軍事予算を拡大し、翌年には盧溝橋事件によって日中戦争に突入していきます。日中戦争の遂行には原油や鉄鉱石などの一次資源が必要でしたし、高度な工作機械などは、日本が欧米に技術的にキャッチアップできていない分野でした。これらの輸入には基軸通貨であるドルの確保が必須でした。

戦中の金属類回収令では、お寺の鐘やマンホール、はては台所の流し台までが供出させられ、全国のケーブル・カーなどは不要不急なものとして廃線となりレールが供出されました。こうして集めたくず鉄で、軍艦を造ろうというのでした。

これに対してあまり知られてはいませんが、金献納運動といって、新聞社などの主導で三七年頃から国民による硬貨、指輪、時計、宝石などの自主的な供出が始まりました。三九年六月の

「内外商業新報」では、各国民の金保有状況に関する国勢調査が行われたことに対する社説が掲載されています。

これらはただではなく、一定価格の円で対価が支払われました。国にとって必要なものは、ドルと交換可能な金であり、一方で円の紙幣は刷ればよかったからです。イギリスでも一九四一年に、米国の武器貸与法が成立し、無償で援助を得られるようになるまでは、アメリカからの輸入品に対してドルがどうしても必要だったので、国内のドル建て証券保有者から政府がポンド建てで証券を購入し、それをアメリカで売却し、ドルに替えていました。日本と似たようなことをしています。

日本は、石油やくず鉄、希少金属を含む戦略物資のほとんどをアメリカから購入していたために、常識的にはアメリカとの戦争は考えられませんでした。

しかし盟友ナチス・ドイツが、ヨーロッパでのアウタルキー（自給自足経済・自存自衛の基礎）を実現しつつある状況から影響を受け、日本はインドネシアの原油や中国大陸を含む東亜全域にわたる大日本帝国独自のアウタルキー確立を目指すことになりました。しかしそうした動き自体が、今度はアメリカによる経済制裁を誘発し、日本としてはさらにアウタルキー確立に向かわざるを得なくなるという循環に陥り、最終的には戦争に至ったのでした。一九四一年七月、日本の南部仏印進駐に応じて、アメリカは日本の在米金融資産を凍結しました。

ニューヨーク外為市場から円は消え、連銀は日本に対する金とドル交換の窓口を閉ざしました。日本はたとえ金を持っていても、ドルとは交換できず、石油など戦略物資の購入は決済が不可能

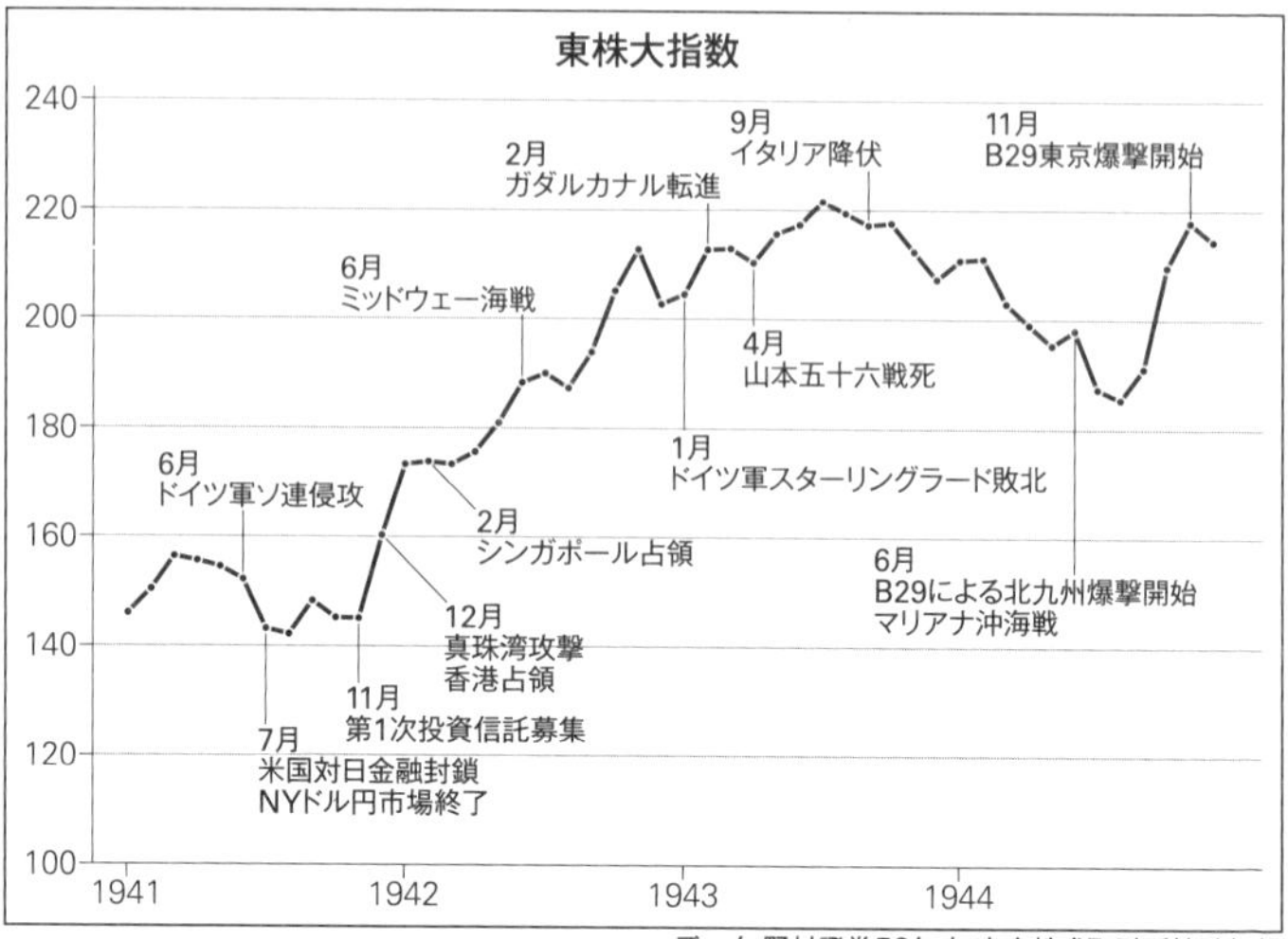

データ:野村證券50年史 東京株式取引所統計年報

となったのです。日本の大蔵大臣は、ドル建て外債のドルによる債務利払い継続を発表しましたが、日本帝国外債は買い手がつかず、額面の二〇〜三〇％に低落してしまいました。日本は金銭での交易が出来なくなった以上、米英に対して大きく譲歩するか、あるいは略奪以外に国家存亡の道は残されていなかったのです。

東京株式市場は、開戦初頭の真珠湾攻撃、香港、シンガポール占領に応じて上昇基調となりました。あまりの株価の騰勢に株価騰貴抑制策まで出され、信用買いを抑えるために証拠金率の引き上げまでが行われたほどでした。

二月にはパレンバン空挺作戦によってスマトラ島の油田地帯をほぼ無傷で確保すると、形だけはアウタルキーが成立したようにも見えたのです。好調な戦争の滑り出しに、兜町の中にはニューヨークやロンドンのように東京市場が大東亜共栄圏の金融の中心地として繁栄を謳歌すると、真剣に考え始める者も出てきました。また、気の早い連中の内には、どうせ近いうちに占領するのだろうと、オーストラリアへの移住を考える人までいたそうです。しかし、現実の戦いが優位に進展したのはほんの半年ほどで、四二年六月のミッドウェー海戦の敗北以降、海軍は完全に守勢にまわりました。ですが、不利な戦況は国民には知らされなかったために、株式市場は四二年一二月に日本証券取引所法案の要綱が発表されるまで、上昇を続けたのでした。

四三年に公布された日本証券取引所法とは、金融市場の統制強化を目的に、全国取引所を国有化する法律でした。このため、日本証券市場開闢以来の代表銘柄であり、兜町の象徴であった取引所の東株は、兜町の人たちに惜しまれながら上場廃止となってしまいました。

長谷川光太郎氏の『兜町盛衰記』（図書出版社）によれば、このころから兜町の人間は大本営発表のニュースを信用しなくなったそうです。四三年に、政府は商工省と企画院を統合して軍需省を設置、民間会社に対しては「軍需会社法」が制定され、重要産業を「軍需会社」に指定し、企業代表者には公務員の資格を与えました。従業員は徴用扱いとなり、法的に勝手に会社を辞めたりはできなくなってしまったのです。

統計学者の有沢広巳氏監修の『日本証券史』（日本経済新聞社）では、戦争を機に証券行政が商工省から大蔵省に還ったことをエピソードとして扱っています。明治七年の株式取引条例では、所管は大蔵省でしたが、その後は農商務省、商工省に移され、第二次世界大戦を契機に保険行政とともに大蔵省に里帰りしました。常に賭博行為と隣合わせで、何かと胡散臭い証券取引所改革は行政にとって、長い間の懸案であり、実現を喜ぶ者もいました。しかし、これまでの世界の歴史で見てきたように、証券取引所は自由なところでしか発展しません。また証券会社は戦時中に合併統合を繰り返し、戦後の四社体制はこの時に形作られました。戦後の体制の中には戦時体制を引きずるものが多いのですが、山一證券が倒産するまでの証券業も同様だったのです。

株価のチャートを見るならば、日本の都市と工業地帯が空襲で焼け野原となり、若者が根こそぎ戦争に総動員される中でも、株価だけは何故か堅調に推移していました。もちろん経済統制で円では何も買えなかったのだから、これはまさしく絵に画いた餅でしかありませんでしたが。

五三話　戦前の投資信託の話

桂米朝の上方落語「持参金」のまくらには、日中戦争の頃の逸話があります。「昭和の一三年、一四年といえば政府がどんどんお札を刷りましたからな」から始まるその噺では、当時は経験を積んだ職人でさえ八五円、九〇円と、なかなか月給が一〇〇円に届かなかったそうで。長屋の住人などは生まれてこのかた一〇〇円札という大金を見たことが無かった。ところが若い息子が動員で工場にいくとボーナスが出て一〇〇円札を貰って帰ってきたという筋です。職人夫婦が感激していると、そこは薄壁一枚の長屋、聞きつけた隣の婆さんがお数珠を持ってお札を拝観にくる。誰それに見せたいと渡したところ、長屋中を回覧でまわしまわされて、戻った一〇〇円札の裏には「見ましたよ」とハンコがたくさん押してあった。「回覧板やないねんからね」というオチです。この噺を聞いている限りでは、戦争中は物が無かっただけで、お金は結構あったようです。もっともこの「持参金」という噺、お金だけはぐるぐるとまわりますが、決して景気の良い噺ではありません。

少々教科書めいてしまいますが、投資信託の起源は一八六八年にイギリスで作られた「Foreign and Colonial Government Trust」が有力だとされています。このファンドはイギリス国外、および植民地に対する投資を目的として、それまで大金持ちが占有していた海外投資への機会を、一般の人が少額の資金で分散投資をできるようにと考えられていました。このファンドは、現在もロンドン市場で取り引きされています。

また一八七三年のロバート・フレミングによる「Scottish American Investment Trust」は、現代の投信の礎とされ、銀行を受託者として資産保全を第三者に委ねることにより運用者による不正が発生しにくい仕組みを作りだしました。株の売り買いをする人が資金を預からない仕組みであり、資産残高は他の信用できる人に計算してもらうのです。最近発生した巨額な証券にかかわるスキャンダルである、アメリカのマドフ事件（二〇〇八年）や日本のＡＩＪ事件（二〇一二年）など、資産運用にまつわる詐欺では、こうした基本的な部分がないがしろにされていました。アメリカでは一九二一年に、「International Securities Trust of America」が会社型投信として設立されましたが、この特徴は投資信託自体を株式会社に見立て、会社情報が開示され売買されやすいようにしたものです。

第二次世界大戦を記述しているこの時代に、投資信託の話をはじめるのは、日本の投資信託の誕生が戦争に大きくかかわっていたからです。日本においても、大正中期頃から投資信託に類似した仕組みの金融商品は何度か試みられましたが、一九三七年の藤本ビルブローカー（現大和証券）による藤本有価証券投資組合が日本の投資信託の嚆矢とされています。設立趣旨には「英国ユニットトラストに範をとり、我国情に適応するよう考案した証券投資の新しい仕組みで、我が国に於いて創めてのこころみ」とあります。形態としては民法上の組合であり、運用資産を預かる信託銀行が関わっていませんでした。そのため後に信託業界側から信託類似行為であるとの反対を受けて、わずか三年で大蔵省から新規募集の中止を命ぜられることになりました。この投信は商法や信託法に根拠法もなく、監督機関も無かったことが問題とされたのでしょう。またこの当時、証券取引所や証券会社は商工省の管轄であり、信託会社は大蔵省の管轄であったことも影響をおよぼしたと考えられます。

大蔵省としては藤本の新規募集停止とともに、今後は信託会社の事務処理の範囲内での投信設立の枠組みを示しました。信託会社は業界として独自に投資信託の商品化を模索しましたが、一方で藤本ビルブローカーや山一證券など、証券業界サイドでも検討が加えられていました。しかしながら、そうこうしている内にいよいよ時局が逼迫し、米英との開戦が差し迫ると国債や低迷する株式を買い上げる装置が必要となってきたのです。投資家からではなく、お国の方からの強いニーズがありました。

こうした中で、当局はグループ内に信託会社を持っていた野村證券に許可を与えました。開戦二〇日前の一九四一年（昭和一六年）一一月一九日に、「野村の投資信託」の第一次募集がなされたのです。

「大東亜共栄圏への発展を目指す――理想的投資『野村の投資信託』」がキャッチ・フレーズでした。『野村證券株式会社五十年史』には、企画段階で「償還時に当初元本に損害が生じた場合は損失額の二割を補償する」という特約が問題になったが、家長野村徳七の決断でゴーサインが出たと書いてあります。そのかわりに利益が生じた時は、野村が利益の一割を得る、現在のヘッジ・ファンドのような運用者の利益参加型の投信でした。

この投信は償還期間三年と五年の二種類で、第一回から六回まで販売されましたが、募集は非常に盛況でした。国民には買う物が無かっただけで、桂米朝師匠の落語のようにお金はあったのでしょう。競合他社の山一、小池、藤本、川島屋（現日興）、共同は、四二年八月になって野村に追随して投信の募集をしましたが、これらの販売も好調でした。

投資信託の販売は終戦の年の四五年に入ってさえも行われ、東京大空襲のあった三月、四月、五月あたりでも新規設定販売が行われていました。町内会で購入分を割り当てたりもしたようです。売れなくなったのは六月に入ってからで、終戦前の設定ユニット数は一三五、設定総額五億八八五〇万円、投資家は延べ一五六万人で戦争中の債券や株式を買い支える結果となりました。

野村證券の場合、終戦前に償還されたのは一本のみで、これは名目値ではプラスの償還でした。残ったファンドは戦後の混乱期に償還が延期され、激しいインフレ期の昭和二四年から二五年にかけて、元本前後の価格でそれぞれ償還が行われました。一三五万人もの投資信託の投資家をつくりながら、使えないお金の末路はやはり使えなかったのでしょうか。戦前の投資信託の話はあまり知られていません。

五四話　焼け跡の二つの株式ブーム

『兜町盛衰記』によると、戦争当時の証券業は、世間からはあまりまともな産業とは思われていなかったそうで、さらに兜町では四〇歳過ぎの予備役少尉にまで召集がくるなど、男はどんどん兵隊にとられて、年寄りと女子社員ばかりになってしまっていたようです。取引所と店を往復するメッセンジャー・ボーイも六〇歳過ぎの老人が多くなり、目先の利いた経営者は証券業だけでは何かと心細いので、鉱山開発や軍事物資生産の副業の看板をかかげる者もいたほどでした。

一九四五年（昭和二〇年）に入ると、東京の空襲も激しさを増すと同時に、相場も休みがちになり、やがて東京株式取引所は八月九日を最後に一旦閉鎖となりました。

しかし戦争さえ終われば、兜町は世間よりもよほど切りかえが速かったようです。一五日の終戦をはさんで二八日には閉鎖前の九日までの受け渡し未了の精算をして、一旦区切りをつけました。そしてその後は、すぐに業者間で株の店頭取引が始められました。

人気は戦時中の軍需株に代わり、さっそく平和の象徴である映画株や百貨店株が買われました。訳知り顔で平和産業の相場観を披瀝する人もいたはずで、兜町の活力を感じさせられます。関係者は九月二六日には大蔵省と相談の上で、一〇月一日の東京株式取引所再開を決めましたが、さすがにこれはＧＨＱが認めませんでした。ＧＨＱでは先物取引が主流だった日本の株式市場をあまりにも投機的であると考えて、昔のまま再開させるつもりは無かったのです。仕方が無いので業者たちは取引所の再開をとりあえず諦めて、最初は道端などで商いをしていましたが、次第に取引所横に現存する日證会館の一階や二階で、相対の店頭取引や集団取引を継続していったのです。

四六年二月一七日には、「経済危機緊急対策」の一環として「金融緊急措置令」が発令されました。これは「新円切り替え」とか「預金封鎖」と呼ばれるもので、小泉政権の頃に、財政赤字解消のために再び行われるのではないかと話題になったこともあります。もちろんこの手の話の現実味はともかく、今の日本政府の債務状況からは、近いうちに再び話題になる可能性もあるでしょう。

「金融緊急措置令」は当時の一〇円（当初、五円）以上の日本銀行券（旧円）を三月二日以降は失効させるというもので、それを回避するためには現金を銀行に預金しなければいけませんでした。さもなければ手元にある銀行券は無価値になってしまうのです。預金後は生活分として毎月定められた金額だけが「新円」の現金で引き出し可能というもので、政府としては国民の預金を封鎖した上で、そこから財産税を徴収して、戦中に膨らみきった国家債務の返済にあてようと目論んだのです。また同時に、既発の日銀券を発券量の制限された新円に切り替えることによって、通貨膨張を抑えインフレの芽をつむ目的もありました。しかしながら新しいお札の印刷が間に合わなかったので、とりあえず旧円の紙幣にスタンプを貼ることで対処したのでした。

「旧円」失効前の闇市では「旧円」、「新円」と、二つの物価が形成されました。進駐軍の兵士には「新円」切り替え金額に制限が無い等、この法律は当初から〝抜け穴〟がいくつかありました[25]。一方で現金はみな預金されてしまうために、株式市場は閑散を極めたので、陳情の末に、その対策として二月二三日に「大蔵省告示三五号」が出ます。この結果、株式は許可制ながら、預金口座から預金を引き出して買える特例が認められました。因みに取引所は前述のように閉鎖されたままで、店頭取引だけでしたが、陳情が功を奏するほど、それで商売をしている人がたくさんいたということです。

世間では「新円」の引き出しは厳しく制限されていましたが、株を買って売却すれば簡単に「新円」の現金を手にすることが出来たのです。いわば合法的なマネーロンダリング（資金洗浄）で、特に新規公募株は総括認可制といって、既存銘柄個別の許可よりも手続きが簡単だったせいもあり、人気を呼んだのだそうです。

五月一五日の新日本興行株を筆頭に、食品、鉄道、興業百貨店株などが資金調達をしました。これが、戦後の一つ目の株式のブームです。取引所もない焼け跡で、株式公募が賑わったのでした。しかしこの一つ目のブームは、目的が投資そのものではなく「新円」を獲得するために買って売るだけのものなので、この間、指数自体はあまり上昇しませんでした。しかし、この特例が廃止される八月一〇日まで、株式の商い自体は大きく盛り上がったのです。また預金からの「旧円」による買い付けと現金による「新円」の買い付けでは、異なる価格が形成されていたそうです。

データ:東京証券業協会10年史

この特例は不動産購入にも適用されたし、なまじ銀行間オンラインも無い時代ですから、複数の銀行に口座を持てば預金引き出し額の規制は困難だったということです。

真面目な国民が焼け跡の中で、さらに戦争債務のツケを払わされる一方で、闇屋では引き出し制限の何十倍にも相当する新円の分厚い札束を手に持って、買い物をする成金の姿も見られたそうです。後の結果論で言えば、投資には不動産を買えばよかったのでしょうが、何人がこのことを知っていたことか。

最初のブームの後は、「企業再建整備法」や「経済力集中排除法案」など、各企業が整理の過程にあったことや労働運動が激化したことから、しばらくは株式に人気が戻りませんでした。しかし四七年末からの証券民主化運動（財閥放出株式などの一般投資家への浸透販売努力）や、インフレの亢進から市場は反騰に転じました。

戦中に、企業の配当を抑制し株主の利益よりもお国のために生産量の増大を目指す趣旨で施行された「会社配当等禁止制限令」などの廃止があり、株の商いはインフレと共に徐々に盛り上がっていったのです。インフレ対策で株を買う人も多かったでしょう。四九年に入ると、GHQによる取引所再開の発表やドッジ声明による経済安定化機運により、株式は二回目のブームを迎えたのでした。そうです、「取引所もないのに」です。

第一三章　戦後からニクソン・ショックまで

五五話　第二次世界大戦とニューヨーク市場

アメリカでは、一九三〇年代の大恐慌と長く続く不況のために、過剰なバブルを招いた自由放任主義への反省からも、経済に対する政府関与が深まっていきました。これはアメリカに限らず、各国に経済的なナショナリズムが発生しました。互いに保護主義に走りブロック経済を構築し、不況を長引かせる結果になったと考えられています。何が不況をもたらしたのか、大恐慌とその後の不況の分析は経済史の世界では最も注目される研究対象となり、今でも議論がみられます。貨幣的要因にあったと捉える見方、[26] もしくは金本位制の持つ不況レジームに注目したものと様々です。[27] 経済史家ロンド・キャメロンは、原因はひとつではなく、事件と状況の不運な連鎖と指摘しつつ、イギリスからアメリカへの覇権の移動があったにもかかわらず、アメリカがリーダーシップに消極的であったことをあげています。[28]

英仏はヒトラーの脅威が増す中で、一九三八年のミュンヘン協定において「これ以上の領土的要求は行わない」という約束でチェコのズデーテン地方の帰属をドイツに託しました。これは第一次世界大戦に懲りた英仏の戦争回避のための融和策でしたが、ウィンストン・チャーチルは、ヒトラーに弱腰を見透かされることになり、結果として後の第二次世界大戦の原因の一つとなったと厳しく指摘しています。当時の自由主義経済圏に対する脅威は、ドイツだけではなく共産主義のソ連の台頭もありました。また彼らから見れば、極東でアウタルキー確立のため領土的野心に燃える日本も、国家社会主義的な動きを強め、ドイツと接近する、不穏分子と映っていました。

国土が焦土と化した我々日本人からみると意外ですが、アメリカの金融史では大恐慌の影響もあり、第二次世界大戦の記述はあまり多くありません。もちろん不況脱出のきっかけとしての役割や戦時体制の分析はありますが、この時期の研究者の記述では、後に「独占委員会」と呼ばれる「暫定全国経済委員会（TNEC）」が大きなイシューとなっているぐらいです。「独占委員会」が何故注目されたかというと、それはグラス・スティーガルで分離されたモルガン銀行とモルガン・スタンレー証券が、結局は裏で連携して、ほとんどの引受案件を独占しているのではないかとの疑惑が生まれ、制定されたものでした。そしてモルガン銀行がモルガン・スタンレー証券の優先株を売却して、両者の関係が断ち切られたのは、ちょうど日本が真珠湾に奇襲をかけている頃でした。

アメリカの第二次世界大戦の戦費は三四一〇億ドルで第一次世界大戦の時の一〇倍でした。金融史上での記述は軽くとも経済史の上ではとてつもなく重い数字であり、米国民には厳しい経済統制と重税がのしかかりました。アメリカはハワイなど一部を除いて国土が戦場にならなかったこともあり、戦争景気によって失業問題が解消し、女性の労働参加率があがり、賃金が上昇しました。しかし日常品には配給制度があったし、統制経済によって自動車や家電は生産制限され、国民には稼いだお金の支出先が無かったのです。そのためこうした余剰資金は、日本と同じように貯蓄や戦時国債の購入に向かいました。経済成長とインフレにもかかわらず、消費者ローンは一九四〇年の八三億ドルから四五年には五七億ドルへ減少し、一方で貯蓄性の生命保険は一一五五億ドルから一五一八億ドルに増加しています。

国債は七回におよぶ戦時の国債募集運動を通じて、一八五〇億ドルが売りに出されました。当時の日本の投資信託の残りが五億円だったことと比べてみれば、彼我の差は歴然です。アメリカの戦記映画、クリント・イーストウッド監督の『父親たちの星条旗』や欧州の戦略爆撃をテーマにした『メンフィス・ベル』などでは、前線から満期除隊した英雄が国債募集キャンペーンで全米ツアーを行なっている設定があります。

アメリカは、日本が参戦する直前の四一年夏には、既に日本の在米金融資産を凍結しドル決済を封じ込んでいました。その年の一二月に日本は参戦しましたが、間もなく同盟国ドイツのソ連での快進撃は停滞を始めてしまいます。

日本海軍も翌年六月のミッドウェーで大敗すると、その後は積極的な攻勢は影をひそめ、開戦

データ:Federal Reserve Bank of St. Louis

半年で早くも守勢に入ってしまいました。ニューヨーク・ダウは、四〇年五月のヒトラーによるベネルクス三国、フランス侵攻以来下落を続けていましたが、四二年の四月に底を打つと、その後は調整を交えながらも、終戦にむけて一方的に上昇を続けました。

もしも株価が将来を予見しているとするならば、日本がアメリカの株式市場に脅威を与えたのは開戦後すぐの四ヶ月間だけでした。ミッドウェー海戦の始まる前、珊瑚海海戦の頃に、アメリカの金融市場はすでに枢軸国側の敗戦を予見していたことになります。ウォール街は出征兵士も多く出しました。株価は上昇するものの商いは閑散が続き、女性のパートタイマーばかりが目立つようになっていたそうです。優勢劣勢の差はあれども、風景は兜町と同じようなものだったのでしょうか。

終戦の四五年のGDPは「狂騒の二〇年代」の倍に、また税引前法人利益は二九年の二・五倍にもなっていましたが、四五年末のダウは一九二・九一ポイントで、大暴落直前の高値三八一・一七ポイントの約半分でしかありませんでした。アメリカの個人は消費者ローンを返済し、国債を買い、貯蓄を作りました。終戦直後の金融環境は、いかにも株式市場になだれ込みそうにも見えたのですが、大暴落時の記憶に残る株式市場への不信感や、戦後すぐに発生したソ連による共産主義台頭への不安感、また労働運動の盛り上がりから、しばらくアメリカ国民は株式投資に積極的になれなかったのでした。

五六話　ブレトン・ウッズ協定とGATT

私の手元に『月へ行く鉄道（The Railway to the Moon）』という、ニューハンプシャー州の土産物屋で買ったビデオテープがあります。この手の土産物のビデオにしては珍しく、実は何度か繰り返して見ています。シルベスター・マーシュという男が一八五七年にニューハンプシャー州議会に対して鉄道の敷設許可を求めたシーンから、ビデオは始まります。提案を聞いた議員たちはマーシュを狂人だと決めつけて、馬鹿馬鹿しさに州議会は爆笑の渦に包まれました。マーシュは標高一九一七メートルのマウント・ワシントン山頂まで蒸気機関車を登らせようとしたのです。ケーブル・カーやロープ・ウェーではありません、当時は電車も電源すら未だありませんでした。

このマーシュが開通に尽力する鉄道の所在地が、後に通貨会議で有名になるブレトン・ウッズです。戦争も未だ終結しない一九四四年七月に、四四カ国からなる連合国通貨金融会議が、山麓のマウント・ワシントン・ホテルで開催されました。代表たちは、ワシントンやニューヨークか

マーシュが開通に尽力したブレトン・ウッズの登山鉄道

ら特別列車を仕立ててホテルに到着しました。

この会議は、一九三〇年代の大恐慌とそれを長引かせた経済のブロック化への反省と、第二次世界大戦で疲弊した世界経済を回復し安定させる目的がありました。具体的には自由な世界貿易体制の構築を目的とし、そのために為替相場の安定がテーマとなったのです。

イギリスからはケインズが代表となり、アメリカからはニューディーラーで、後にソ連のスパイの嫌疑がかけられてしまうハリー・デクスター・ホワイトが出席しました。ケインズはここで（実際には準備会議で）「バンコール」という、通貨当局間だけで使用する国際決済手段としての新しい通貨を提案しましたが、会議の主導権は世界大戦を経て各国に債権を持つアメリカの手にありました。アメリカはもともと金一オンス＝二〇・六七ドルを一九三四年の金準備法によって三五ドルへとドル価値を切り下げていましたが、戦後の各国通貨はドルとの交換比率を固定化することによって間接的に金本位制を採用することになったのです。この金融財政会議で結ばれた協定がブレトン・ウッズ協定で、これと同時に、現在も様々な場面で活躍する国際通貨基金（IMF）と、後に世界銀行となる国際復興開発銀行（IBR

D）の設立も決められました。

第一次世界大戦以前の安定した金本位制の下では、各国通貨それぞれが金と連動し兌換が可能でしたが、ブレトン・ウッズ体制下では金と交換可能な通貨はドルのみとなったために、「金ドル本位制」とも呼ばれるのです。

ブレトン・ウッズ会議は戦争中に開催されたので、枢軸国の日本はもちろん会議に招待されていませんが、この体制の中で日本円は四九年に一ドル三六〇円と固定されます。この水準は当時の日本の実力にとっては実勢よりも高く円が設定されたことになったのですが、やがて復興に伴い、円はマルクと共に力をつけて、ドルの切り下げを迫っていくことになるのです。アメリカのドルだけがゴールドとリンクしている以上、アメリカがそのリンクを断ち切れば（兌換を停止すれば）、この世界中の通貨体制は突然終焉を迎えてしまう構造になっていました。一九七一年、実際にニクソン大統領がドルと金の兌換の停止をテレビとラジオで発表した時には、最初大統領自身、事の重要性を過小評価していました。しかし、この時、アメリカだけではなく、世界の通貨体制が崩壊したのです。大統領周辺の人間以外、米国議会でさえ、これほど大事なことを知らされていませんでした。

もうひとつ戦後を形作る重要な会議が、四七年一〇月にジュネーブで開催されました。「関税および貿易に関する一般協定（GATT）」です。ここでは四万五〇〇〇品目の二国間税率の引き下げが決められ、ここで形作られた自由貿易体制が、後の日本や西ドイツ復興の支えとなったのです。

登山鉄道開通から一五〇年が経過した現在、マウント・ワシントンの周囲に張り巡らされていた平地の通常の鉄道はほとんどが廃線となり、ブレトン・ウッズ協定による「金ドル本位制」も遠い昔の歴史の一コマとなりました。しかしマーシュの蒸気機関車だけは、今でも煙を吐きながら急坂を山頂まで登り続けているのです。

五七話　「黄金の六〇年代」と利回り革命

ジャック・レモン演じるバクスターは、ニューヨークの保険会社に勤める独身のサラリーマンです。出世欲は旺盛で上司の不倫のために自分のアパートの部屋を貸してゴマをすっていたら、自分の好きなエレベーター係の女の子（シャーリー・マクレーン）が上司の不倫の相手だったのです。ビリー・ワイルダー監督の名作『アパートの鍵貸します』が撮られた一九六〇年頃のアメリカでは、会社人間が跋扈し、日本のバブルの頃と同様にサラリーマンの上司は不倫ばかりしていました。バクスターは今でいう家畜ならぬ「社畜」でした。やけ酒で飲んだマティーニの、楊枝のついたオリーブを円形に並べるシーンは有名です。多少嫌なことがあっても、会社にしがみついていれば人生はバラ色だと信じていたのです。

ワイルダーはその翌年に、今度はジェームズ・キャグニーを主演に据えて、『ワン・ツー・スリー』というドタバタ・コメディーを撮りました。これはベルリン・コカ・コーラの超会社人間の支社長が主役でした。ベルリンの壁が出来る前に色仕掛けで共産圏にコカ・コーラを売り込もうという強引なストーリーで、家庭サービスに厳しいはずのアメリカの奥様も、モーレツ社員の夫の仕事に対してそれなりの理解を見せています。

「コカ・コーラ帝国主義」とも揶揄され、安定した通貨を背景にアメリカ製品を世界中に販売しまくったこの時代は、バブル期の日本と何かと共通点が多いのです。

第二次世界大戦後のアメリカ株式市場は、戦後のインフレ懸念からしばらくはもたついた展開となりましたが、一九五三年に五期も続いた民主党政権が終わり、アイゼンハワーが第三四代大統領になると、ダウ平均でいうならば、二五〇ポイント近辺の水準から一九六六年二月九日の九九五・一五ポイントまで、約一五年間にわたってブルマーケット（上昇相場）が続くことになりました。ベルリン・コカ・コーラのように、ブレトン・ウッズ体制下で覇権通貨となったドルを背景に、アメリカの企業は世界中に展開していったのです。「狂騒の二〇年代」に対して「黄金の六〇年代（シクスティーズ）」と呼ばれる時代です。

戦時中の国債販売促進によって拡大した、証券保有者層の行き場の無かった貯蓄が、テレビや宇宙開発など新しいテクノロジーの登場とともに株式市場に雪崩れ込む事になりました。ポリオワクチン、冷凍食品、プラスチック・レコードなど、この時期には新しいテクノロジーで新商品を開発した企業は記録的な増収増益を果たしています。戦争から帰った若者は五〇年代に結婚し、郊外に家を建て、家電と車を買いました。

証券業界も積極的なマーケティングを展開しました。チャールズ・メリルの証券会社（メリル・リンチ）はアナリストを大量に採用し、顧客になる投資家には無料で調査レポートを配り始めました。また日本の投信にあたるミューチュアル・ファンド（オープン型投資信託）が大きく成長した時代でもあります。昔からアメリカの証券業界では、「ミューチュアル・ファンドは売られた（販売された）のであり、買われたのではなかった」という諺があります。投資信託は投資家から買いにきたりはしません、証券会社が売りにいくものだというセールスマンへの訓示でもあります。一九五〇年の資産残高は二五億ドルだったのが、七〇年には六〇〇億ドルになっていました。セールスマンがきれいに印刷された資料を手に、歩合制で売り歩きました。因みにメリル・リンチだけは、歩合制による強引なセールスを避けるために、固定給を採用し、それを「売り」にしていました。

一九五〇年には、GMが従業員に対して普通株式を組み入れる年金基金を提案し、その後GMを見習う企業によって八〇〇〇件の年金プランが作られました。それ以前の年金は、危険だと考えられていた株式などには投資しなかったのです。教員保険年金協会（TIAA）は株式を組み入れるために、今では先進的な投資手法ですっかり有名になった「クレフ：CREF（College Retirement Equities Fund）」を創設し、会員の株式への需要に対応することにしました。また、一九五七年には個人信託財産の三五％までを株式保有上限としていたニューヨーク州が、この限度を撤廃しました。こうして一貫して株式の個人資産への組み入れが進行する中で、派手なパフォーマンス（成績というよりは振る舞い）を売りにした「ゴーゴーファンド」が現れます。名前からして軽そうですね。そして七〇年代に入り相場が停滞した後も、ファンド・マネージャーたちが「健全」と信じたＩＢＭやゼロックスなど買われ過ぎの選ばれた五〇の銘柄群と、その他の

データ:Dr.Robert J.Shiller HP

冴えない銘柄による二重相場が現れ、「ニフティ・フィフティ相場（人気の五〇銘柄）」と呼ばれました。

この時代の出来事で、現代の株式市場にも依然として波紋を投げかける現象に「配当革命」があります。

株式は誕生以来その不確実な投資収益のために、歴史的に債券利回りよりも高い配当利回りが要求されてきました。それが、株式は長期保有によってその成長の果実を受けられるとの認識のもとに、この時代になって初めて利回りに債券との逆転現象がおきたのです。そして二〇一二年の今はといえば、今度はそれが五〇年ぶりに再び逆転しようとしているのです。長期債利回りも低下していますが、株式配当利回りも歴史的に最低水準にあります。つまり、株式の長期の成長の果実に対する確信が行くところまで行ってしまい、今は揺らぎ始めている可能性があるのです。

五八話　欧米に追いついた日本の高度経済成長

日本の朝鮮戦争特需の調整が終り、実質経済成長率が年率一〇%にもおよんだ一九五四年一二月から七〇年七月までの期間を、「高度成長期」と呼びます。神武、岩戸、いざなぎ景気の三期に分けられますが、ここでは細かく記述しません。中国の八〇年以降の成長率のイメージもこれに近いので、今でもなにかと比較したり、中国の現在の成長段階を占う尺度に使われたりします。

日本の一人あたり実質GDP値[29]をグラフで見てみましょう。縦軸は桁数が大きく違う数値を比較するために、対数値にしてあります。対数グラフの便利なところは、線の傾斜が成長率になることです。ここでは傾きが緩くなると、成長率が低下したということです。これまでの成長の経緯がわかりやすいと思います。

日本は第二次世界大戦で大きく毀損しました。戦後すぐは、アメリカの一〇分の一の水準です。その後五六年には、戦前の水準を回復し、経済白書において「もはや戦後ではない」と宣言すると、七〇年代にはイギリスにほぼ追いつきアメリカの六五%の水準まで達します。その後九〇年代にはイギリスを追い越しアメリカの八〇%の水準まで追い上げてきたのです。

この高度成長の理由は、日本人固有の頑張りと勤勉さもありますが、戦前と大きく異なる点で言えば、敗戦で軍が解体され、米軍の安全保障と平和憲法によって軍事支出が抑制されたことでしょう。またアメリカの「黄金の六〇年代」のように、他国の経済が堅調な中で、米国主導のG

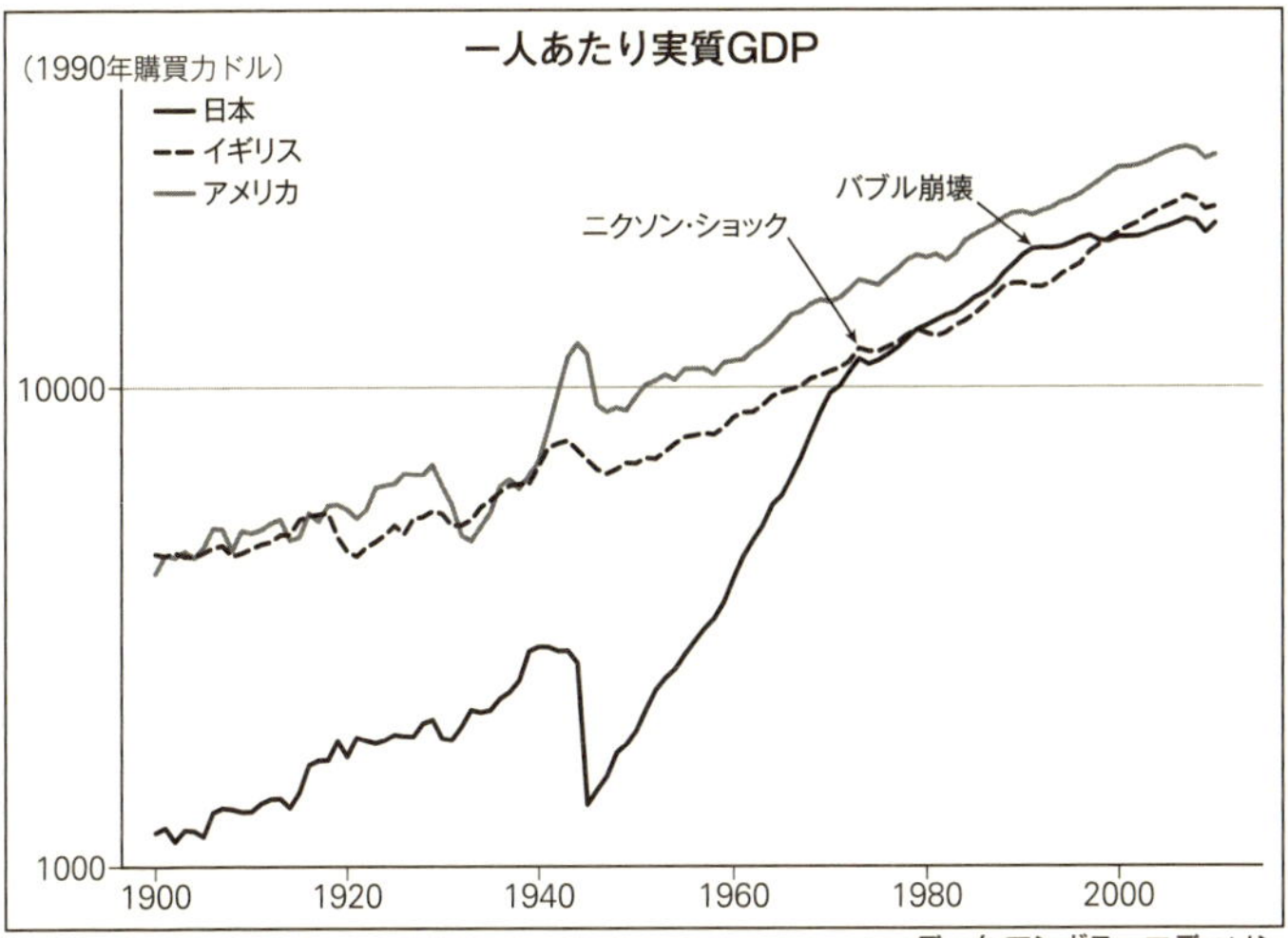

データ:アンガス・マディソン

ATT（関税および貿易に関する一般協定）による、開かれた戦後の貿易システムの存在もあります。現代から見れば、手頃なコストでの先進技術のライセンス取得は製品の模倣をしやすくしたし、ブレトン・ウッズ体制によって固定化された為替レートが、やがて日本の実力から見て円安になったために、これがあたかも輸出補助金のような役割を果たしたとも言えます。また中東から安価で安定したエネルギーの供給があったことも、大きく貢献しました。

こうしたアドバンテージが、七一年のニクソン・ショックを境に変調をきたしました。変動為替相場への移行に伴い日本は円安の優位性を失い、その後の石油ショックで安価で安定したエネルギー供給の利点が損なわれると、日本の成長率が目に見えて低下したことがグラフから読み取れます。

また見方を変えて、日本側から見た場合として『日本証券史3』（日経文庫）の孫引きになりますが、経済学者の吉川洋氏著『日本経済とマクロ経済学』（東洋経済新報社）では「農村の〝過剰人口〟が枯渇したことによる人口移動の低下、その結果としての世帯数伸び率の急速な鈍化、あるいは既存の耐久消費財の普及率が高まったことと、こうした条件変化を背景とする国内需要の低迷によって利潤率および設備投資の趨勢的低下がもたらされた」と説明されています。

このニクソン・ショックの屈折点は、ちょうどイギリスやドイツ、フランスなどヨーロッパの先進国の一人あたり実質ＧＤＰの水準でした。また、日本の場合には、どうしても輸出主導のイメージが強いのですが、五〇年代から七〇年代にかけての日本の輸出はＧＮＰの一一％程度であり、これは欧州先進国の半分の水準でした。ドル獲得のために輸出は重要でしたが、国内市場の消費財需要の伸びが成長の原動力だったのです。

最近は、フランスなど先進国の元首がＢＲＩＣｓ諸国（ブラジル、ロシア、インド、中国）などを訪問すると、経済外交に重きをおき、鉄道やプラント輸出などのセールスもしているのが目を引きます。日本はどうしているのかと国内の経済界から不満が出たりしますが、こうした動きは元来日本のお家芸だと思われていたようです。戦後は占領軍が戦前の統治体制をそのまま利用したこともあって、戦時体制の延長で大蔵省が産業界への資本投下を調整し、通商産業省が民間企業の事業計画に介入しました。法律でもない「行政指導」は「日本株式会社」とともに海外で有名になりましたが、一定の役割は評価されています。歴史家アンドルー・ゴードン著の大学生用現代日本史のテキスト『日本の２００年』（みすず書房）には、こうした動きに対して外国からは羨望と軽蔑が浴びせられたと、書いてあります。「一九六二年にフランスを公式訪問した当時の池田勇人首相が、シャルル・ドゴール大統領に『あのトランジスターのセールスマン』と揶揄された事件があった」ことを、事例としてとりあげています。

資本主義を標榜しながら国家が資産配分を統制していた姿は、他国から見れば現代の中国に重なったのかもしれません。そうした一方で、ゴードンのテキストには、官僚たちの警告に逆らった若い経営者たちによって成功した会社の例がいくつか挙げられています。本田やソニー、当時の五〇代半ばの西山弥太郎が若いかどうかは異論もあるでしょうが、川崎製鉄などです。

日本は八〇年代に一人あたり実質GDPでイギリスに追いつくと、バブル経済の中でアメリカの水準に迫り出します。しかしながら、グラフでは一見順風満帆そうに見える日本の「高度成長期」にも、証券恐慌が発生していました。

五九話　戦後の投資信託の盛衰と証券恐慌

戦前に発売した投資信託は、一九五〇年（昭和二五年）五月末には、すべて償還を終えました。しかし四九年五月に再開した株式市場は、再開に向けての期待感からの買われ過ぎや財閥解体に伴う放出株の影響で、最初の一年だけで約四〇%も下落してしまいました。そこで新たな株式の買い手として、官民協調の上で投資信託の復活が図られました。五一年六月に「証券投資信託法」が成立し、野村、日興、大和、山一の四社によって戦後の新たな株式投信の募集が開始されます。当初は年間三〇億円ほど集まればとの控えめな目論見だったのですが、開けてみれば最初の一ヶ月で三三億円も集まり、初年度は予想を大きく上回る合計一三三億円に達しました。

戦後の新しい投信の資産構成は、株式が八七・七％、公社債〇・六％、その他一一・七％と、ほとんどが株式であって、この予想を上回る買い物が株式市場に流入し、日経平均はこの月から五三年一月までの一年半の間に三・五倍ほど上昇したので、それを受けて投信はさらに人気を呼ぶという循環に入りました。

五一年発売で二年償還の投信二六本の中で最高のものは二・六倍になり、最低でも六〇％の償還益と年率一二・五％の収益分配金があったのです。因みに収益分配金は配当利息収入のみを原資としていました。

当時は投信の受託会社（資産を預かり管理する）こそ信託銀行でしたが、委託会社（資産を運用する）は今のように投信会社ではなく証券会社が担当していました。ＧＨＱも反対したのですが、別会社をつくると信託報酬が高くなるとの理由で、野村證券の奥村社長がＧＨＱにお百度参りして押し切ったのだそうです。投資信託委託会社が証券会社から分離したのは、六〇年四月のことでした。

その後も曲折はあったものの、投信は運用資産残高を順調に伸ばしていきました。六一年には残高が一兆円を超え、個人金融資産に占める株式投信の比率は七・九％となり、一〇世帯に一世帯は投信保有者となったのです。株式市場の時価総額は、五五年の一兆一〇〇〇億円から六一年には六倍の六兆四三〇〇億円となり、「銀行よさようなら、証券よこんにちは」のキャッチ・フレーズのもと、「買えば儲かる」空前の株式ブームとなりました。

北京大会の時もそうでしたが、ブラジル大会を前に、オリンピック前には公共工事も増え株価

データ:日本経済新聞

が上昇すると信じている向きも多いかと思います。しかし六四年の東京オリンピックの時の日経平均は、開催三年前に既にピークを打ち、開会式の頃には構造不況という言葉が市場を覆っていたのです。労働力不足から賃金が生産性の伸びを上回ることによるインフレ懸念の台頭に対し、金融引き締めに入る一方で、日本企業は他人資本依存度の高さから、ちょっとした不況にも簡単に債務超過になる弱い体質だったのです。

六三年七月、大幅な資本収支の赤字に悩まされ、金の流出に悩むアメリカはケネディ大統領が資本流出を抑制するために、利子平衡税（アメリカ居住者が外国人の発行する株式、債券などを外国人から取得する場合に一定の税率で課税する）を導入してアメリカ人の外国証券への投資に課税すると同時に、バイ・アメリカン政策（アメリカ製品の購入を義務付ける法律）を発動しました。日本の厳しい為替管理の制約の中にもかかわらず、ソニーがニューヨークにADR（アメリカで売買される外国企業の株式）を上場し外国人買いが増加していた時期だけに、こうした材料は相場にマイナスに働きました。またこれ以降日本法人の外貨建て証券発行は、ニューヨークからロンドンにシフトすることとなり、日系証券の海外進出がアメリカからロンドン主導に変わっていったのです。ケネディ大統領はこの年の一一月に暗殺されましたが、日本株が冴えない中、米国株式は六六年のピークにむけて上昇しました。

投資信託の残高は株式市場と連動して、六一年からすでに増加が鈍り始めましたが、六四年になって、多くの事業会社が減配になり投信の分配金が一年定期預金の五・五％を下回るようになると、大幅に売り越しに転じるようになりました。

六五年三月末に、山崎豊子氏の『華麗なる一族』でモデルとなった山陽特殊製鋼が倒産すると、日経平均は一二〇〇円を割り込み、中小証券の破綻が続きました。そして同年五月二一日にはとうとう、山一證券が破綻に瀕し日銀特融による救済策が実行されたのです。そしてここにきて公定歩合の引き下げがあり、ようやく市場はアク抜けとなって回復に向かうことになったのです。

山一危機の原因として自己売買益への過度の依存とともに、他社比較で借入れと支払い利息の多い点が指摘されました。当時は「運用預かり」という制度があり、これは現代から見ると信じられない制度なのですが、品貸料（有価証券を貸した時に対価として貰う）を支払って顧客から借りた国公債、公社債を担保に証券会社が借入をする制度でした。この資金で流動性の悪い資産を買ってしまい、顧客からの担保証券返還要求に応えられないケースが山一の問題だったのです。

これを機会に田中角栄大蔵大臣によって、運用預かり制度廃止の決定がなされました。投信残高は株式市場が回復しても減り続け六二年のピーク時の一兆二三四九億円から六九年五月の五〇九八億円（五九％減）まで減少してしまい、その後も株式市場の売り要因となったのです。

六〇話　ニクソン・ショックと金融テクノロジー

一九七一年八月一五日、日曜日、この日は奇しくも日本の終戦記念日でした。ニクソン大統領は、全世界に対して「九〇日間の給与と価格の統制、一〇％の輸入課徴金」をテレビとラジオで語りました。これによって同時に、アメリカの「黄金の六〇年代」は完全に終焉を迎えました。戦後の回復が著しい西ドイツと日本からの輸入超過によって、金の流出に悩んでいたアメリカは、とうとうドルと金の兌換を停止すると発表したのです。これがドルを基軸とする金本位制であるブレトン・ウッズ体制の崩壊の始まり、「ニクソン・ショック」です。

ウォール街は、ニクソンの通貨安政策をとりあえず評価し、翌日の株式市場は三％ほど暴騰しました。その後も、九月初旬まで市場は株高で応えたのですが、やがてこれは単なるドル安ではなく、アメリカという国の没落、ドルの暴落だと気づくことになります。日本は他国が為替介入を様子見する中で、一国だけでドルを買い支えようとして巨額の損を被りました。年末には、事態収拾のためにスミソニアン博物館で会合が持たれ、日本は一ドル三〇八円（スミソニアン体制）の固定レートを受け入れましたが、その後、その為替レートも維持することが出来ず、結局、ドル円は七三年になって変動相場制度へと移行したのです。これ以降、為替レートは市場に任せ

データ:Federal Reserve Bank of St. Louis

ることになりました。

ドル建てで石油を販売していた石油輸出国機構（OPEC）諸国は、ドル安による実質の収入減からドル建ての石油価格を大幅に上げることになりました。このため、アメリカでは石油を始めとする輸入物価が上昇して、インフレはさらに悪化することになりました。少し前まで、小さなポンコツと見られていた日本車が燃費の良さから買われ始め、ウォール街ではエクソンなどの石油株セクター（石油業界）だけが上昇し、国際資本市場ではオイル・マネーが台頭し始めました。

アメリカにとっては苦難の時代でしたが、金融にとっては悪いことばかりではありませんでした。ニクソン・ショックはドルの下落によってアメリカの凋落ぶりを示す一方で、為替のデリバティブス（オプションや先物などの派生商品）など、やがてアメリカの将来の糧となる金融テクノロジーの発達を促すことになりました。

ニクソン・ショックに先立つ一九六七年に、シカゴ大学のミルトン・フリードマン教授は、イギリス政府によるポンド切り下げを予想して、シカゴの銀行にポンドの空売りを進めたことがありました。彼は後に、この話をエッセイで紹介したのですが、それを見たシカゴ・マーカンタイル取引所（CME）は、フリードマンに「外国通貨の先物市場の必要性」という論文執筆を依頼して書いてもらいました。

CMEはこの論文のおかげもあって、一九七二年には財務省とFRB（連銀）から国際通貨市場（IMM）開設の許可をもらいました。ニクソン・ショックは、シカゴに通貨先物市場を生み出すことになったのです。

翌年、シカゴ商品取引所（CBOT：現在のシカゴ先物市場、CMEはここから分離した）は、個別株式オプションを開始し、その後は金、ジニーメイ債（住宅ローンを連邦政府抵当金庫がまとめた、不動産担保証券、モーゲージ債券）、米国長期債、原油、通貨オプションとデリバティブス（派生商品）が次々と市場に上場されていきました。

しかし極めつけは、七六年のユーロ・ドル金利先物です。金利には、他のコモディティ（麦や豚などの日常商品）や株や債券などの有価証券と違い、現物も証券もありません。これは、初めての実物の受け渡しが不可能な商品だったのです。従って差金決済以外に受け渡しの方法がありませんでした。

先物取引は、形式的ではあるにせよ、現物の受け渡しがあることで、賭博とは一線を引いていました。いってみれば、パチンコ玉をパチンコ店店内では金銭と交換できないのと同じです。一旦、物に変えて換金すれば、賭博性は薄まります。九〇年代に、デリバティブスに関してマスコミによって金融技術の内外格差がしきりに喧伝されましたが、日系証券会社が関連商品を取り扱えなかった理由は、店頭デリバティブスが法的にグレーな状態にあり、国内刑法一八五条の賭博罪がネックになっていたのも一因でした。

米国では、この現物の受け渡しのない金利先物が、八一年になって後追いながらも適法とされると、翌年の「SP五〇〇指数先物」（アメリカの投資情報会社S&P社が選ぶ規模の大きな五〇〇社を基準とする株価指数の先物）」上場に結びつきました。SP五〇〇を構成する全五〇〇銘柄の現物受け渡しは、一単位が巨額になるため、現実的ではありませんでした。その為に、それまで先物としての商品化が困難だったのですが、差金決済ですむのであれば、単位を小さくして上場させることができます。こうしてボラティリティ（SP五〇〇株価指数の価格の変動率）だろうが何であろうと、価格さえ付けられるのであれば、たとえ現物の受け渡しが不可能でも商品化が可能になったのです。また六九年には、為替や金利をリアルタイムで見ることができるダウ・ジョーンズ社のテレレート（相場に関するチャートを配信するマーケット情報配信会社）、七三年にはロイターのスクリーン・サービス（同じく、ロイター社が配信するマーケット情報）など、為替の二四時間取引に対応するためにグローバルな情報機器の発達が促進されていったのでした。

第一四章　日本のバブル形成まで

六一話　七〇年代のインフレとレーガン大統領

株式は、インフレに強い金融資産だといわれることがあります。確かに将来の利子の支払いと償還の金額が固定されている債券に比べれば、会社の資産価値もインフレとともに上昇する株式は強いに違いありません。しかし歴史的には、高いインフレ率の下での株式のパフォーマンスは冴えないものです。インフレは、短期間に借金で買って売って利益を出し市場から退出する投機家には、収益チャンスですが、長期保有の投資家には試練となります。

次のグラフはアメリカの「黄金の六〇年代」とその後のニクソン・ショック、石油危機によるインフレの株式への影響をグラフ化したものです。

ここでの実質値とは、SP五〇〇株価指数の数値を消費者物価指数で調整した指数で、いわば株式による購買力を表しています。たとえ株価が五〇％上昇しても、もしも物価が倍になっていれば、投資家は損をしているのと同じことです。

七〇年代のSP五〇〇は一見、横ばいに推移しているように見えますが、インフレを考慮した

データ:Federal Reserve Bank of St. Louis

実質値では「黄金の六〇年代」のピークである六八年の八二・七六から八二年の三一・〇四まで、実に六二・五％も下落していたのです。レーガン大統領が選出されるまで、アメリカ国民の金融資産はひどく損なわれていました。ベトナム戦争の傷跡を残し、治安が悪化、麻薬が蔓延、低調な設備投資、工業製品の品質低下など、インフレーションとドル安によって、すっかり自信を喪失していた頃のアメリカです。映画で言えば『タクシードライバー』や『ディア・ハンター』が思い浮かびます。

第二次世界大戦後の西側諸国の通貨システムは、前述のとおり、米ドルを基軸とするブレトン・ウッズ体制でした。アメリカは、基軸通貨供給国として安定した輸入超過によって、ドル資金を西側諸国に継続的に配布していく使命を自らに負わせました。アメリカは最初から輸入超過の構造だったのです。このためアメリカ経済は安定させる必要があり、景気循環による波を抑制するためにケインズ的政策、マクロ経済政策を採用することになりました。

七〇年代のインフレの最大の要因は、ジョンソン大統領によって六四年から開始された高齢者医療保障と公的健康保険を併せた福祉プログラム「偉大な社会」の導入と、ベトナム戦争の戦費増大です。好調な経済下での財政赤字による政府支出は、インフレの原因となりました。

インフレはドルの購買力を低下させ、七一年のニクソン・ショックによるドル安を引き起こし、七三年の石油危機へと続いていきます。原油価格はドル建てだったので、産油国には実質の減収となり値上げする必要が出てきたのです。七〇年代を通じてのインフレにより、アメリカでは物価が約二倍になり、金利は上昇を続けて景気後退は鮮明になっていきました。インフレになれば、失業率が下降するはずのフィリップス曲線（インフレーションと失業の関係を示す）は機能せず、インフレと不景気が併存するスタグフレーションの状況となりました。

インフレ下にケインズ的財政政策を発動すると、インフレをさらに助長しかねない中で、ケインズ主義者に代わって登場してきたのが新自由主義者です。彼らは経済成長の制約となる規制緩和を重視し、政府関与をできる限り減らし、市場の自動調整機能に委ねました。レーガンもサッチャーも、肥大化した政府資産を売却し規制緩和を実施しました。日本でいえば鈴木善幸、土光敏夫から始まり、中曽根内閣に繋がる国鉄、電電公社、専売公社などの民営化の流れです。

アメリカでは七九年に、後にインフレ・ファイターと呼ばれるポール・ボルカーが連銀議長に就任して、金利を引き上げ、通貨の供給量を抑制的にするマネタリスト的な政策を採用して、インフレを抑え込むことになりました。八〇年一一月にレーガン大統領が選出されると、減税を通じて国民の勤労意欲を刺激する政策をとり、連邦支出を削減しようとしましたが、小さな政府を指向したわけではありません。軍事支出の配分を増やし、ソビエト連邦に対し「宇宙戦争」をしかけました。このレーガンの挑戦に対して社会主義経済の低迷するソ連がついていけずに、結果として東西冷戦の終結を促すことになったのです。

もう一つレーガン大統領で忘れてならない決断は、航空管制官ストライキへの対応でした。ストに参加した公務員である組合員を解雇し、その他の部署による再雇用まで禁止する徹底的な抑圧にでました。これはアメリカにおける労働組合主義の敗北を意味し、この後組合は弱体化し、公務員の解雇は普通に行われるようになりました。七〇年代のインフレの終焉とともに、現在我々が目にしている強いアメリカが復活し始めたのがこの時でした。

六二話　プラザ合意

ボルカー連銀議長がインフレと戦った七九年以降は、高金利によって海外からの資金がアメリカに引き寄せられドルが高止まりしました。ドル円でいえば、二四〇円前後の水準です。ドル高によってインフレが抑制され、徐々に始まった金利低下と購買力のついた個人消費の増加が八二年からのアメリカの景気回復を促しました。

ところで、幕末の開国以来、日本は国家として欧米先進諸国に追いつくことを目標としてきました。戦間期には、列強国のひとつとして国際社会から遇されたこともありましたが、第二次世界大戦の敗戦で再び振り出しに戻ってしまいました。

資源のない日本は、基本的に原油、原料、食料を輸入して工業製品を輸出する構造であり、六五年頃までは慢性の輸入超過の状態でした。しかし、日本の工業製品が繊維から家電や鉄鋼製品などへと次第に高付加価値化してくると同時に、今度は慢性的な輸出超過国へと変わっていきます。今でこそ日本の電機業界は台湾や韓国製の半導体や薄型テレビの躍進に悩まされていますが、五五年当時のアメリカに二七社もあったテレビ・メーカーが、ソニーやシャープの進出で八〇年代にはゼニスただ一社になってしまったことは記憶に留めておくべきでしょう。内需拡大でここまで成長してきた日本が、石油ショック以降は輸出をテコに成長していると、先進諸国からは非難が集中するようになりました。

一九七五年一一月に、フランスのランブイエからG7先進国首脳会議が始まり、日本は同じ敗戦国である西ドイツとともに、その主要メンバーとなりました。日本は、この時ようやく名実ともに先進国に追いつき、明治維新以来の大願を成就したのだと思います。

レーガン政権のアメリカはドル高下の景気回復に伴う輸入増で貿易赤字が積み上がる一方で、「宇宙戦争」による軍事支出拡大によって財政赤字も積み上がり、双子の赤字が問題とされるようになりました。そして先進国の間では、このままでは早晩何処かの時点でドルが崩壊するだろ

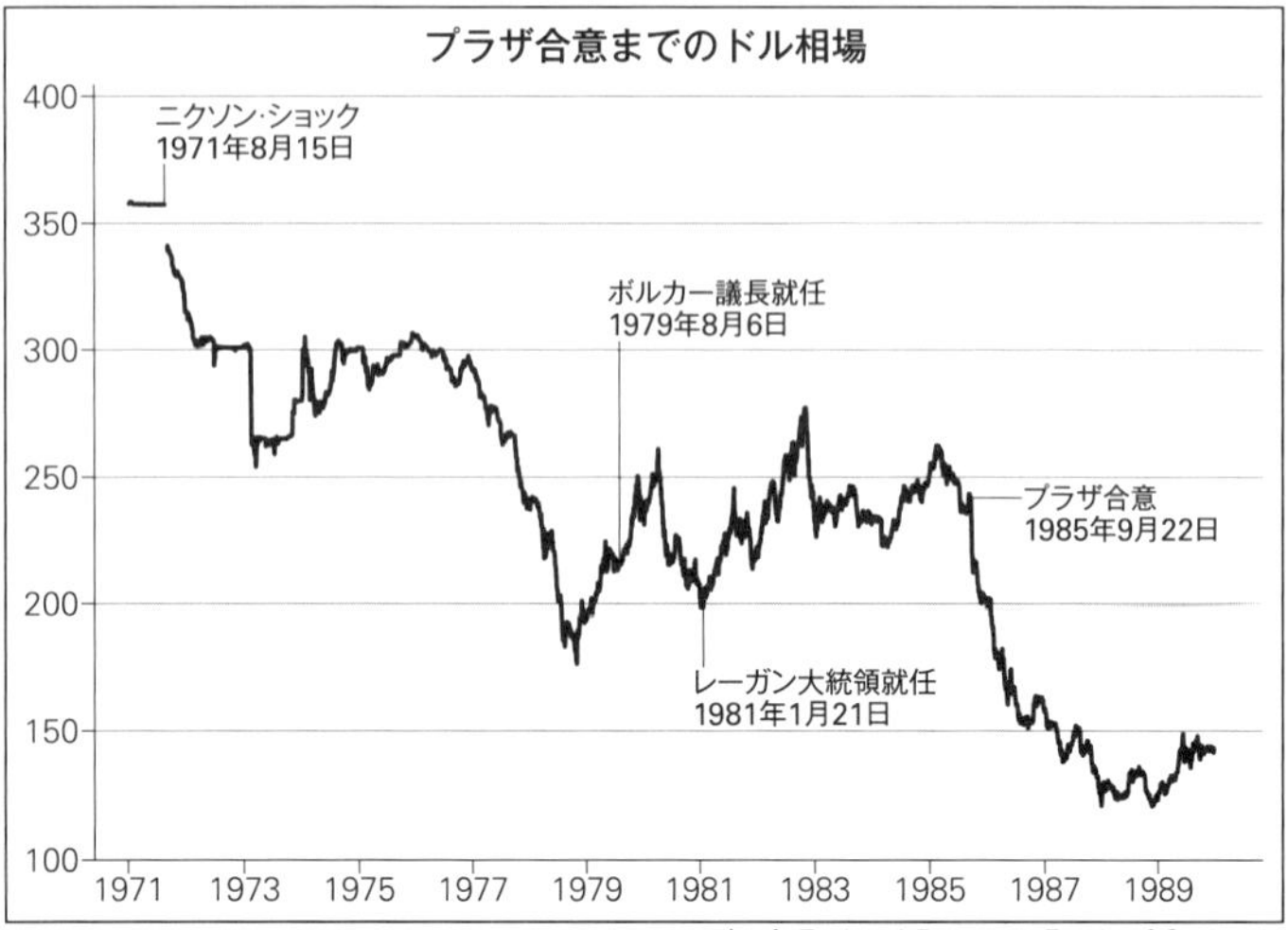

プラザ合意までのドル相場

データ:Federal Reserve Bank of St. Louis

うと、懸念されるようになりました。レーガン大統領は強いドル、強いアメリカは望ましいと強気の発言を続けていましたが、とうとう実質的なドルの切り下げを決意するに至ります。

一九八五年九月、「G5（先進五カ国蔵相・中央銀行総裁会議）」がニューヨーク・セントラルパーク横のプラザホテルで開催され、「ドル以外の主要通貨のドルに対する、ある程度の秩序ある上昇が望まれる」という声明が発表されました。ターゲットは主に円です。G5によるドル売り協調介入によって管理された状態でドル安・円高の状況を作り出し、日本の輸出超過を修正することが決められました。日本が何故このような不利な政策を受け入れたのかは、貿易摩擦問題の軽減のためでした。そのために、日本に対してはさらに内需拡大も求められたのです。これがプラザ合意です。

当初、日本側はせいぜい一ドル二〇〇円程度の下落で収まると考えていました。そして、その水準では当局によるドル買為替介入も行われたのですが、一旦円高が始まると止まらなくなり、八九年の一二〇円台まで一方的な円高が続くことになったのです。本来なら日本製品の価格競争力は円高によって大きく損なわれるところですが、日本の産業界は大胆なコスト削減に成功し、自動車産業でみると本来であれば倍となるところを三〜四割程度の価格上昇に抑えこんでしまったのです。

その一方で政府と日銀は内需拡大のために低金利政策を継続し、財政資金を全国にばらまきました。土建業が繁盛し様々な箱物が作られる中で、こうした過剰流動性の供給は、日本の株式や不動産など資産価格暴騰の契機となったのです。プラザ合意の副産物がバブル発生の一因となりました。

六三話　ブラック・マンデーと流動性

プラザ合意から約二年が経過した一九八七年九月、米金融当局の予想以上にドル安が進行する中で、アメリカの金利引き上げ観測が持ち上がりました。金利を引き上げてドルに資金を呼び戻そうというのです。ところが西ドイツはマルクが上昇しているにもかかわらず、自国の景気過熱によるインフレ懸念の沈静化を優先して、アメリカに先んじて金利を引き上げてしまいました。

戦間期にハイパーインフレを経験したドイツの中央銀行、ブンデスバンクのインフレに対する厳格な姿勢は今も昔も変わりません。アメリカのベーカー財務長官がこれを非難すると、市場ではうまくいっていたはずのG5の為替協調政策への信頼性が疑われることになりました。その為、アメリカもドル防衛のために大幅に金利を引き上げるのではないかと、市場には噂が流れ始めていました。金利上昇は、急上昇を続けていた株式市場にとってはマイナスに作用します。

また当時流行していた「LBO（Leveraged Buy Out）」と呼ばれる買収先の資産を担保にした借入による企業買収を議会によって規制すべく、借入金の税控除廃止案が提出されていました。当時の株式市場は、企業買収によって市場から発行株式が吸い上げられ、株式需給が改善していることも好材料としていましたので、LBOを抑制するこうした動きも、株式にとってはマイナスの材料だったのです。こうした理由から、ニューヨーク・ダウは八七年一〇月一四日水曜日から一六日金曜日にかけて続落し、下げ率は三日間ですでに一〇・七九％にまで達していました。ブラック・マンデーの一〇月一九日月曜日の朝の時点では、株式は短期間に下げ過ぎなので、テクニカルには逆に株の買い時ではないかとの意見すらあったのです。急落すればそこは買いだ、と考えるトレーダーは大勢いました。

結局、この日ニューヨーク・ダウは五〇八ポイント下落し、一七三八・七四ポイントで引けました。一日で二二・六一％の下げで、このブラック・マンデーの下落率の記録はいまだに突出したヒストリカル・レコードです。ダウが計算開始された一八九六年五月二六日以来、一日で一〇％以上の下落は全部で六日ほどしかないのです。

下落の直接的な原因は、当時盛んになりだしたインデックス・アービトラージによる売りプロ

データ:Federal Reserve Bank of St. Louis

グラムではないかという見解もありました。

インデックス・アービトラージとは、SP五〇〇株価指数先物が決済日に現物と同じ価格になることを利用したサヤ取り（二つの価格差を利用して、利益を得る）です。決済日まで日数の残る株価指数先物の現物株式に対する理論値は、金利や借株のコストなどがわかれば計算が可能です。そして、必ずしも両者はいつも理論値どおりの価格で取引されているわけではありません。もし先物が高ければ先物を売却して同時に現物株を買う（買いプログラム）、先物が安ければ先物を買い現物株を売る（売りプログラム）、両者は決済日には必ず同じ価格に収斂しますから同時に売買することでサヤを抜くことができるのです。この際に先物、現物株を同時に同金額売買すれば、市場の上げ下げに対する影響は現物株式売買の方が大きいために、買いプログラムが発生すると市場は上昇する傾向にあったし、逆に売りプログラムでは下落する傾向にありました。

しかし、ブラック・マンデーはこれが下落の原因ではありませんでした。売りプログラムは現物株を売り、指数先物を買う裁定取引であり、小さなサヤを狙うために売買価格の精度が要求されます。ブラック・マンデーのように株価の急落過程で現物株式に買い物が無く、売りの株価がなかなか確定できない状態では裁定取引は成立し得ないのです。指数先物も現物株式もほとんど投げ売りのような状況だったのです。因みにインデックス・アービトラージは、現在の市場でも日々活発に行われています。コンピューターと通信技術の発達によって昔よりもより精度が要求されるようになっています。

もうひとつの有力な原因としては、LOR社（The Leland O'Brien Rubinstein Associates, Inc.）の「PI（ポートフォリオ・インシュランス）」による売りだと考えられています。

PIとは、インシュランスの言葉が示すように、文字通り金融資産のポートフォリオに掛ける保険のことで、ここでは株式資産の値下がりに対する保険です。保険といってもLOR社が一般の保険会社のように損害賠償をしてくれるわけではなく、ポートフォリオの保有者がLOR社のアドバイスに従ってSP五〇〇株価指数先物を売却することによって、保険に加入した時と同じような経済効果を得るのです。

例えばある年金基金の現物株式の保有ポートフォリオ（年金基金のように大きいポートフォリオでは、SP五〇〇の構成銘柄に近くなります）が三億ドルの資産規模で、わかりやすいようにSP五〇〇株価指数の現在値が三〇〇ポイントとします、ここで基金として保有ポートフォリオ

ませんが二億五〇〇〇万ドル以下にならないようにするためには、ＳＰ五〇〇株価指数が下落する過程において、二五〇ポイントに達した水準で二億五〇〇〇万ドル分の指数先物を売却すればよい。そうすれば現物株式と先物の損益が打ち消し合って、ポートフォリオの資産はそれ以下にはなりません。

ところが株価指数先物が二五〇ポイントの価格をつけた瞬間に、二億五〇〇〇万ドル分の先物を売却できるわけではありません。個人の小さい金額であればともかく、それほど都合よく巨額なサイズの先物の買い手がいるわけではありません。また、もし株価指数先物が二五〇ポイントをつけた瞬間に、そこから上昇を始めたらどうでしょうか。売った先物をすぐさま買い戻さなければ、二五〇ポイントのレベルで損失が確定したままになってしまいます。まだあります、二億五〇〇〇万ドル以下になって欲しくないのはいつなのか、明日なのか、期末なのか、年末なのかという問題もあります。年度の前半に下がっても、期末に戻っていれば問題はないのかもしれません。実はこうした課題をクリアするのが、オプション取引であって、特にその中でも、ある特定の期日に特定の価格で「売る」権利を確保できるプット・オプションなのです。

さて、プット・オプションが簡単に売買できれば良いのですが、当時のオプション市場の流動性（売りと買いの注文の厚み）ではそれもままならない。そこでプット・オプションを購入した経済状態（損益）と同じ状態になるように、ＳＰ五〇〇株価指数先物を使ってオプションを再現しようとしたのがＰＩです。これはオプションの売却の権利を行使する期限までの日数とその水準、金利がわかれば、オプション価格モデルによってどれくらいの分量の先物を売却すれば良いかがわかるのです。ＬＯＲ社はそのアドバイスをしていたのです。株価が下がり、ＳＰ五〇〇株価指数が、自分が守りたいと思う水準に近づくにつれて、徐々に先物を売る枚数を増やしてヘッジ比率（先物の売りによって原資産を守れる比率）を高めていき、保険価格近辺では一〇〇％のヘッジになるように調整するのです。

今これを後付けで解釈することは、そう難しい話ではないかもしれませんが、当時は説明するのが大変でした。あの頃残高が一〇〇〇億ドルと言われたＰＩが、ＳＰ五〇〇株価指数の急落によって一斉に売る行動に出ると、今度はその売りによって株価指数が下がります。そしてその下落自体がさらに売りを呼ぶ循環に入ってしまうのです。現物株はあまりの下げの激しさに、買い注文が入らないまま売り買いの出会いがなかなかつきませんでした。現物株が売れないので、仕方なく株価指数先物を売ったトレーダーやファンド・マネージャーも多かったのです。売りたい時に売れない、流動性の危機でした。ＰＩはもともと保有する株式資産の価格リスクを制御する保険でしたが、当時はこの商品の存在自体が流動性リスクという新しいリスクを作り出していたのです。

一九八七年、大統領特別委員会となる「ブレイディ委員会」が招集され、ブラック・マンデーの報告書を作り、ＰＩの問題が指摘されました。その結果、流動性の危機下にある市場では、下落幅によって市場取引を停止する、サーキット・ブレーカー（取引規制措置）の導入が決定されました。過熱状態にある場合、株式市場を強制的に閉めるというのです。自由放任主義を支持する人の中には、市場に委ねるのがベストと反対する意見も多くありましたが、パニックにあって売り急ぐ投資家をクールダウンさせるためには有効な規制なのかも知れません。事前にサーキット・ブレーカー発動の条件がわかっていれば、市場参加者にも公平です。

当時、サーキット・ブレーカー導入を擁護する目的で使われたたとえ話の中で印象に残っているものがあります。アメリカのある州では、銃の引渡しは購入してから一週間後でした。友人からバカにされて興奮して銃を買いに来た男が、それを聞いて店員にこう言いました。「なんだと。俺は今すぐに銃が欲しいんだ」と。

こうした中で、ブラック・マンデーからいち早く立ち直った市場がありました。それは、バブル前夜の東京市場でした。

六四話　金融制度から見る日本のバブル形成

八五年のプラザ合意によって、G５は管理されたドル安を目論みました。そしてその際に日本は資金を引き寄せるために、短期金利を高めに誘導しました。急激な為替の変化に「円高不況」が懸念される中、公定歩合の引き下げは翌八六年になってから遅れて行われ、それまでの引き締め的環境から、その後のインフレ率は低迷が予想される状況でした。バブル期には不動産価格や株価が上昇する激しい資産インフレにもかかわらず、円高もあり消費者物価指数などのインフレ指標は上昇しませんでした。インフレ無きバブルだったのです。

バブルの原因は様々ですが、ここでは金融制度の側面に注目してバブル形成の過程を見ていきます。そこには八〇年の外国為替と対外証券投資の自由化から始まった、一連の規制緩和が底流に流れていました。

八一年には、ユーロ債市場での日本企業によるワラント債（新株予約権付社債）の発行が許可されました。日本の株式は値上がり続けていたのでワラントの価値が高くなり、債券部分は超低金利で発行することができました。さらに、企業は継続的な円高が予想される環境下で、ワラント債をロンドンにおいてドル建てで発行し、為替スワップを使って円と交換すると、金利負担がマイナスとなることもありました。企業は、コストのかからない資金調達ができる環境にあったのです。

こうした状況下で、八四年頃から企業は「特金」を利用しはじめました。今ではあまり耳にしない言葉ですが、特金とは特定金銭信託と特定金外信託のことで、名称はどうでも良いのですが、企業が本来保有する証券とは特別に分離して、法人税とは別に譲渡益への課税を低く抑えられるようにしたものでした。つまり言い換えれば、後から振り返ればですけれども、非金融の一般企業に対して、財テクで儲けなさいと誘うような制度だったのです。事業会社が設定した特金は主に信託銀行が運用し、営業特金などは証券会社によっても運用されました。これが後の証券業界を揺るがす損失補塡問題に繋がることになりました。特金の残高は八五年の九兆円から八九年には四〇兆円に達するほど大きくなり、当時の日本株を買い上がっていったのです。

ワラント債を使ってゼロ・コストでファイナンスした資金は株式市場へ循環し、株高＝ワラント高を演出し、再びワラント債が発行されファイナンスされる循環の図式は、過去の南海会社事件などのバブルと同じでした。

八六年には、民営化の一環でNTT株の売り出しがありました。八七年一月の払込で一一九万七〇〇〇円の募集に一〇五八万人が殺到し、抽選で一六五万人の株主が生まれました。南満州鉄道株式の売り出し以来の活況でした。NTTの株価は初値が一六〇万円、これが同年四月二二日には三一八万円を記録したのです。株価収益率では三〇〇倍でした。三〇〇年分の将来の収益を織り込んだ株価です。これで国民は、株は儲かるものだという意識を持ちました。過去に米国で株式ブームを引き起こす遠因となった戦時公債などと同じように、日本のバブルでも直前に有価証券の保有者を増やす株式大衆化の動きが見られたのです。

また日本では一九五六年から八六年までに地価は五〇倍になりましたが、下落した年は七四年のたったの一度だけでした。これが土地神話に結びつき、日本では土地本位制とまで呼ばれるまでに絶大な信用を持っていたのです。土地を担保に大胆な信用創造がなされました。

八七年の先進国の銀行の資本を管理する「BIS規制（国際業務を行う銀行の自己資本比率に関する国際統一基準）」では、本来ならばバブルの制御として信用創造に対して抑制的に働かなければならないところですが、日本は日本の銀行の特殊性を国際社会に訴えて、株式含み益の一部を自己資本に算入できるようにしました。これが後に、銀行の信用創造能力を株式市場に連動させることになりました。つまり株式の上昇局面では銀行の提供する信用が増大し、下落過程では銀行によるプロシクリカルな信用収縮が起こる仕組みがセットされてしまったのです。銀行自身の勘定による持株、政策投資株式は株式バブル崩壊後、長い期間にわたり銀行経営を圧迫する

データ:日本経済新聞 および FRED

ことになったのでした。

株価指数のパフォーマンスをそのまま買うことによる、その市場の代表する指数に対する投資、インデックス投資は、八八年頃から商品が出揃いだしました。八九年のインデックス連動型オープン投信は、三ヶ月で七〇〇〇億円を集めています。本来なら銘柄選定や投資タイミングの判断を省き、売らずにじっと保有する長期投資をするためのパッシブな運用商品だったのですが、インデックスが上昇している限りは、最強の値幅狙いの商品でもありました。そのために結局は、日経平均や東証株価指数の高値で大量に販売されることになりました。

グラフはニクソン・ショックの七一年八月を一〇〇としたSP五〇〇株価指数と、ドル建ての日経平均株価指数の比較です。アメリカのインフレでドルが下落するなか、SP五〇〇も七一年のニクソン・ショック以降の一八年間を名目で年率九・五％のペースで上昇しましたが、その間のドル建て日経平均の上昇率は毎年年率三〇％を優に越えていたのです。アメリカ人の投資家から見るならば（日本人から見てももちろん）、まさに買えば儲かる究極の外国株投資でした。因みに投資主体としての外国人は八五年から売り越しに転じましたが、それでもかなりの利がのっていたはずです。

日本の株式が高いパフォーマンスを出しているこの時期にアメリカでは、通貨先物やオプション取引など、デリバティブスやモーゲージ（不動産を担保にした貸付）関連商品などの発達が顕著でした。またロンドンではオフショア（外国との取引のみを行う）市場でのストラクチャー商品の展開など、金融技術の進歩が見られました。規制によって守られていた日本の金融業はバブルによって莫大な収益を上げ、資金量というサイズこそ大きくなりましたが、この時期には世界の金融技術の進歩から取り残されていったのではないでしょうか。

いよいよ最終章となる次章では、それまでアカデミックな世界に閉じこもっていた学問としてのファイナンス理論が、ウォール街に進出して直接ビジネスに影響を与えた経緯について見てみましょう。

第一五章　投資理論の展開

六五話　テクニカル分析と投資銀行

少しでも投資をかじった人なら、「酒田五法」と聞けば、すぐに山形県酒田出身の相場師が編み出した、市場予想のチャートの一種、「ローソク足」の法則、江戸時代に大坂堂島の米相場で財を成した本間宗久を思い出すのではないでしょうか。しかし、宗久の相場道の極意を伝える一七九六年刊行の『宗久翁秘録』には、実はチャートの話は出てきません。江戸時代にも簡単な線グラフぐらいはあったかもしれませんが、ローソク足が登場するのは明治三〇年以降のことだろうと考えられています。大阪で作られたチャートを書き込む罫線用の紙は上海市場にも輸出されて銀相場に使われていたといいますから、相場予想の「罫線」では日本が先駆的だったのだと思います。もちろん当時は筆書きなので、最初は右から日付順に書いていました。神田の古本屋で昭和初期の罫線集を手に入れましたが、そこには確かに右から時系列に書かれていました。

一方でアメリカではテクニカル分析（相場の値動きから将来の値動きを予測する）の始まりは、ダウ・ジョーンズ社の創始者、チャールズ・ダウだと言われていますから、私見ではありますが、

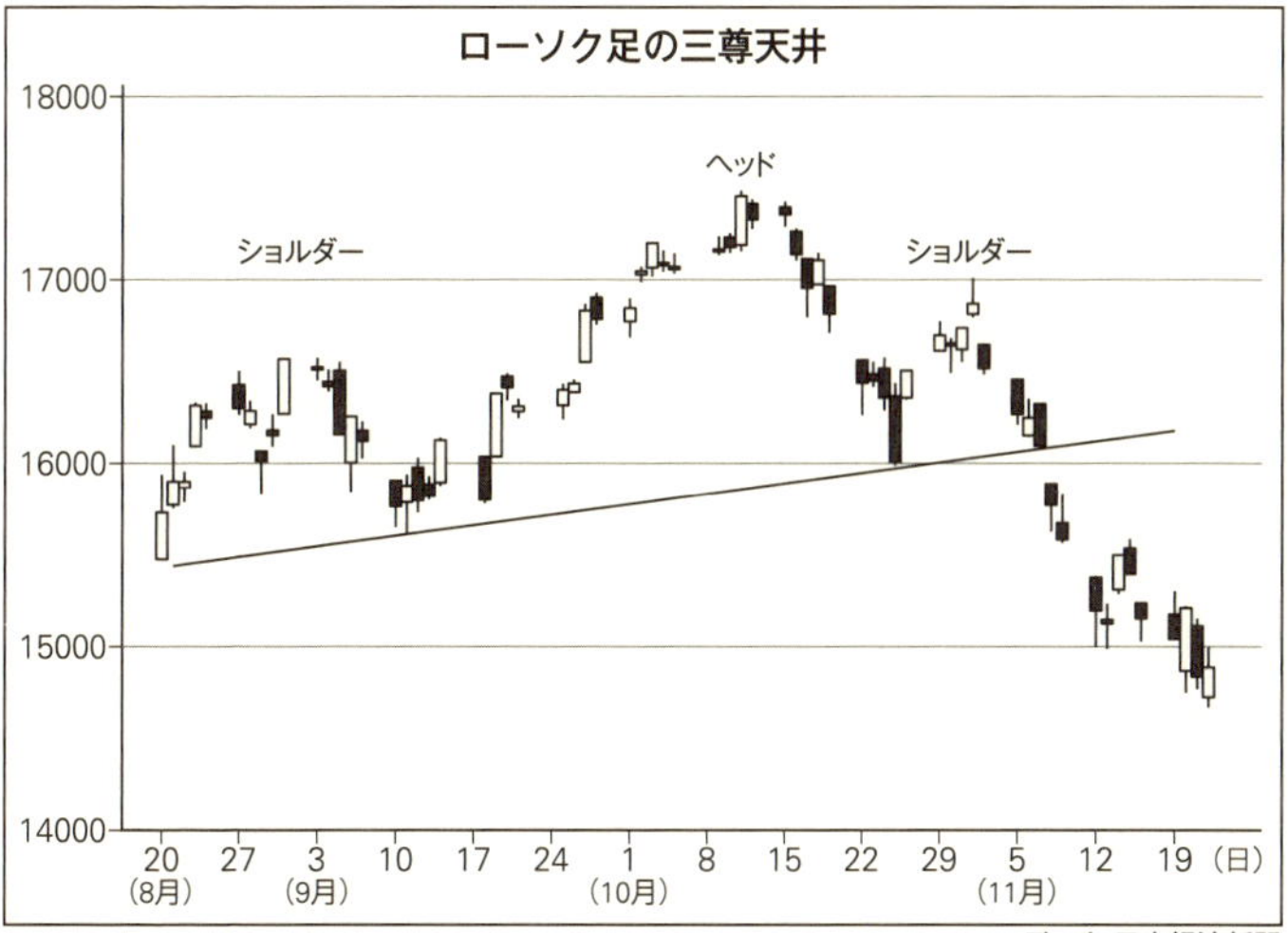

データ:日本経済新聞

日本とほぼ同じ頃にチャート分析が始まったのではないかと思います。ちなみに日本でいう「三尊《さんぞん》天井」は相場のピーク時に現れるパターンで、このページの図のように仏像が三体あるようにも見えます。アメリカでもこのパターンは、同様にピークの印とされ「ヘッド・アンド・ショルダーズ」と呼ばれています。

ダウは早世したので、後継者であるウィリアム・ハミルトンがテクニカル分析の嚆矢となる「ダウ理論」を完成させました。ここで詳細に記述することはできませんが、その後、テクニカル分析は進化を続け、「波動分析（相場は波を形成しながら一定のサイクルで動く）」のエリオット・ウェーブや、その伝道者であるプレクター、「移動平均線（過去の一定期間の株価の平均値）」を重要視するグランビルなどが登場してきました。そして、特に近年のPCの普及やネット証券会社の隆盛によって、専門のアナリスト以外でも各種チャートやデータの取得が容易になり、テクニカル分析自体はますます盛んになってきたといえるでしょう。

これは、一九八四年の夏の終わり頃の話です。当時私が働いていた日系大手証券の兜町株式部に米国投資銀行の著名なテクニカル・アナリストが訪ねてきました。なぜ彼が、本来ライバルであるはずの日本の証券会社を訪ねてきたのかには理由があります。当時、日本は未だ米国の投資銀行に東証会員権の取得を開放していませんでした（八六年二月に部分開放された）。従って彼らは、日本株の注文を日系証券に発注しなければならなかったのです。いってみれば証券ギルドみたいなものでした。一方で日本の大手証券はニューヨーク証券取引所の会員権をすでに持っていました。アメリカ側はそれが不平等であると、ことあるごとに日本を攻撃する材料にしていたので、そうした抵抗を少しでも和らげるために、日本の証券会社はアメリカ株をバーターで彼らに発注していたのです。発注の見返りとして、お互いに双方の市場の情報提供をしていました。我々はお互いに顧客であり、著名アナリストの訪問はその一環でした。

テクニカル・アナリストをチャーティストとも、日本語では罫線家とも呼びますが、つまりは株価のグラフの分析家です。当時のアメリカの主な大手投資銀行は、それぞれがスター・プレーヤーのテクニカル・アナリストを抱えていました。経済の状況などのファンダメンタルズな要因を無視出来る分だけ、彼らの予言は大胆で、常識では予想できないことを予想できるのが、本来の特長だと思います。また時にはそれがニュースとなり相場を動かすことさえもありました。

データ:Federal Reserve Bank of St. Louis

さて、訪ねてきたアナリストは、大きな鞄から方眼紙がいっぱい束ねられたA3サイズの冊子を取り出すと、早速それを広げました。中身は数百種類の、彼ご自慢の方眼紙に手書きのチャートでした。ＩＢＭ・ＰＣは既に世にありましたが、持ち運びのできるラップトップＰＣもなければ、大きな液晶画面も綺麗に印刷できる手軽なプリンターさえも、未だ発売されていなかったのです。

彼はニューヨーク・ダウの行方や長期金利の動向、また個別株でチャート分析上有望な銘柄を何銘柄か推薦し、最後にドル円のチャートを取り出しました。当時はプラザ合意の前で、ドル円は連銀の高金利によるインフレ退治の余韻から、一ドル二四〇円前後を行き来していた頃です。ドルはその高い金利によって、海外から資金を呼び集めてドル高の状態でした。

彼はニクソン・ショック以来のドル円の動きを解説すると、おもむろにチャートの余白の一点を指さし、ドル円はいずれ一〇〇円を切ることになるだろうと予言したのです。その予言は後に見事に適中することになりましたが、その時の私はあまりにも大胆な彼の予測を信じることができませんでした。それに、もしそれほどの円高になるのであれば、日本からアメリカの株など買うと、いくら株価があがっても為替のために儲からないではありませんか。そしてそれからしばらくして、多分彼の会社も、私と同じようにテクニカル分析という彼の分析の仕方を信じていなかったらしく、予言が適中する頃には、彼はウォール街の他社の主なテクニカル・アナリスト同様に、すでにその投資銀行にはいませんでした。

テクニカル分析は情報機器やPCの発達によって、今では当時とは比べ物にならないほど普及してトレーダーや投資家たちによって使われています。今では誰もがチャートを読める。本屋に行けば入門書が山のようにあるし、インターネット上にも無料・有料サイトがたくさん用意されています。しかしチャートを読んでパターンを分析する専門家は、八〇年代後半には機関投資家向けの職場にはほとんどいなくなってしまいました。

これには理由がありました。それは彼らの分析手法を否定する新しい考え方が、アカデミックな世界からウォール街に侵入してきたからです。侵入者は「ランダム・ウォーク理論」と呼ばれ、株価は統計的にランダム（でたらめ）な動きをするのであるから、株価の予想などは無駄だし意味が無いと主張していました。主張者はそうそうたる経済学者たちでした。年金基金のように公共性の高いお金を運用する者は、アカデミックな理論には従えても、彼らにすれば星占いに近いとも言われるテクニカル分析に、表立って頼るわけにはいかなかったのです。

六六話　コウルズ委員会と株式市場の予想

「株式市場の予想」といってもその目的は明確です。将来どの銘柄の株価が上昇するのか、下落するのか、そうであれば、どの銘柄を売り買いすればいいのか示すことです。予想の手段としては、テクニカル分析や、個別企業の財務諸表を調べるファンダメンタルズ分析、あるいはマクロ経済から相場を予測するストラテジストなどもいます。しかしながら昔から、株の予想屋に対してはその能力に疑いが持たれていました。今でも新聞雑誌で年末年始に「来年の株式相場予想」がありますが、もしこれで予想がはずれたとしても、大して話題にもならないし誰も怒りません。読者は、そもそもこうした予想は当たらないものだと思っています。しかし、実際にお金を運用してもらうとなると話は変わります。

「狂騒の二〇年代」に、大新聞である「シカゴ・トリビューン」紙の大株主の息子でアルフレッド・コウルズという裕福な男がいました。彼は病弱だったために実業の世界に出ずに、父親の財産管理を手伝っていましたが、一九三二年にはイェール大学のアーヴィング・フィッシャー教授の協力を得て、計量経済学の先駆であるコウルズ経済研究委員会を発足させたことで有名になりました。

コウルズは二八年から二四種類もの有料の投資助言サービスを買っていましたが、どれも役に立たずに大暴落で大損をしてしまいました。手数料を支払っていた彼としては、どうにも納得がいかず、こうしたプロの投資助言サービスは正しいのか、あるいは指示通りに投資すれば儲かるものなのか、本当に価値のあるものなのかを執拗に調べ始めました。

その結果、コウルズは大暴落から四年後の三三年に至り、「株の予想屋は予想ができるのか？（Can Stock Market Forecasters Forecast?）」という論文を書いて、こうした業者には「予想のスキルがあるとは認められない」という結論を出します。

彼は何も「大暴落の最中に儲けろ」と言っているのではありませんでした。様々な予想屋の組み合わせも検討しましたが、一番良い組み合わせでさえ投資成果は市場平均であるダウ・ジョーンズ株価指数にかなわなかったのです。この時、ダウ指数はピークから九〇％も下がりましたが、アドバイスなど受けずにダウ指数の構成銘柄を買って、売り買いせずにじっとしている方がまだマシだったのです。

コウルズはその後も研究を続け、四四年にはあらたに当時の代表的な助言会社一一社を対象とした論文「株式市場を予測する（Stock Market Forecasting）」[30]を書きましたが、結果はここでも同じでした。こうした投資助言サービスは株価指数にかなわなかったのです。従ってコウルズにしてみれば、付加価値を創造しているとは思えなかったのです。

コウルズのレポートは、ウォール街からは当然のように無視されました。誰だって自分たちのアドバイスが価値の無いものだとは、認めたくはありません。そして、そうこうしているうちに時代は「黄金の六〇年代」に入り、天才ファンド・マネージャーと称する人たちが激しく売り買いする「ゴーゴーファンド」の時代に入っていったのです。株が儲かっているうちは、市場平均の指数よりも上か下かなどは問題にされず、株高にまぎれて誰も彼らの能力に異論をはさまなくなりました。

しかし一方で、日々の相場とは関係の薄いアカデミックな世界では、科学が金融市場に接近してきました。株式の本当の価値や、戦争中の「オペレーションズ・リサーチ」を応用した効率的な資産配分を求める方法などが模索されていったのです。これらは後に「ファイナンス理論」、あるいは「投資工学」と呼ばれ、この分野から大勢のノーベル賞受賞者を輩出することになります。

一九五二年に、経済学者ハリー・マーコビッツが投資家側の立場から、アセット・アロケーション（複数の異なった資産に配分して運用する方法）の「ポートフォリオ選択」を書き、五八年にはマートン・ミラーとフランコ・モディリアーニが経営者側からの株式・債務のアロケーション（資産配分）である「MM理論」を書きました。

六四年には、株価はベータ値（ある証券の変動の大きさが市場平均の価格変動に比べて大きいか小さいかを示す値）だけで説明できるという、ウィリアム・シャープのシングル・ファクター・モデルである「資本資産価格モデル（CAPM）」が発表され、六五年にはユージン・ファーマの「株式市場のランダム・ウォーク」が紹介されました。ファーマ以外は、皆ノーベル賞受賞者です。

そして「黄金の六〇年代」の相場が傾き出した頃に、投資家たちは再び資産運用業界に対して疑いの目を持つようになったのです。六九年には「エージェンシー問題（株主の代理人である会社経営者が委託者である株主の利益に反して、自身の利益を優先して行動をとってしまう問題）」で、後に有名になる、マイケル・ジェンセンが新しい手法で、以前コウルズがやったのと同じように、今度は投資信託の評価をしました。残念ながら、結果はコウルズと同じことでした。ジェンセンに言わせれば、お金を出して運用の専門家に株の売買を任せるよりも、市場平均であるSP五〇〇株価指数などインデックスを買って何もしないで持ち続けている方がよほどましだったのです。ところが、ウォール街でも兜町でも、既存の業者たちはこうした学者の話を最初はそれほど脅威には感じていませんでした。

六七話　ランダム・ウォーク理論と効率的市場仮説

『株式実戦訓――相場に役立つ格言500』（田中穣著、実業之日本社）は、一九七八年出版の株式投資の参考書です。今でも手元においてあるのは、よく出来た本だからだと思います。この本の第一部第三章には「ランダム・ウォーク・セオリー（酔歩《よっぱらい》理論）のウソとマコト」と題されていて、こう説明されています。

「酔っぱらいが、ある地点から前へ行くか後ろへ行くか、それとも右へ行くのか左へ行くのか、まったく予想することができないように、株価も上がるか下がるか、それとももちあうか、まったくわからない。昨日上（下）がったから今日も上（下）がるとはいえない。『株価は記憶を持たない』とこの学派は宣言するのである。当然の結果として、この学派の人たちは、ケイ線派・チャート派を冷笑する」

株価指数そのものに投資するインデックス投資の第一人者である、バートン・マルキールの大ベストセラー『ウォール街のランダム・ウォーカー』がアメリカで発売され、「ランダム・ウォーク理論」が有名になったのが七三年ですから、いよいよ日本にもその評判が伝わってきていたのでしょう。あるいは七八年に日本テクニカル・アナリスト協会が出版した『日本罫線史』（日本経済新聞社）には、大和証券の酒田氏がランダム・ウォーク理論の講演会のようなものが東京であったことを書いていますので、もしかしたらマルキール氏が来日していたのかもしれません。残念ながら真相はわかりませんが、従来の相場の予想屋の存在を脅かす「酔歩理論」の恐怖が、テクニカル・アナリストや相場格言を売りにしている者に対して迫ってきたことだけは確かなようです。

「ランダム・ウォーク理論」はユージン・ファーマやバートン・マルキールだけに限らず、当時のこの分野のほとんどの経済学者の知見でした。株価はコイン投げや宝くじのように記憶をもちません。あなたが一〇年連続でジャンボ宝くじにはずれていようが、初めて宝くじを買う人と当選確率は同じです。運命の神様は憶えていてはくれません。ルーレットで連続一〇回赤が出ても次が黒の確率は、やはり五〇％なのです。同じように日経平均株価が一〇日連続で下げても、翌日の上げ下げは五分五分です。次にどちらがくるのかなんてわかりません。いくらなんでももうそろそろ株も上がるだろうという期待は何度も裏切られてきました。上げ下げは五分五分、しか

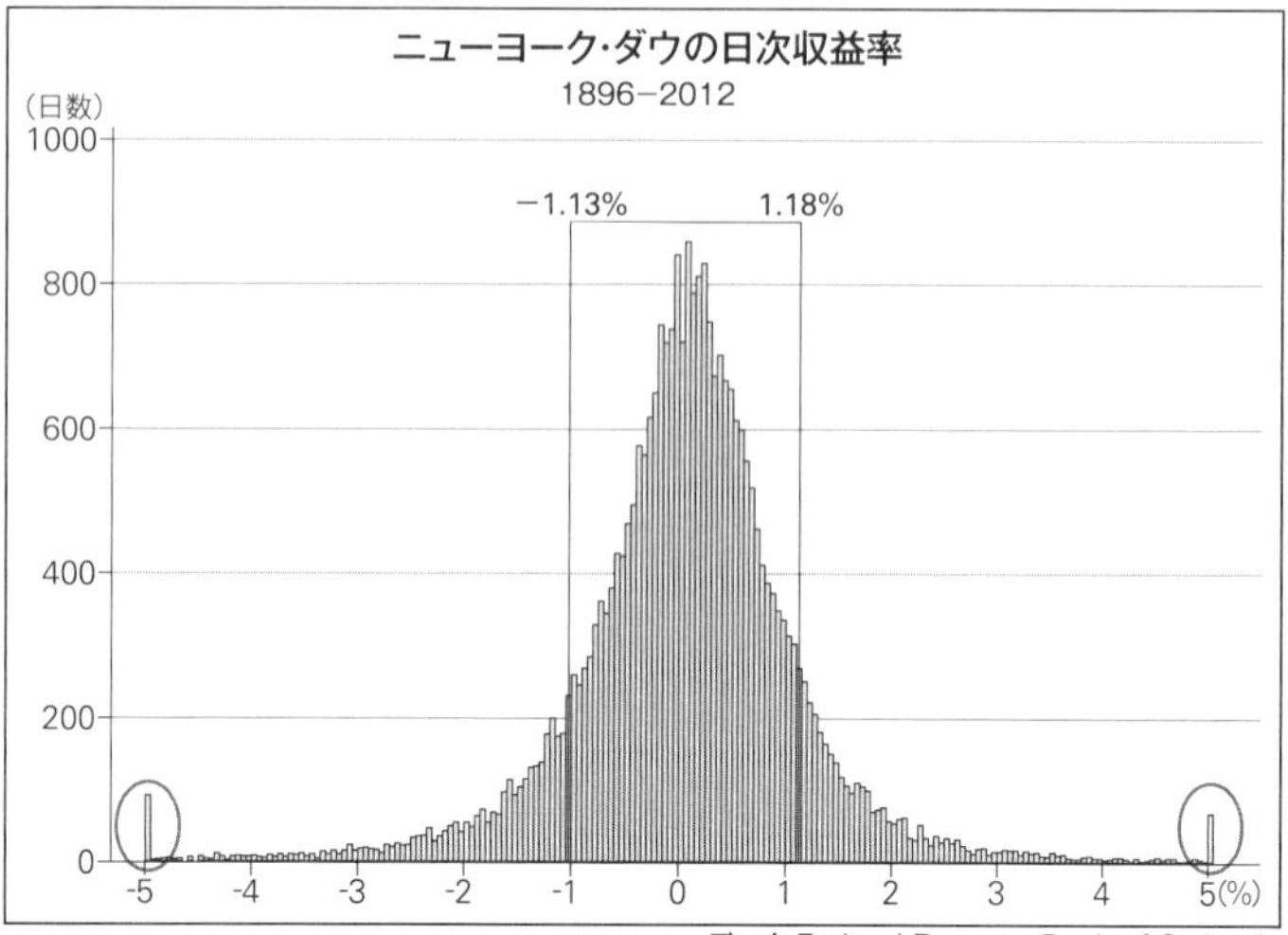

データ:Federal Reserve Bank of St. Louis

もその上げ下げの大きさも長期間の統計をすれば対称形。これがランダムの証です。

グラフは、ニューヨーク・ダウが初めて記録された一八九六年五月二六日から二〇一二年六月二九日までの日々の収益率（変化率）を記録して、〇・〇五％刻みに仕分けして集計して積み上げたものです。従って〇％から一％の間は、二〇の区分に分けられて日数が集計されています。データは全部で二万九八五〇日分あり、上昇した日が一万五一七九日、下落が一万三七二七日、平均値はプラス〇・〇一九八％で、この一一六年間にダウがすこしずつ上昇してきたことを示しています。平均値から左右はほぼ対称でグラフの形が釣鐘に似ていることから、鐘の意味で一般にベル・カーブ（正規分布）と呼ばれています。

もしこのグラフが正規分布であるとすれば、その正規分布の一般的な性質から、全部で二万九八五〇日分あるデータの内、約三分の二の日数が平均から一標準偏差であるプラスマイナス一・一五九％の範囲（四角）の中に収まっていることになります。また二倍の二標準偏差であるプラスマイナス二・三一八％の間には九五％の日数が収まっているはずです。このようにもしこのグラフが正規分布であるならば、さまざまな確率計算をするのに非常に便利なことになります。そして、ダウ平均の収益分布が正規分布であるならば、株価はコイン投げや宝くじと同じように記憶を持たないランダムな動きをするということも示唆しているのです。言い換えれば、チャートも何も役にたたない、株価の予測はできないということです。

株式の本質的価値とは、今現在市場でつけられている株価そのものです。活発な市場では、新しい情報が絶えず生まれ、株価は時間とともに変化します。その結果、新しい情報（例えば大幅な増益など）が出現することを予測して、その情報が本質的価値に与える影響を正確に評価できるならば、つまり株価が上がるか下がるのかを予想できるならば、お金儲けができるはずです。こうして多くの優秀な証券アナリストや投資家が金儲けのために合理的に行動し、情報を求め分析を加え、株の売り買いを即時に判断して、その結果として現在の株価が形成されているに違いありません。一番高く買いたい人と一番安く売っても良い人の出会いのポイントが、現在の株価です。従って、そこには全ての利用可能な情報が織り込まれているはずなのです。これが「効率的市場仮説」です。

株価の次の動きは、全く新しい誰も知らない次の情報に依存しているので、上がるか下がるかは誰にもわからない。株価の動きはランダム・ウォークであり、市場は「効率的」なのです。

しかしグラフをもう一度よく見ると、両端のプラスマイナス五％以上の棒が高くなっています。これは正規分布にしては多すぎるし、ベル・カーブ全体としても少し形が〝怪しい〟のです。これは正規分布じゃないのではないかと疑いもあるのですが、それでも多少のことには目をつぶりました。なぜなら、もしもこれが正規分布だと仮定するならば、「リスク」という株価のブレの大きさを標準偏差として数値化できるし、銘柄間の比較も可能だし、銘柄を組み合わせた時のリスク値の計算もできる。将来の株価がいくらになるのかピンポイントで予測できなくても、量子力学のようにいくらからいくらの範囲にいる確率は％で計算ができる。後々の論理展開には非常に便利な性質だったのです。

しかしニューヨーク・ダウが正規分布であると仮定して計算すると、二万九八五〇日のうちマイナス五％以下の日が発生する確率は、実は〇・二二日分しかありません。一二〇年も毎日市場を開けても、一日も発生しないかもしれないのです。そのために、こんな下げはめったに見られないことから、後に「リスクのカリスマ」と呼ばれた、デリバティブトレーダーであるナシーム・タレブのベストセラーによって「ブラック・スワン」と呼ばれることになります。もちろんこれはタレブの皮肉であって、現実には九七日も存在していたのです。

またこれでいくと既述のブラック・マンデーのマイナス二二・六一％という下げの日の発生確率は、約一〇のマイナス八〇乗日の確率になります。もう少し簡単に言えば、「ありえない」ということです。つまりランダム・ウォークの学者は、テクニカル・アナリストやストラテジストを小馬鹿にしていましたが、ベル・カーブの端の方では、彼らの方こそ少しも〝現実的〟ではなかったのです。そのことに触れる前に、ここでは「ファイナンス理論」がどのようにウォール街へかかわっていったのかを見ておきましょう。

六八話　オペレーションズ・リサーチとアセット・アロケーション

ファイナンス理論のウォール街での実務への応用は、NASA（アメリカ航空宇宙局）を辞めたロケット・サイエンティストたちによって普及したとよくいわれます。NASAの予算が削られ、多くのエンジニアが失業しました。理科系学生には縁のなかったウォール街に、こうした技術者や数学者が職を得るようになったのは確かにここ三〇年ほどのことです。金融機関へのコンピューターの普及の進展と無縁ではありません。

一方でアメリカやイギリスでは、第二次世界大戦時にも多くの経済学者や数学者が戦争の為に動員されました。彼らは日本の帝国陸海軍のように一兵卒としてでは無く、多くは統計的手法によって戦略上の意思決定をサポートする「オペレーションズ・リサーチ（OR）」の要員として集められました。

ORとは、戦争遂行のための効率的な資源配分をどうするかというような大きな問題だけではなく、例えば、ドイツUボートの脅威下にある大西洋において、限られた護衛艦と輸送船でどのように船団を組めば被害を最小限にして効果を最大限にできるか、あるいはドイツを戦略爆撃する際に優先すべき爆撃目標は戦闘機の機体工場なのかあるいはベアリング工場なのか、敵の防御体制も含めて爆撃隊の被害を最小限にして効果を最大限にすることが求められました。今では経営学でお馴染みの「線形計画法」です。

元法務大臣の故後藤正夫氏によれば、我が国にも戦争初期には、戦力計算室としてORがあったそうです。しかし統計的な手法で様々な戦争経過を想定すると、開戦前に既に我が国の負けが見えていたそうで、ある日視察に訪問してきた東条首相の逆鱗に触れ、大日本帝国版ORは即日廃止になったそうです。

こうした被害を最小限に抑え、最大の効果を得るという問題の論理特性は、経営学もさることながら、最小限のリスクで最大のリターンを得るという、株の複数銘柄や債券などを混ぜあわせた金融資産のポートフォリオ運用の特性と同じでした。ここでのリターンは、計画段階で見込める平均的な運用収益であり、リスクとは資産価格のブレである標準偏差を意味しています。つまり前話のベル・カーブをイメージすればよいでしょう。遠くへ砲弾を運び、着弾点のバラつきが少ない大砲が高性能であるように、性能の良いポートフォリオとはリターンを最大化し、資産価格のバラつきを最小化したものです。ただ「見込めるリターン」とはどのようなことか。将来の資産価格を予測する人もいるでしょうが、リターンも標準偏差もとりあえずは長い過去データの延長で考えます。予測不可能なランダム・ウォークの世界では過去の長期実績が最良の予測です。

一般に景気がよくなれば企業収益が良くなり株価は上昇しますが、業績好調な企業による資金需要が強くなり、金利も上昇すると考えられます。金利が上昇するということは債券価格が下落することを意味します。そしてその反対に景気が悪くなれば株価は下落しますが、債券価格は上昇するメカニズムです。いつもこううまく反対に動くわけではありませんが、一つの典型的なパターンとして逆の動きをする株式と債券を同時に保有していれば、お互いに価格の上下を打ち消しあい、資産のブレであるリスクを小さくすることができると考えられます。しかもその場合にも組み合わせたことによってそれぞれのリターンが減るわけではありません。リターンは加算されますが、リスクは減少します。こうした株式の銘柄間や株式と債券などの資産のベストの組み合わせを求めるのが、アセット・アロケーションです。しかし、アセット・アロケーションは誰かが発明したとか、気付いたものではなく、昔から商人たちは危険分散を自然な形でおおざっぱに実行していました。一六話に書いた『プラートの商人』のダティーニも、彼の支店網を見てもわかるとおり、ビジネスの地域分散をこころがけていましたし、二三話の『ヴェニスの商人』のアントーニオも、船の仕向け地を分散していました。もっとも安全な株式のひとつと考えられていた東京電力でさえ株価からみると予想外の事故が発生しました。株式投資でも一銘柄だけに入れ込むというのは、世の中何が起こるかわかりませんから危険な行為だというのは直感的にわかるでしょう。

一九五二年に、シカゴ大学の大学院生であるハリー・マーコビッツが、ORを応用した「ポートフォリオ選択」という論文を書きました。これが現在のアセット・アロケーションの手法に関する最初の論文になりました。漠然としていたリスク分散を、リスクを最小限にしてリターンを最大化する手法に変えました。リスクの分散だけではなく、費用対効果を最大にする、まさに戦争遂行技術からの応用だったのです。

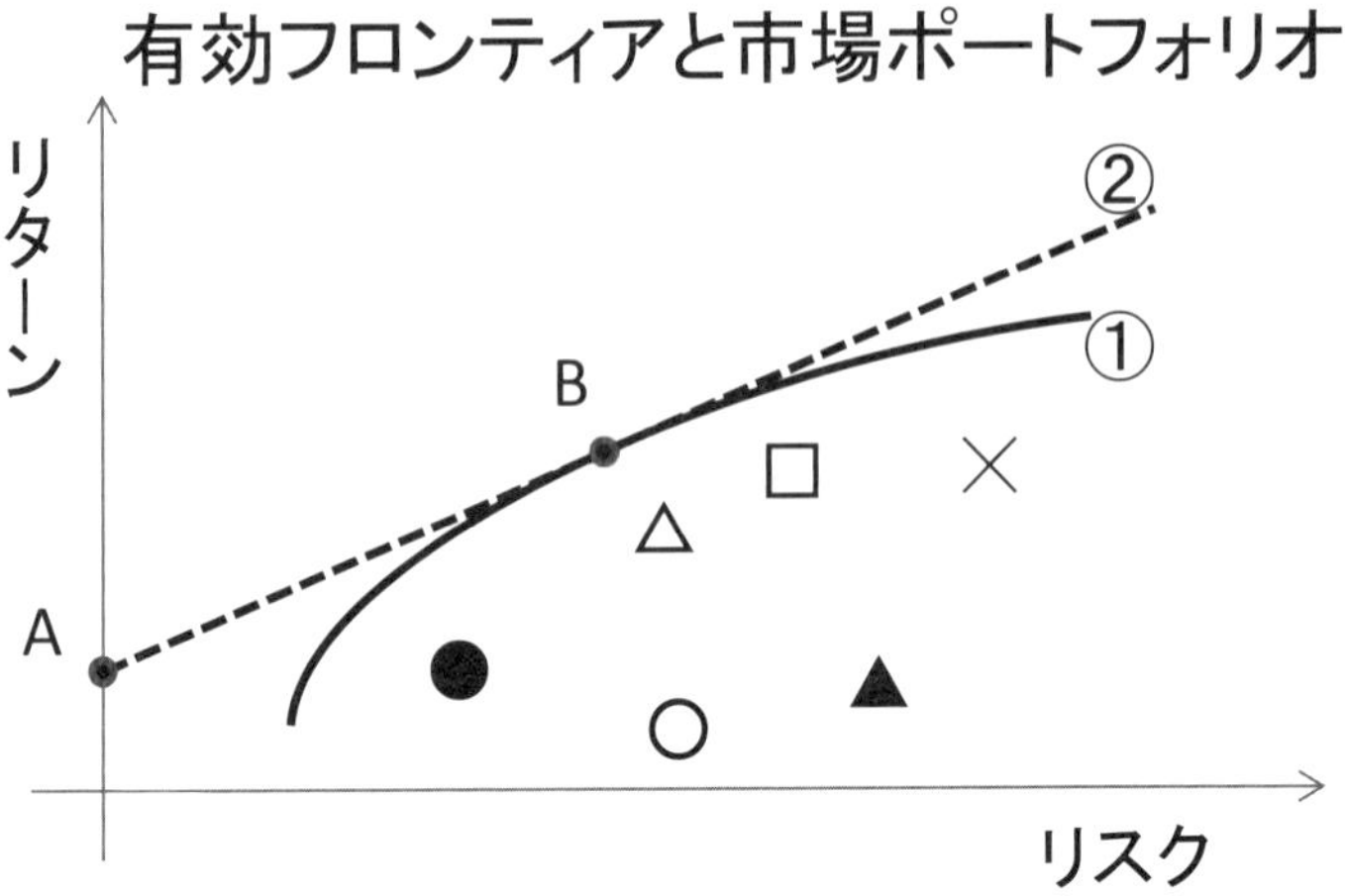

例えばポートフォリオの組入資産を株式だけで考えた場合、その市場の構成銘柄（グラフの○や△です）を組み合わせた時に、一定のリスク（標準偏差：ベル・カーブの幅）のもとでの最大のリターン（予想収益：ベル・カーブの平均値）が得られるポイントがあります。そしてそれを線でむすんだのが、グラフの①の線です。それぞれのリスクの値に応じてこれ以上効率的なリターンはないことからこの線は効率的フロンティア（有効フロンティア）と呼ばれます。投資家は自分で許容できるリスク（標準偏差：資産のブレ）に応じて最適な株式銘柄の組み合わせ（ポートフォリオ）がひとつだけ決まります。

しかしマーコビッツの「ポートフォリオ選択」には、現金や貯金、短期国債のようなリスクが殆ど無いと考えられる資産（無リスク資産）の概念がありませんでした。しかし実際には、株も債券も持たず、銀行預金のままという状態やそうした投資家も多いはずです。そこで経済学者のジェームズ・トービンはこれに無リスク資産の考え方を組み入れました。これが点Aです。リスクはありませんが預金金利のようにリターンはあります。そしてこの線を点Aから①の有効フロンティアの一点であるBに接するように引いた線が、グラフの②の線です。

ここでは株式だけで組成されたポートフォリオの場合、期待されるリターンが最大でかつリスクが最小となる最も効率的な銘柄の組み合わせがひとつだけ存在するとしています（「最も」なのでひとつです）。これが点Bの株式ポートフォリオで、「効率的ポートフォリオ」と呼ばれます。ポートフォリオ内の各株式が「効率的市場仮説」に従って、市場参加者によって効率的に価格形成されているならば、効率的に価格づけされた株式の集合体である市場そのものも、リスクとリターンの関係はもっとも効率的な状態にあるはずだと考えるのです。これは株式投資をするのであれば、「効率的ポートフォリオ」、つまり市場そのものを買ってしまうことがリスクとリターンの比率から考えて一番効率的であることを示していると考えられます。もしも「効率的ポートフォリオ」よりも高いリターンを狙うのであれば、今度は余分なリスクを取る必要が出てくるはずです。

預金だけを持つ投資家が点Aのポイントから、預金を解約して点Bの株式ポートフォリオを徐々に購入して、株式の構成比率を上げていくと②の線上を点Bに向かって移動していくことになります。預金がゼロになり株式が一〇〇％となるポイントが点Bです。もしも点Bから株式の組み合わせの変更だけでリターンを上げようとすれば、線①はおじぎを始めます。つまりリスクの増加の割にリターンが少なくなります。ところが最も効率的な株式ポートフォリオである点B

を、資金を借り入れることによって買い増していけば、線②のようにリターンは直線的に上昇していくのです。この理想的で一番効率的な「効率的ポートフォリオ」である点Bを商品化しようとしたのが、インデックス・ファンドです。また株式ポートフォリオの銘柄選択と預金などの無リスク資産の組入比率は別々に意思決定すればよいことから、このグラフの考え方は「トービンの分離定理」と呼ばれています。

「効率的ポートフォリオ」、つまり市場全体と同じ銘柄構成比率のインデックスをファンドにして商品化したものがインデックス・ファンドです。この理論でいけば、株式投資をする上で銘柄選択は必要がないし、それにインデックスは組入銘柄が一定なので個々の銘柄の売買のタイミングなどに悩む必要もなくなります。

六九話　インデックス・ファンド

過去の実績において、株価指数であるインデックスの方が従来の専門家たちのアドバイスよりも勝っている（儲かっている）ことは、コウルズが執拗に調べました（六六話）。一方で、七〇話で後述するマイケル・ジェンセンは、六九年に一一五本の投信を一〇年間にわたり検証しましたが、インデックスに勝てた投信は二六本しかありませんでした。投資家は事前に勝てる投信を選べるわけではありません。いろいろ選ぶよりもインデックスを買っていれば確実に勝ち組に入れたのです。

しかしウォール街には、調査部門もあればアナリストもセールスマンもいます。当時はまだ個別銘柄の情報を提供して、それによって得る売買手数料を収入源としていたので、彼らにとって自己否定に繋がるインデックス・ファンド・ビジネスには積極的になれませんでした。投資家がインデックス・ファンドを買えば、銘柄を選択する必要も無いし、そのファンド自体も途中で個別銘柄の売買が必要ではなくなってしまうからです。そうした理由もあって、ウォール街がこの投資理論の応用に積極的になるはずもなく、結局、インデックス・ファンドを最初に商品化したのは西海岸の銀行でした。

最初のインデックス・ファンドの設定は、一九七一年七月でした。サンフランシスコにあるウェルズ・ファーゴ銀行の資産運用部門（バークレーズ・グローバル・インベスターズを経て現ブラックロック）によって、サムソナイト社の年金基金六〇〇万ドルがファンド化されたのです。ただしこれはNYSE（ニューヨーク証券取引所）全上場一五〇〇銘柄に対して、同金額が投資されたものでした。株式時価総額の大きいGMもGEも、小さな会社と同じ金額だけしか投資されなかったのです。つまりインデックス内の個別銘柄の構成比率を無視したものでした。従ってこれは「市場ポートフォリオ」ではありませんでした。個別銘柄の時価総額に比重をおく発想も道具立ても、未だ無かったのでしょう。結果は冴えないものだったようです。

その後ウェルズ・ファーゴは試行錯誤を重ね、一九七三年にはウェルズ・ファーゴ銀行従業員自身の年金五〇〇万ドルにイリノイ・ベルの年金五〇〇万ドルを加え、SP五〇〇株価指数の合同ファンド（出資者の区別なく一緒に運用する）を立ち上げました。七五年には、インデックス運用には欠かせない、株式リスク計測モデルを提供するバーラ社が設立され、七六年には、今ではインデックス投資の第一人者であるジョン・ボーグルのヴァンガード社から、個人向けインデックス投信が発売されたのです。

ウォール街には「ミューチュアル・ファンドは売られた（販売された）のであり、買われたのではなかった」という諺があることを、五七話で紹介しました。投資家から見れば、インデックス・ファンドのメリットは大きかったのですが、証券会社から見ればあまりメリットはありませんでした。彼らはインデックス・ファンドを積極的に販売しなかったので、しばらくは普及もしませんでした。

インデックス・ファンドのように市場全体や株価指数採用銘柄をそのまま採用して、売り買いのタイミングを無視して、長く持ち続けるファンドをその受け身な姿勢から「パッシブ・ファンド」と言います。一方で、ファンド・マネージャーが銘柄を選択し、タイミングを測って売り買いを繰り返すファンドを、積極的に利益を狙っていくところから「アクティブ・ファンド」と言います。

後者では経験豊富なファンド・マネージャーや、銘柄を発掘するアナリストを雇う必要があり、運用体制構築にコストがかかります。さらに銘柄の売り買いに伴い、「売買執行コスト」がかさんできます。売買執行コストとは、証券会社に支払われる手数料と、売買時の「売り」と「買い」とのスプレッドに対するコストがあります。買う時の株価は現在値よりも高くなり、売る時には安くなる。たいしたことは無いと思うかもしれませんが、繰り返せば大きなコスト負担になります（当時は、アメリカも日本も呼び値の幅が広かった）。インデックス・ファンドにはこのコストが極端に少ないのが特徴です。仮に、アクティブなファンド・マネージャーたちのコスト控除前の運用結果の平均が市場平均と同じだとしても、これらのコストの分だけ、インデックス・ファンドに負けてしまうのです。

インデックス・ファンドのマネージャーたちは、自分たちのメリットであるコストに敏感となり、ファンドのスケール・メリットを追求して、注文執行を市場に出さない「インターナル・クロッシング（契約資産の間でコストをかけずにクロス売買する）」や執行コストの小さい先物を使った「EFP（Exchange for Physical：現物株に比較して有利な価格の先物で執行して、後に現物株と交換する）」、貸株の「バルク・レンディング（インデックスごとまとめて株を貸すと、貸株料のレートが良い）」など、運用コストを低下させる手法を数多く開発していきました。インデックス・ファンドによるまとまった貸株が無ければ、個別銘柄を空売りする大型ヘッジ・ファンドは成立しなかったと思います。空売りする際には株を借りる必要があるからで、インデックス・ファンドがその大きな供給者となりました。

七四年にアメリカで「従業員退職所得保障法（Employee Retirement Income Security Act）」、通称「エリサ法」が施行され、年金運用を引き受ける機関投資家に受託者責任が規定されると、いざという時の裁判に耐えられるように、テクニカル分析のような感性に訴えるやり方ではなく、アカデミックな根拠をバックに資産運用をする必要が出てきました。「日経平均のチャート上に三尊天井のような形が出たので、売却と判断しましたが、結局、損をしてしまいました」では、言い訳にならなくなったのです。三尊天井のような形が出た後に、市場が反発することはよくあります。年金などの機関投資家の中には、失敗しても根拠があり、アカデミックな世界ではもっとも効率的であるはずのインデックス・ファンドを採用するところが増え始めました。七五年に米国で株式委託手数料が自由化され、大手投資銀行の中で経営に占める株式売買手数料への依存度が下がってくると、他に儲け口を探さなければならなくなりました。ウォール街には、テクニカル・アナリストの代わりに、ランダム・ウォークの学者たちやNASAを辞めた数学のわかる人間が増えていったのです。

手数料自由化は、様々な影響を及ぼしました。それまであまり波風の立たなかった引き受けなどの分野でも競争が始まりました。七九年にIBMが初めての社債を発行しましたが、モルガン・スタンレーは主幹事から締めだされました。証券引き受けの王者であったモルガンは当時投資銀行であり証券会社ではなく、債券のセールス・トレーディング・デスクも持っていなかったことがマイナスに評価されました。それまでの馴れ合いが効かなくなってきたのです。モルガンを無視するなど、かつてはなかった事でした。これは日本でお馴染みの、いわゆる「長い間のお付き合い」で決まる「主幹事関係」の崩壊のさきがけでした。モルガンやゴールドマンのようなパートナーシップの投資銀行には過少資本が問題となり始め、この動きは資金調達のための投資銀行の株式公開へと繋がっていきました。

八〇年前後になると、財政赤字の累積によって米国国債市場が大きくなり、インフレと戦うボルカー議長率いる連銀の市場への影響が大きくなり始めました。その動向を探るために、FEDウォッチャーと呼ばれるアナリストが登場しました。八一年にIBM・PCが発売され、パーソナル・コンピューターが各従業員のデスク上に普及し始めます。ソロモン・ブラザーズを辞めたマイケル・ブルンバーグ氏（二〇一三年現在ニューヨーク市長）がその技術をベースに詳細な債券情報サービスを開始しました。そして株価や債券利回り、為替、オプション価格、モーゲージなどデータの分析は専門家であるアナリストだけのものではなくなりました。新入社員は大学で「ファイナンス理論」を学んでくるようになり、古手の証券マンにとって以前は迷惑でしかなかったこの理論も証券引受業務や企業買収、オプション・ビジネスや裁定取引など応用範囲を広げ、次第にウォール街の常識になっていきました。

七〇話　バフェット対ジェンセン

効率的市場仮説では、市場に存在するあらゆる銘柄に投資家の注意が払われ、すべての情報を織り込んだ適切な株価が付けられているという前提でした。しかしウォール街の証券会社は、投資家が見向きもせず、売り買いもない銘柄にわざわざ給料を支払って、アナリストを担当させたりはしませんし、顧客にニーズの無いレポートは発行しません。さまざまな証券会社から数十人のアナリストが担当して売買も活況なアップル・コンピュータのような株式もあれば、誰からも相手にされない「無視された銘柄（Neglected stock）」と呼ばれる株式もあります。こうした銘柄では、効率的市場仮説が想定する活発な情報収集が価格に織り込まれたりはしません。誰も注意を払いませんから割安のまま、あるいは高値に放置されたりします。また人間がロボットのセンサーのようにつねにあらゆる情報を感知して、経済合理的に判断し行動するわけでもありません。動物ですら利他的な行動をするものがいます。意思決定モデルも進化して、様々な感情や感覚に根ざす誤解もあることがわかってきました。行動経済学が、それまでの経済学が前提とする合理的な人間像を疑いはじめたのです。抜け目のない投資家たちが割安銘柄を買い割高銘柄を瞬間に売る価格裁定は効率的市場仮説が想定するほどに、完全になされているわけではなかったのです。

それに第六七話で紹介したニューヨーク・ダウの日次収益率のヒストグラムも一一六年間という長期だからこそ正規分布に近いのであって、一年や二年の個別銘柄のデータではいびつな形も出てくるし、あたりまえのことですが短期のリターンは長期の平均値から大きくぶれます。投資の意思決定に提供されるリターンやリスクのデータも「ランダム・ウォーク理論」でいくならば、予想できないはずの「予想」か、あるいは過去のものでしかありません。それでもそれを正規分布であると決めて、標準偏差をあてはめて、やがては平均に回帰するという「大数の法則」頼みに様々な計算をしていく矛盾は当初からはらんでいました。現実の世界に確率と統計の枠組みをはめ込もうとしたのであって、確率と統計に従って現実の世界が存在しているわけではありません。

「ファイナンス理論」において「効率的ポートフォリオ」を使用したインデックス投資が一番効率的であるという美しい結論にもかかわらず、現実には何年も継続してインデックスに勝ち続けるファンド・マネージャーたちがいました。もちろん凡百のファンドはインデックスにはなかなか勝てませんでしたが、そうした腕の良いファンド・マネージャーが本当に存在する以上は、それを否定する者はその存在理由を考えなければなりませんでした。

ＣＡＰＭの考案者で、効率的市場仮説の信奉者であったノーベル賞経済学者ウィリアム・シャープは、高い投資成果を出すアクティブ運用のファンド・マネージャーをこう揶揄していました。

「コイン投げでも何回もやっていると一〇回続けて表ばかりが出ることもある」

つまり大勢いるファンド・マネージャーの中には、確率的に偶然良い成績を出すものもいて当然である。コイン投げのような個人の能力とは無関係な、全く「運次第」のゲームでもトーナメントをやれば最後は必ず勝者が残るが、それは彼らの能力とは関係がない。第一、偶然なのだから、投資家は誰がコイン投げに勝ちそうなのか事前に予想などできないだろうと切り捨てていたのです。

一九八四年にコロンビア大学で開催された、「グレアム＝ドッドの『証券分析』出版五〇周年記念コンファレンス」は今ではすっかり有名な語りぐさになっています。それはこのコンファレンスが昔ながらのやり方が良いのか、インデックス・ファンドが良いのかの「効率的市場仮説」を巡る戦いだったからです。

講演者は二人で、投信の運用成績がインデックスにかなわないことを測定した「効率的市場仮説支持派」の経済学者マイケル・ジェンセンと、当時すでに史上最強のバリュー投資家（企業経営を分析して優良かつ割安な株を見つける投資家）として有名で「効率的市場仮説」が一〇〇％正しいとは考えていないウォーレン・バフェットでした。この話は、様々なところで何度も引用されています。

ジェンセンはコンファレンスの冒頭で、ウィリアム・シャープが「アクティブ・ファンド」をからかう時によく使うコイン投げのたとえ話を持ちだして、成績の良いファンドが存在するのはコイン投げのトーナメントと同じで、必ず勝者は生まれるものだ、それは単なる偶然に過ぎず、そうした成績が何年も継続するわけではない、とバフェットを挑発しました。

それに対してバフェットは、コンファレンスに臨んで、継続的にインデックスに勝ち続けている九人の投資家を事前にリスト・アップしていました。結果だけを見て選んだのではなく、一五年前からきっとうまくいくだろうとバフェットが注目していたマネージャーたちでした。彼らは別々に運用していましたが、投資手法はグレアム＝ドッドの『証券分析』のやり方で共通していたのです。

バフェットはジェンセンがコイン投げのたとえ話で揶揄するのであればと、本題であるその九人の紹介に入る前に、同じくコイン投げの話でジェンセンに切り返しました。

全米コイン投げ大会があるとしましょう。明日の朝、二億二五〇〇万人のアメリカ国民全員が最初に一ドルを賭けて、それ以降毎朝コイン投げをして、トーナメント形式で勝者を決めるのです。勝つごとに賭け金は上がっていきます。毎朝一回コインを投げると、一〇日目の朝には一〇〇〇ドルの賞金を持った勝者が約二二万人残ります。さらに二〇日目の朝には勝ち残った百万長者が二一五人ほど登場します。そしてそうなると、その勝者の多くは、自分は天才だと確信するようになるでしょう。『たった二〇日で一〇〇万ドルを稼ぐ方法』というような本を出版する人もいれば、そんな本を買う人もいるに違いありません。ジェット機に乗ってアメリカ中の「効率的コイン投げに関するセミナー」に乗り込み、「そんなことはありえないと言うのなら、この二一五人がこうして実際にいるのはどうしてなのですか」と懐疑的なファイナンスの教授にくってかかる人もいるでしょう。

ファイナンスの教授たち（シャープやジェンセンのこと）は、それがアメリカ人ではなく、たとえ二億二五〇〇万匹のオランウータンがコイン投げをしても二一五匹の尊大なオランウータンが勝者となり、同じような結果になっていただろうと言い返すかもしれません。しかし、もしもコイン投げ長者になったオランウータンがどこの出身かを詳しく調べたらどうなるでしょうか？実はそのうちの四〇頭はオマハ（バフェットの本拠地）の、ある特定の動物園の出身だとわかったら、学者たちは大騒ぎをして大発見をしたと強く確信することでしょう。そうして、動物園に行って、どんな餌をやっているか、特別な運動をさせているか、どんな本を読んでいるか、他に何か知っている人はいないかと飼育係に尋ねることでしょう。

そうすれば、投資の世界の、コイン投げ長者の大多数は「グレアム＝ドッド村」とでも呼べる、とても小さな村の出身だとわかるのではないでしょうか。さらに突出した成功を収めている九人の投資家を調べたら、その九人の投資家は、グレアムの元教え子もいればそうでない者もいたが、全員が会社の収益や資産と比べて割安感が大きい個別銘柄を探すか、相場の流れを無視していた（筆者注：チャート分析を無視していた）。市場価格と本質的な価値の間には今後も大きな乖離が生じると見られ、グレアムとドッドの本である『証券分析』を読んでいる投資家は成功し続けるに違いありません。

こうしてバフェットは実際に成功している九人の『グレアム＝ドッド村』の投資家を紹介しました。バフェットは市場価格と本質的価値は決して一致してはいない、個別企業のファンダメンタルズ分析をきちんとすれば、いくらでも市場平均であるインデックスをアウトパフォームすることが出来る。市場は決して効率的ではないと主張したのです。当時のやりとりは後にコロンビア大学から小冊子となって発行され、現在もインターネットで取得することができます。バフェットの運用するバークシャー・ハザウェイの株価は、彼が経営権を握った時には一八ドルでしたが、二〇〇七年後半には八四二五倍の一五万一六五〇ドルになっていました。しかし、その間にダウ・ジョーンズ工業株平均は一四倍しか上がっていなかったのです。

グラフは、このコンファレンスから六年後の九〇年から二〇一二年末までの、バフェットが運用するバークシャー株とMSCI指数（モルガン・スタンレー・キャピタル・インデックス）の

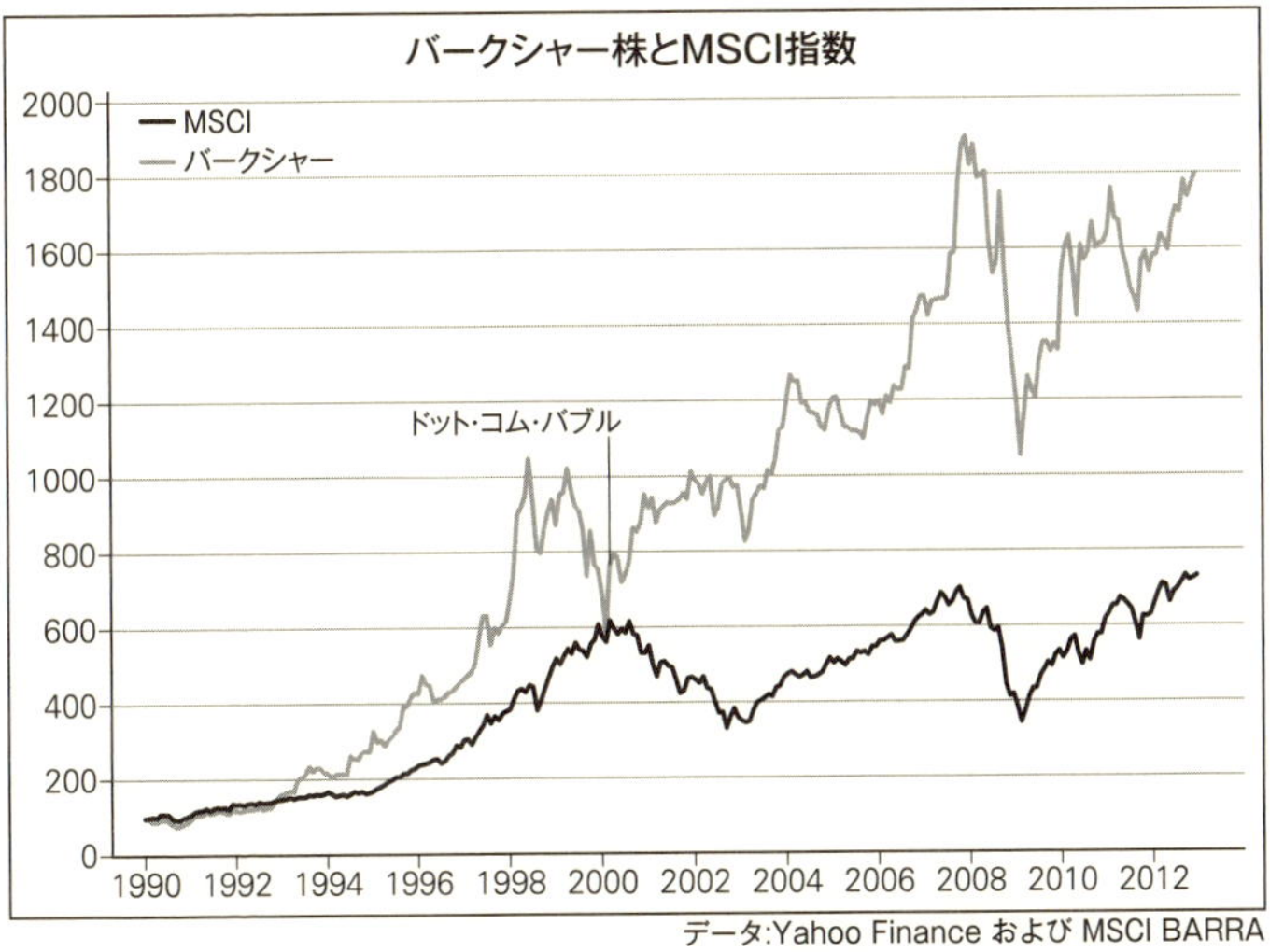

データ:Yahoo Finance および MSCI BARRA

比較です。バークシャー株は配当を出さないので、配当を再投資して計算するＭＳＣＩ指数を比較に使用しました。

グラフのとおり、バフェットにしてみれば、株式市場が効率的だなどとは考えられなかったのでしょう。古いやり方の証券マンはこの逸話に溜飲を下げたのかもしれませんが、現実に優秀なドッド村出身者はほんの一部であって、一般の投資信託はこの後も、あいもかわらずインデックス投信には勝てなかったのです。

七一話　効率的市場仮説への攻撃

一九八〇年代も半ばになり、ＩＢＭ・ＰＣがウォール街の投資銀行のデスク上に行き届き、スタンダード・アンド・プアーズ社の株価・企業財務データベースである「コンピュスタット」が手軽に使用できるようになると、過去に遡っての株価や財務データの分析がとても容易になりました。

それまで研究者やアナリストに限られていたデータベースへのアクセスが、飛躍的に拡大しました。そうすると多くのトレーダーなどの実務家によって、本来ならば効率的な市場ではありそうもない株価の動きが発表されるようになりました。こうした株価の動きは、原則からは説明できない「アノマリー」という用語で呼ばれました。

その中には、年末の納税対策から売られた銘柄（損をしている銘柄を売って課税所得を減らす）が一月に買い戻される「一月効果」や、休みを挟んでリフレッシュした月曜日は強気というようなものもありましたが、たいがいのアノマリーは実行に移すと、手数料や執行（株式注文）に伴うコストによって儲からないものが多かったのです。もっとも、商売人が儲けられる手法を世間に発表したりはしません。しかし中には、継続的な大きな傾向もありました。その代表的なものの一つが「小型株効果」でした。

いろいろな研究者から、小型株は継続して市場インデックスをアウトパフォームしていることが報告されていました。小型株には証券会社のアナリストが担当していないケースも多く、売買する投資家も少ないので、安値に放置された株が出やすい。小さい会社なので売上規模が二倍三倍と大化けしやすい。あるいは小型株が儲かるのは、業績不振企業のリスクに対して市場が高い代償を求めているため、という説明がなされました（倒産しそうな会社が多いのだから、その分、成功のあかつきには高い株価が必要だ）。

もう一つが「バリュー株効果」と呼ばれるものでした。バリュー株の定義は一様ではありませんが、一般に会社の保有する資産に対して、株価が低いような銘柄です。基本的にはウォーレ

2012/12まで	リターンA	リスクB	A/B
MSCIバリュー	11.9%	15.1%	0.79
MSCI米国	11.5%	15.4%	0.75
2007/5まで			
MSCIバリュー	14.3%	14.3%	1.00
MSCI米国	13.4%	14.9%	0.90

データ:MSCI BARRA

ン・バフェットの投資手法に近いものです。グラフはMSCI社のトータル・リターン・インデックスです。トータル・リターンとは、株価の上昇益だけではなく、配当も再投資した総収益を意味します。ここでは米国市場全体を代表する米国株価指数と、その中からバリュー株だけを選別した指数を比較しています。

　バフェットは二〇〇〇年前後のドット・コム・バブル時に、その会社の資産価格よりも数倍も高い株価のついたハイテク株に「理解できないものには投資しない」と手を出しませんでした。効率的市場仮説では株式の本質的価値は株価そのものでしたが、バフェットはそうは考えなかったのは前話のとおりです。「市場の価格は間違っていることもある。ビジネスや財務諸表を分析してその会社の本質的価値を計算し、市場の株価と比較して割安（バリューのある）株を買うのが正しい」と、彼は考えているのです。

こうした効率的市場仮説にそぐわない事実が見つかると、以前は新しい発見をウォール街が無視したものでしたが、今度はランダム・ウォーク派の学者が無視しました。都合の悪いことから目をそむけるのは、どっちもどっちです。しかし商売熱心なウィリアム・シャープがウォール街でリスク・モデルを売り、オプション価格算定モデルを作ったフィッシャー・ブラックがゴールドマン・サックスに就職し、マイロン・ショールズがソロモン・ブラザーズで働くようになると、話が違ってきました。アメリカではその他の教授たちも自分で運用会社を創り、ファイナンス理論を学んだ学者たちがウォール街に溢れだしてきて、現実の市場にもまれるようになったのです。

そしてブラックはこういいました。

「チャールズ川岸から見るよりは、ハドソン川岸から見る方が、市場の効率性の程度はずっと低い」

チャールズ川とはマサチューセッツ工科大学のあるボストンで、ハドソン川は投資銀行のゴールドマン・サックスのあるマンハッタンのことです。象牙の塔からは効率的に見えた市場も、ゴールドマンで実際に市場に関わってみるとあまり効率的ではないことがわかったと告白しているのです。

九二年には、「効率的市場仮説」のユージン・ファーマとケネス・フレンチが小型株効果とバリュー株効果を認め、株価を説明するための、「三ファクター・モデル」を論文に書きました。三つのファクターとは、それまで唯一のファクターだと考えられていたシャープの考案したCAPMのベータ値、これに小型株、バリュー株の二つを足した三つのファクターのモデルでした。

翌年にはこれに追加して株価には「モーメンタム（趨勢）」もあることがわかり、四つのファクターのモデルまで登場して、もはや経済学の理論ではなくなったといわれています。

なぜならモーメンタムとは、ランダム・ウォーク理論が真っ先に否定していた「株価の記憶」のことでした。三ヶ月から一二ヶ月の期間で見ると、上昇していた株式は上昇し続け、下落していた株式は下落し続ける傾向があることがわかりました。これは本来ランダム・ウォーカーたちが冷眼視していたテクニカル分析の世界ですが、これを加えるとモデルの株価に対する説明力が実際に増すのだから、仕方がありませんでした。結論から言えば、市場は「まったくの」ランダムでも、「完全に」効率的でもなかったのです。六七話のニューヨーク・ダウの「ベル・カーブ」は、やはり少し〝怪しかった〟のです。ただし、それでも私たちは、実務的には市場はランダムであり、効率的市場仮説はある程度正しいという前提で物事を考えているのです。

こうした小型株やバリュー株、モーメンタムの三つのファクターは効果が出たり出なかったりで、なぜそうなるのか、きちんとした説明ができているわけではありません。またバリュー株で構成された巨大ファンドが構築される時には、同じ銘柄を買い続けるためにバリュー効果が効き、暴落でファンドが大量に売られる時には、こうしたバリューの効果は逆に作用して大きく売られてしまうことにもなります。小型株も同様です。リーマン・ショックまではバリュー効果が効いていましたが、ショック以降は逆の効果が出ています。要するに、特定の効果には〝自己実現的〟な側面もあるのです。

日本においても以前ほど、何でもかんでもインデックス・ファンドが有利だと唱える人は減りました。しかしインデックス・ファンドの運用コスト面での優位性は変わらないし、投資家にとっても買って持ったままにしておけば買い替えのコストも発生しない。株式投資に余分な時間をとられることもない。相変わらず失敗の少ない投資手段だとは言えるでしょう。一方で過剰な売買による運用コストの負荷を意識して長期投資を標榜し、投資家とのコミュニケーションを大事にする優秀なアクティブ運用のファンドも増えています。また根本的な問題として政府関与が大きく、過保護で企業間の持ち合いもあり、ゾンビ企業が多く生き残っていると言われている日本の株式市場全体が、果たして最も効率的な市場ポートフォリオであるのか、言い換えるとＴＯＰＩＸなどのインデックス投資が本当に効率的なのかどうかには疑問が呈されています。

ここまでは、資産運用や株式投資に関するファイナンス理論の歴史を見てきました。投資家目線でのストーリーでしたから、パッシブなインデックス投資とアクティブ運用のどちらが有利なのかという話ばかりに目が行ってしまいました。しかし「効率的市場仮説」の貢献、言い換えると「ファイナンス理論」の社会への貢献は想像しているよりも、遥かに大きいものがあるのです。

リスクの計測が可能になり、市場が形成され、リスクに価格付けができるようになったおかげでデリバティブス商品が可能になり、我々の生活はとても豊かになっているのです。

製品を輸出する企業は、デリバティブス商品といわれる通貨先物やオプションを使って為替ヘッジをして、売値を固定することで利益を確保することができます。電力会社など燃料を輸入する企業も同じです。家庭での電力料金が、日々の原油価格と為替レートの変動の影響を受けて毎日変動していては、消費者はたまったものではありません。また航空チケットの早期予約割引も、デリバティブスを使って早めに航空燃料のコストを決定し、フライトの採算を確定できるようになったおかげなのです。金融では、保険商品や使いやすい住宅ローンの設計などにもデリバティブスは使われています。

もちろんネガティブな側面では、「ファイナンス理論」の応用で米国住宅金融市場の信用を無理に拡大し、リーマン・ショックの原因となるバブルを形成してしまったことも確かなことです。しかし「ファイナンス理論」や悪役として語られることの多いデリバティブスは、間違いなく後退しない技術革新であり進歩なのです。

さて、いよいよ次は最後の話です。ここまで概観してきた長い歴史の中で、現在の我々の立ち位置は、おおよそどのあたりなのかを確認しておきたいと思います。

七二話　最後に——グレート・モデレーションとリーマン・ショック

グラフ「SP五〇〇実質値」は、現在から一九二〇年まで、過去に遡ってSP五〇〇株価指数に、消費者物価指数でインフレ調整をした実質株価指数です。この本では、何度か部分的にグラフ化されて登場しています。指数の桁数が大きく変わるので縦軸が対数軸になっていることに注意が必要です。対数軸では、線の傾きが成長率になります。

①の一九三〇年初頭の大暴落の後、ニューディール政策、ブレトン・ウッズ体制が構築され、

データ:Dr.Robert J.Shiller HP

②ケインズ的な財政政策によって経済が安定した五〇、六〇年代に、株価は大きく上昇しました。「黄金の六〇年代」が過ぎ、③七〇年代には、ニクソン・ショックと二度のオイルショックによってアメリカはインフレにみまわれ、実質株価は大きく調整しています。④ボルカー連銀議長が金融政策でインフレに打ち勝った八〇年代からは、ケインズ主義に代わり、レーガン大統領による大胆な規制緩和の新自由主義の政策がとられました。⑤そしてドット・コム・バブルで株式市場がピークを打った二〇〇〇年以降は、大幅な金融緩和政策が取られ、インフレ率の上昇から実質株価は調整に入っています。日本に比べて、アメリカの見かけの株価指数は強く見えますが、実質値では調整中なのです。

八八年に、連邦準備制度理事会議長がボルカーからグリーンスパンに代わると、そこから二〇〇六年までの間は、株価動向とは別にGDP成長率

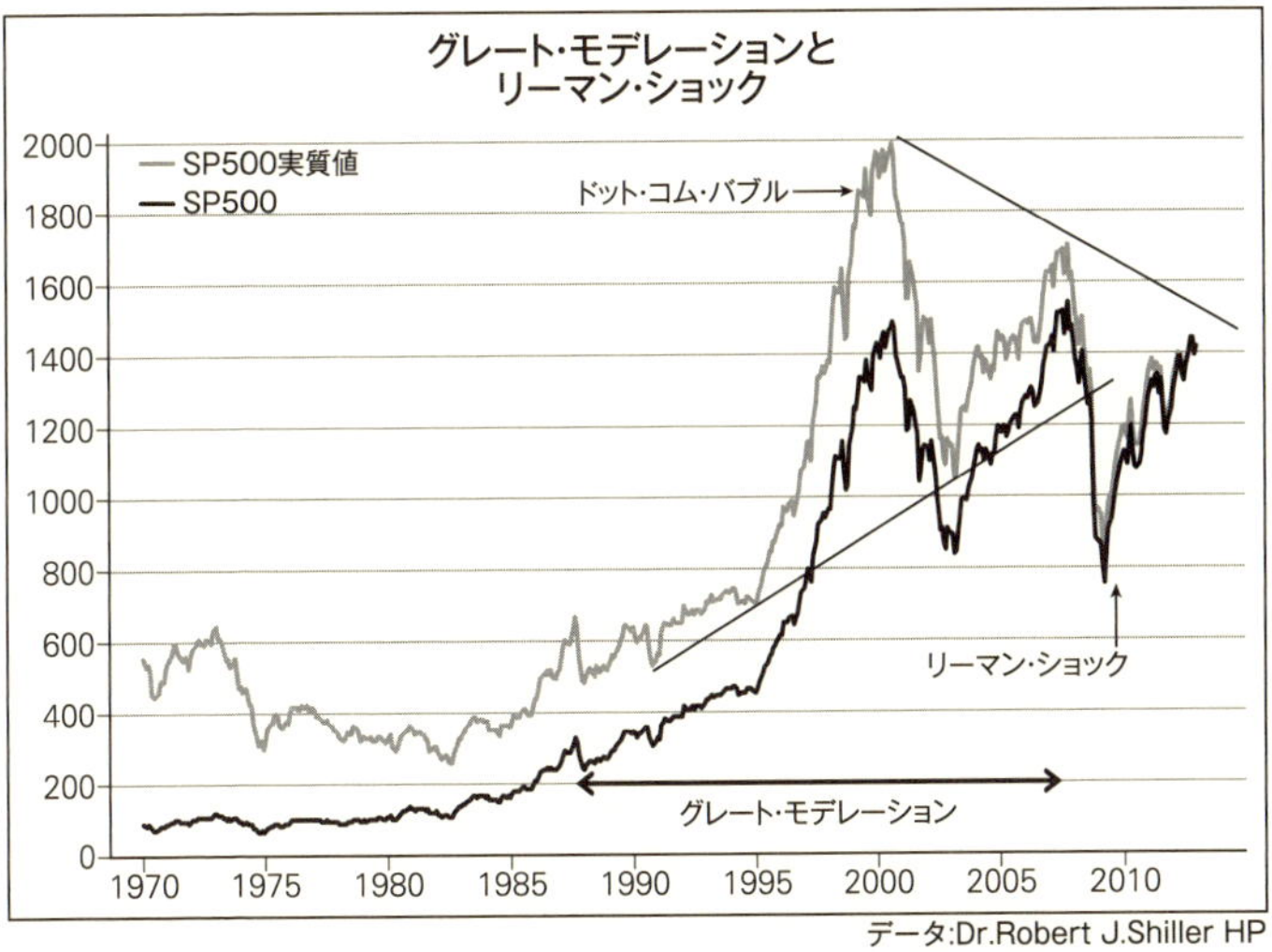

データ:Dr.Robert J.Shiller HP

や物価指数の変動が安定したために、インフレにみまわれた七〇年代の「グレート・リセッション」に対して、「グレート・モデレーション（超安定化期、The Great Moderation）」と呼ばれるようになりました。この期間は米国のみならず、先進諸国全般においてこうした現象が見られました。日本では、バブルとバブル後の調整期間にあたります。

いろいろと議論はあるものの、超安定化の原因としては、①ボルカー議長以来の金融政策手段の発達、②インフォメーション・テクノロジーの発達による生産管理技術の進歩、③規制緩和による企業の自由度の進展などが挙げられています。

この時期を拡大して、ＳＰ五〇〇株価指数と実質株価指数の両方を書き込んだのがグラフ「グレート・モデレーションとリーマン・ショック」です。期間が短く桁数の変化が少ないので、縦軸は通常に戻してあります。

米国株式市場では、二〇〇〇年にかけてドット・コム・バブルが発生して、SP五〇〇実質値で見るならば、株式市場はグレート・モデレーションの終了に先行して、先にピークを打っていました。

連銀は、ドット・コム・バブル崩壊に対して大胆な金融緩和で対処し、そのことが二〇〇七年に向けての住宅バブルを発生させることになりました。その結果が、無理な与信と言われた低所得者層向け住宅ローンであるサブ・プライム・ローンの延滞であり、そのローン債権を保障するなど信用構造に無理のあった連邦住宅抵当公社（ファニーメイ）と連邦住宅貸付抵当公社（フレディマック）など「GSE（government-sponsored enterprises＝政府系金融機関）」の実質的な破綻でした。これをきっかけに、金融市場は世界的な信用収縮へと向かいました。

心理的なインパクトとしては、リーマン・ショックというグローバルな金融恐慌事件に注目が集まりますが、インフレ調整されたアメリカの実質株価指数では、株式市場の調整は二〇〇〇年のドット・コム・バブルのピークからすでに始まっていたのです。

どうしてもアメリカの株式は高値を更新するような状況にあるというイメージを持ちますが、物価を調整した株価で見ると、二〇一二年末においてもまだピークから約三〇％も調整している状態にあります。SP五〇〇株価指数そのものを見ているだけなら、アメリカの株式市場はあたかも高値圏内にいるように見えるのですが、長い実質株価指数の歴史の中では調整期にあるのです。

では、一体何が現在の実質株価を抑制してきたのでしょうか。それは、〝解決されていない問題〟が原因だろうと思います。リーマン・ショック以前に膨れ上がった民間債務を、政府債務に肩代わりさせたアメリカや、南欧問題のユーロ諸国、バブル崩壊以降の度重なる財政政策と高齢化による社会福祉費負担の増大にあえぐ日本と、現在の先進諸国の政府は、程度の差こそあれ、どこも政府債務残高が積み上がった状態にあります。

アメリカは新規のシェールガス供給など明るい材料も多い。今後は、景気回復による税収増がこれらの債務を首尾よく打ち消すのかもしれません。しかし世界の多くの国では、これまで歴史の中に見てきたように、例えば一ドラクマ・コインを二ドラクマに打ちなおしたディオニュシオスのように、貨幣価値を変えて対処するのかもしれません。あるいは戦間期のドイツ・ワイマール共和国のように貨幣を入れ替えるのか、あるいは第二次世界大戦後の日本のように預金封鎖をするのか、そうした国家も出てくるでしょう。あるいは各国はモデレートなインフレーション環境下で、景気回復、税収増をはかり、それぞれの政府債務とうまくやっていくのかもしれません。

日本の株式市場の水準も異なるアングルから見ておきます。元来、一国の経済規模と株式市場の大きさには一定の関係があります。もちろん株式市場の短期的な予測にＧＤＰの数値は使えませんが、世間が景気はよくなると思えば株価が上昇するように、長い目で見れば、経済規模の大きな国の株式市場が大きいのは自明でしょう。ただし旧ソ連のような共産主義国家では株式市場が全く無かったように、名目ＧＤＰと株式市場規模の関係は、資本主義の発達度合いや、東京オリンピック以前の農村人口が未だ多かった時代の日本のように工業化の進展度合いなども関係してきます。現在、世界銀行のホームページでは、各国の株式市場の時価総額を名目ＧＤＰで割った値が一覧表として掲載されていますので参考にしてください。

データ：東京証券取引所、内閣府（ただし1949～54はGNP値）『近代日本経済史要覧』より

グラフは一九四九年からの我が国の東証一部時価総額を名目ＧＤＰで割ったものです。戦後の一〇％以下の水準から始まって、「ルイスの転換点」とよばれる、農村人口の都市移動が終わる東京オリンピック前には、三〇％台に到達しています。そしてバブル期には一四〇％に達し現在は六〇％から一〇〇％の間で推移しています。この数値はこの本の発刊前の二〇一三年三月末の時点で約八〇％です。経済の実力から見て極端に低い株価がつけられているわけではありませんし、また、バブルでもありません。このグラフは単純に、もしも我々日本人が株価の倍増を期待するのであれば

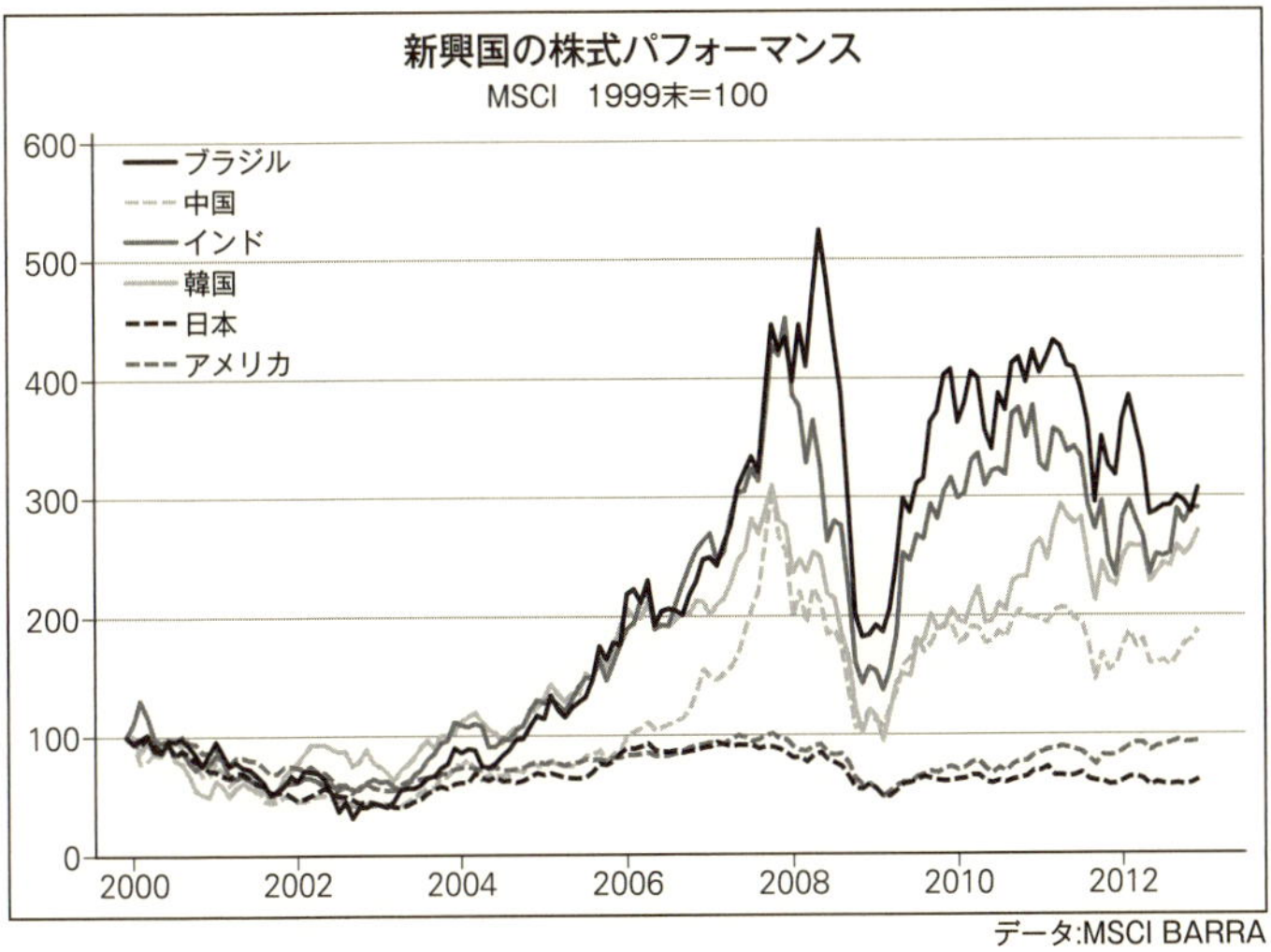

データ:MSCI BARRA

経済規模の名目値も二倍になる必要があることを示唆しています。株価だけが上昇し、この値が大きくなるとバブルの二の舞になるだけです。

アメリカ市場でも前出のウォーレン・バフェットがこの数値をひとつの目安としており、七〇～八〇％の水準が買場だと考えているそうです。ただし米国市場はドット・コム・バブル時に一九〇％を記録、二〇一二年末ですでに一〇三％の水準をつけています。これは日本では高い位置ですが、アメリカでは高くも安くもない水準です。通常の状態では、アメリカは日本よりも水準が高いのです。

二一世紀に入り、我々の投資対象は先進国以外にも確実に広がりを見せています。ゴールドマン・サックス・アセット・マネジメント会長のジム・オニール氏は、二〇〇一年にブラジル、ロシア、インド、中国の四大新興市場国を「ＢＲＩＣ s」と名付けて成長市場としてカテゴライズしました。中国が既にGDPで日本を追い抜いて世界第二位となったように、今後はますます新興国が追い上げてくるでしょう。現在、彼の会社は、次の成長市場として、「ネクスト一一ファンド」を運用しています。ここでは、メキシコ、インドネシア、韓国、トルコの「MIST」と、それに続くバングラディッシュ、エジプト、ナイジェリア、パキスタン、フィリピン、ベトナム、イランまでが入っています（核問題で現在イランには投資していないそうです）。さらにあまり知られていませんが、アフリカ諸国やモンゴルなども、資本市場の黎明期にあります。

ただし、南米諸国は、米国市場において、過去に何度も新興市場として注目されてきた歴史もあります。

「ブラジルは将来のある国だ。ただし問題は一〇〇年もの間、いつも将来のある国だったということだ」

これは二〇年ほど前にブラジルの船乗りから聞いた言葉です。高いリターンの見込めそうなところは、リスクも大きいものです。安易に高度成長期の日本のイメージとダブらせることには注意が必要です。

あとがき

シュメール人が発明した文字は、在庫管理などの記録に迫られたものでした。そこでは利子は貨幣よりも先に存在し、現在、我々が目にする様々なビジネスの原型を見ることができました。しかし、そこにはまだ市場というものはありませんでした。やがて、小アジアで貨幣が発明されると、ギリシャ、ローマ時代には市場が現れ、数多くの利子と金融の記録を残しながら、徴利禁止の中世ヨーロッパに連なっていきました。

一一世紀頃から地中海とバルト海の交易が始まり、ルネサンス期が大きな転換点となりました。戦争が、船や大砲に代表される武器の進化によって、多額の軍資金を要求するようになると、たとえ宗教上の理由から利子の徴収が禁止されようとも、国王による借入の必要性が生じてきました。やがて議会が登場し、国王の気まぐれな借金を抑制し、国家の信用を維持するために、国債を管理していくことになります。

またこの時期のヨーロッパによるアラビア数字や複式簿記のイスラムからの取り込みが、後の金融業発展の素地となっていることは見逃せません。『プラートの商人』にあるように、銀行業や保険業などの基礎は、東西文明の交わるルネサンス期のイタリアで発達したのです。

中国やその他の諸地域でも独自の貨幣が発明され、金融市場の形成も見られましたが、現在の世界の金融市場が英米法を基準に成立している以上、歴史の記述もヨーロッパを中心にならざるを得ませんでした。その分岐点を作ったのが、まさに大航海時代でした。直前に明の永楽帝が、鄭和の大艦隊をアラビア半島やアフリカまで派遣していました。歴史に「たられば」は禁句ですが、鄭和が逆にヨーロッパに進出していれば、歴史も随分変わったものになったでしょう。結局、ヨーロッパの統一されない多様な意思決定システムが、中国の皇帝専制を上回り、歴史の必然を生むことになったといえるでしょう。

やがて新大陸から大量の銀がヨーロッパに流入し、価格革命を引き起こしますが、これを巧妙に貯めこみ、きたるべき産業革命の資本としたのがイギリスでした。フランス、ドイツ、ロシアなどの大陸国と異なり、軍資金のかかる陸軍常備兵力を抑制し、海軍の整備にまわせたのも島国イギリスの利点だったでしょう。そして何より、個人の財産権を尊重し、宗教や異民族に寛容な社会が世界中から資金を呼び込むことになりました。民間の〝アニマル・スピリッツ〟のバロメーターでもある金融市場は、政府関与の少ない、自由な社会で繁栄するのです。

金本位制を基本とする通貨制度や近代的な金融市場や株式会社制度は、ナポレオン戦争後の一九世紀のパクス・ブリタニカのビクトリア朝時代に育まれました。近代的な有限責任制の株式会社の発明も、この頃です。次第にアメリカが台頭し、そのアメリカに押されるように日本も開国し、国際社会に参画していきます。国際社会に参画するとは、金と物の行き来を意味します。二〇世紀初頭の日露戦争の国際協調ファイナンスは、国際社会における日本のプレゼンスを戦争そのものよりも、むしろ大きく広めたといえるでしょう。

チャールズ・ダウによって株価指数が開発されたのが一九世紀末、まさに近代的株式投資の黎明期です。第一次世界大戦では電話と電信が証券取引にフルに活用され、戦後はアメリカがイギリスに代わって覇権を獲得しました。「狂騒の二〇年代」にはクーリッジ大統領がラジオの前で国民に語りかけ、月賦販売によって家電や自動車が飛ぶように売れました。しかし、失業者に目を向けていたチャップリンだけは冷静でした。一方で第一次世界大戦の戦後処理は、ドイツでくすぶり続け、アメリカの大恐慌を経て、再び世界を第二次世界大戦へと導くことになりました。

ブレトン・ウッズの基軸通貨ドルは、世界的なインフレーションとともに崩壊し、軍事国家を脱した敗戦国日本とドイツがアメリカの覇権をおびやかしました。

そして技術革新と金融市場の一大イベントは、六〇年代の大型コンピューター導入から始まり、八〇年代のPCの普及に続く一連の情報と通信のデジタル化にあったといえるでしょう。新しい金融商品が生まれ、情報伝達から見た世界中の距離が飛躍的に縮まりました。アメリカ一国の覇権が揺らぎ、かつての共産主義国家は、専制的な意思決定システムを改め、株主を募り、新興国としての株式市場を持つようになりました。もはや私たちは、先進国の金融市場だけに囚われる必要はなくなったのです。

多くの学者の地道な努力によって、ファイナンス理論が辿り着いた結論は、株価の予測が不可能な「ランダム・ウォーク」の世界でした。そこではリスク量が計数化され、それをベースに高度な信用構造が築かれました。しかしながら金融技術への過信は、ミダス王以来の金銀へのあくなき欲望と結びつき、結局は過剰なレバレッジという、過去のバブル期における伝統的な形式で再び世に現れました。それがリーマン・ショックでした。ここでは証券価格のランダムなはずの性格も、想定していたよりも多くのブラック・スワンが現れて完全なものではなかったことが暴かれました。

これは人が現実の現象に対して確率と統計の枠組みを当てはめただけであり、枠組みが現実を支配するわけではなかったからです。それでもこの理論的な枠組みのおかげで実務的な金融技術が発達し、リスクを打ち消す商品の設計が可能になったのです。この技術は今日の我々の日常生活を支えています。

パソコンとインターネットの発達は、手数料自由化の波とともにネット証券を生み出し、低い手数料と証券情報のコモディティ化は、一昔まえの兜町のプロの証券ディーラーと同じ投資環境、あるいはそれ以上のものを個人投資家に提供するようになりました。もしも簡単な英語が読めるならば、一昔まえなら非常に高価であった海外情報も、今や無料で、リアルタイムで簡単に手に入れることができます。個人間の金融リテラシーの格差はインターネットとの関わり方によって大きく広がっているといえるでしょう。技術革新から見たインフォメーションの世界がまだまだ発展途上にある以上、金融の世界も同様に発展途上にあるのだと思います。

日本を始めとする先進諸国の国家債務が累積する中、この本もお金の本質とインフレーションを問う項目が多くなってしまいました。ここまで金融史を振り返ってきても、残念ながら私たちにわかることは、先行きの予測は困難だということだけかもしれません。それでも筆者としては、読者がこの少々粗雑な金融史の中から何かを摑みとってくれることを希望します。

板谷敏彦

注（参考文献）

1 債券本体と利子支払のクーポンを分離したストリップ債の発明者でもある。
2 カール・ポランニー『経済の文明史』ちくま学芸文庫、236頁
3 ジョナサン・ウィリアムズ『図説お金の歴史全書』東洋書林、27頁
4 ジョナサン・ウィリアムズ『図説お金の歴史全書』東洋書林、203頁
5 村上隆『金・銀・銅の日本史』岩波書店、91頁
6 東野治之『貨幣の日本史』朝日選書、74頁
7 Furness, William Henry "Island of Stone Money:Uap of the Carolines" J.B.Lippincott Co., 1910
8 ミルトン・フリードマン『貨幣の悪戯』三田出版会、19頁
9 家島彦一『イブン・バットゥータの世界大旅行―14世紀イスラームの時空を生きる』平凡社新書
10 J・H・フラマン『簿記の生成と現代化』晃洋書房、64頁
11 上垣渉『はじめて読む数学の歴史』ベレ出版、208頁
12 J・H・フラマン『簿記の生成と現代化』晃洋書房、108頁
13 リジー・コリンガム『インドカレー伝』（河出書房新社）には前後のカレー事情が記述されている。
14 ニール・マクレガー『100のモノが語る世界の歴史3』筑摩書房、134頁
15 「重商主義」の用語法については、ロンド・キャメロン『概説世界経済史I』東洋経済新報社、180頁
16 ウィリアム・バーンスタイン『「豊かさ」の誕生』日本経済新聞出版社、188頁

17　ニーアル・ファーガソン『マネーの進化史』早川書房、１８９頁
18　中野常男、神戸大学大学院ディスカッション・ペーパー『18世紀英国の金融不祥事と会計監査』２０１２年
19　イギリスは一七〇四年にジブラルタルを占領していた。
20　杉江雅彦『投機と先物取引の理論』千倉書房、７頁
21　杉江雅彦『投機と先物取引の理論』千倉書房、16頁
22　ジョン・ミクルスウェイト、エイドリアン・ウールドリッジ『株式会社』ランダムハウス講談社、58頁
23　アダム・ファーガソン『ハイパーインフレの悪夢』新潮社、88頁
24　岩田規久男編『昭和恐慌の研究』（東洋経済新報社）に当時の金解禁を巡る議論の詳細が書かれている。
25　児島襄『日本占領２』（文春文庫）にはその様子が描かれている。
26　ミルトン・フリードマン、アンナ・シュウォーツ『大収縮 1929-1933「米国金融史」第７章』日経ＢＰクラシックス
27　岩田規久男編『昭和恐慌の研究』東洋経済新報社
28　ロンド・キャメロン『概説世界経済史Ⅱ』東洋経済新報社、２３８頁
29　アンガス・マディソンのデータベース　Groningen Growth and Development Centre,University of Groningen, Maddison Project Database より
30　こうした論文は Cowles Foundation for Research in Economics のウェブサイトでダウンロードできる。

新潮選書

金融《きんゆう》の世界史《せかいし》——バブルと戦争《せんそう》と株式《かぶしき》市場《しじょう》

著　者……………………板谷《いたや》敏彦《としひこ》

発　行……………………2013年5月25日
14　刷……………………2021年12月5日

発行者……………………佐藤隆信
発行所……………………株式会社新潮社
〒162-8711　東京都新宿区矢来町71
電話　編集部03-3266-5611
　　　読者係03-3266-5111
http://www.shinchosha.co.jp
印刷所……………………錦明印刷株式会社
製本所……………………株式会社大進堂

乱丁・落丁本は、ご面倒ですが小社読者係宛お送り下さい。送料小社負担にてお取替えいたします。
価格はカバーに表示してあります。

ISBN978-4-10-603728-3 C0333